齐　涛◎主编

中国权臣的下场

大结局

齐鲁书社

图书在版编目(CIP)数据

中国权臣的下场/朋星、刘德增等著.—济南:齐鲁书社,2000.10
(大结局丛书/齐涛主编)(2008.4 重印)

ISBN 978-7-5333-0759-2

Ⅰ.中…　Ⅱ.①朋…②刘…　Ⅲ.历史人物—生平事迹—中国—古代　Ⅳ.K820.2

中国版本图书馆 CIP 数据核字(1999)第 41982 号

中国权臣的下场

朋星、刘德增等 著

出版发行	齊魯書社
地　　址	济南经九路胜利大街 39 号
邮　　编	250001
网　　址	www.qlss.com.cn
电子邮箱	qlss@sdpress.com.cn
印　　刷	北京山华苑印刷有限责任公司
开　　本	787×1092 毫米　16 开
印　　张	18
字　　数	308 千
版　　次	2008 年 4 月第 2 版
印　　次	2008 年 4 月第 2 次印刷
标准书号	ISBN 978-7-5333-0759-2
定　　价	29.00 元

主编絮语

对于我们人类走过的历程，从政治家、史学家到芸芸众生都有一种难以释怀的情结。

六十年代中期，苦寒乍暖，山雨欲来，百忙小憩的毛泽东在书房中静静地谛听着历史的脚步，写下了一代政治家独有的读史感受——《贺新郎·读史》：

> 人猿相揖别。只几个石头磨过，小儿时节。铜铁炉中翻火焰，为问何时猜得，不过几千寒热。人世难逢开口笑，上疆场彼此弯弓月。流遍了，郊原血。　一篇读罢头飞雪，但记得斑斑点点，几行陈迹。五帝三皇神圣事，骗了无涯过客。有多少风流人物？盗跖庄蹻流誉后，更陈王奋起挥黄钺。歌未竟，东方白。

五十亿年前，太阳系还只是一片混沌星云，没有太阳，也没有地球，更没有地球上的生命与人类。

三百万年前，地球上已是万木扶疏、鸟语花香，海洋、陆地、高山、平原，到处都是生命的喧闹。但是，还没有我们人类。

也正是从那时开始，大自然中出现了人猿相揖别的壮丽时刻。小儿时节的几个石头磨过，磨去了三百万年的时光。

八千年前，甚或更晚，伴着铜铁炉中的火焰，人类踏向了文明的门槛。

四千一百年前，东方大地上矗立起第一个国家政权——夏王朝，中国的文明时代开始了，中国的政治史也拉开了帷幕。从夏商周秦到汉晋南北朝，从隋唐五代到宋元明清，大大小小的政治家们奔波于历史的舞台，“人世难逢开口笑，上疆场彼此弯弓月”，道出了中国古代政治的真谛。

这些政治家中，有天然血统政治家的皇族；也有文韬武略的功臣；有势焰中天的权臣；也有邪佞不端的奸臣；当然，还有刚直廉律的清官们。他们或壮怀激烈，慷慨悲歌；或荣华富贵，不可一世；或兔死狗烹，血洒刑场……为这部古代政治的变奏曲标上了各式各样的休止符。

他们或许都曾想轰轰烈烈，也或许都曾想与天地日月同在，都不想沦为“斑斑点点”的“几行陈迹”。

我们不想苛求他们知道五十亿年前，也不必要求他们了解五十亿年后，甚至对他们自己百年身后，也无法要他们当局者清。

但是，当今天的我们面对过去，面对历史时，却应当知道这一批又一批叱咤风云的人物的真实命运与结局。

尽管不是上穷五十亿年，也不是下落三十亿载，我们只是选取了四千一百年前到一百年前整整四千年的篇章，但还是想目之曰《大结局》。

是为絮语。

齐　涛

1999．6．14 雨夜

绪论

诱人的风月宝鉴

汉语对人物的分类和品评颇为细腻，比如对大臣，就分为功臣、权臣、奸臣、忠臣、佞臣、贤臣等等。

单就功臣、权臣、奸臣来说，功臣多含褒义，奸臣是贬义的，那么权臣呢？从旧的《辞海》到新的《现代汉语词典》，对权臣的解释基本上都是“掌握大权而专横的大臣”。“专横”一词的介入，使权臣带有贬义。

但是我认为，权臣应该是个中性词。掌权掌得好，即上升为功臣；掌权掌得坏，就堕落为奸臣。

如同货币的出现一样，权力的产生大大推动了人类社会的进步。人类进入阶级社会以后，权力应运而生，成为人们追逐获取的对象。法家的代表人物韩非对此看得很透，他在名篇《五蠹》中分析说：古时候当权执政的官员待遇很低，所以能痛痛快快地辞去天子之位；当今做官的有权又有钱，所以哪怕当个小县令也死活不肯放弃。应该说，人们对权力的追逐，的确促进了社会的发展，尤其是提高了行政管理的水平。

所以，权力本身是无可厚非的，关键是如何掌握它、运用它。

《红楼梦》描写有一种“风月宝鉴”，看它的正面，可见到靓女；看它的反面，则见到骷髅。权力就很像这种镜子，它的正面是爵位、权势和“颜如玉”、“黄金屋”；它的反面是灾难、厄运和死亡。把定了这面镜子的正面，荣华富贵可保无虞；歪向了这面镜子的反面，权落势跌人遭殃。

晏婴、霍光、曹操、司马懿、杨素、史弥远、张居正等权臣，毕生追逐权力，与“权”共舞，稳操胜券。他们明智而老辣，把权力的“宝鉴”抓在手中，在千难万险之中保持正面映照。

伍员、吴起、商鞅、张仪等权臣，深得君主的宠信，在“宝鉴”的正面看到了自己的美好形象，进而大肆炫耀，不料却惹恼了等待即位的太子。太子即位，一巴掌把他们打到“宝鉴”的反面，他们在霎那之间就看到并遭到了毁灭。

管仲、公孙弘、王猛、房玄龄、姚崇、刘秉忠、姚广孝，分别遇上了齐桓公、汉武帝、苻坚、唐太宗、唐玄宗、元世祖、明成祖，他们臣贤君明，配合默契，相得益彰，彼此都把正面形象留给了对方，也留给了历史。

田文、吕不韦、荀彧、李德裕、司马光、王安石等权臣，个个精明强干，屡创辉煌，并有幸在“宝鉴”的正面一睹这种辉煌，但他们碰上了强劲的对手，冤家路窄，“宝鉴”的正面被打碎，他们不同程度地见到了反面，“风流总被雨打风吹去”。

崔杼、晁错、主父偃、张汤、杨炎、高拱、鳌拜，则属于另一种类型。他们眼见别人手持“宝鉴”自我欣赏，便心手俱痒地想取而代之，伺机出击，打垮对手，夺得了“宝鉴”。正当他们在镜前沾沾自喜的时候，新权臣又如法炮制，将他们“斩落马下”。螳螂捕蝉，黄雀在后，权力的角斗场上暗道纵横，杀机四伏，防不胜防。

我们将权臣的命运结局粗略地分为上述五种类型，选择具有代表性的人物，分章陈述，既归纳共性，又发掘个性，剖析激烈的权力斗争，探究复杂的人生历程。虽然封建时代早已结束，但在民主政治时代，仍存在着权力分配、权力制约、权力监督等诸多问题——以史为鉴，就让我们留意一下古代中国权臣的命运轨迹吧！

（附带说明：本书是“大结局”套书之一，由朋星厘定章节人物，报请主编齐涛先生审定。具体分工是：刘德增主撰先秦至南北朝的权臣，刘淑强、张廷兴、赵树廷、谭景玉参撰；朋星主撰南北朝以后的权臣，施永庆、祝良文、张广庆参撰。）

朋　星

1999. 5. 28

目 录

第一章

与“权”共舞操胜券

从未当权执政的文人可以潇洒地宣称“功成不受爵，长揖归田庐”，但一个成熟的政治家却是不会轻易放弃权力的，他们为私为公都要与权力周旋，直至生命结束。

汉末建安十五年(210年)，曹操兵败赤壁后，南方孙权、刘备两集团乘势在政治上抨击曹操“托名汉相，实为汉贼”，朝廷内部的政敌也以同样的理由逼迫他交出军政大权。对此，曹操发布《述志令》，明确表示:“江湖未静，不可让位。”为了个人的身家性命和北方的统一局面，决不贪慕虚名而交出军政大权。靠着这种明智与老练，曹操长掌权柄，始终立于不败之地。

权臣们精明强干，各有绝招。晏婴以其机智和贤能连任三朝正卿，霍光和司马懿则靠托孤辅政之机夺得实权，杨素以残忍和巧诈久擅高位，史弥远则在内忧外患之中控制朝政近三十年，张居正更是一位铁腕宰辅，权倾朝野。

在权力的舞池中，他们舞技高超，堪称“舞王”。然而曲终人散之后，有时可怕的灾祸也会跟踪而至:像霍光、杨素、张居正死后不久，其家族子弟即遭殃罹祸。因为权力是运动着的，“胜券”不可能静止于一家一姓之手。

1. 晏婴:执政五十余年的贤相

一天,齐人公孙丑问鲁人孟轲:“若让你在齐国当权,能创建管子、晏子那样的功业吗?”“你真是个齐国人,”孟轲道,“就知道管、晏!”

管子,名夷吾,字平仲,辅佐桓公治理齐国,使齐国成为春秋第一霸。晏子,名婴,字平仲,辅弼景公,使齐名重乎诸侯。齐自姜尚建国,中经田氏夺权,至秦将王贲灭齐,漫漫八百余载,最为杰出的大臣,首推管、晏,齐人奉为神明。司马迁在他的皇皇巨著《史记》中特辟《管晏列传》,简述了管、晏的业绩后,大发感叹道:“若夫晏子在世,我甘愿为之马下执鞭!”

这位为齐人和司马迁仰慕的晏婴是夷潍(今山东高密)人。他的父亲晏弱在齐国做大夫,晏弱寿终正寝,晏婴袭爵。

这时的齐国,霸主地位早已一去不复返了,积弊丛生,经济衰颓不振,政治更是一团糟,国君昏庸无能,卿大夫们明争暗斗,国无宁日。坐在君主位上的灵公不自量力,妄想重温霸主旧梦,穷兵黩武,连年对外用兵。结果,旧梦难圆,危机却进一步加剧。不过,从当时各国的情形来看,齐仍不失为泱泱大国,足以与任何一国相抗衡,只要君臣励精图治,还是能够重振雄风的。可悲的是,齐国没有这样的明君,也缺少这样的贤臣。

晏婴就是在这样的时局下步入仕途的。

宫廷政变,派系倾轧,晏婴没有陷进去。相反,他脱颖而出,把一颗宰相的大印揽在了自己手中。

就在晏婴袭封大夫这年冬十月,晋、宋等八国联军大举攻齐。晋军主力强渡黄河,向纵深推进,齐军在平阴布防,灵公亲临前线督战。晋军大将范宣子遣人对齐臣析文子进行军事讹诈:“我了解您,不敢隐瞒实情。鲁国人、莒国人都请求派战车千乘来参战,我们已经答应了。若突破了贵军的防线,贵国的君主势将丧国,您何不趁早自谋出路?”析文子向灵公作了如实的汇报,原本就信心不足的灵公惊慌失措。晏婴闻知,责怪析文子此举实属不该:“国君本来就缺乏勇气,听到此话还能长久坚持吗?”果然,灵公弃军而逃，晏婴谏阻，灵公不听。联军长驱直入，进围临淄，焚毁了廓城才撤走。年轻的晏婴初涉政坛便显示出非凡的胆识。

翌年五月二十九日，灵公一命呜呼，大夫崔杼发动宫廷政变，杀死太子姜牙，拥立姜光为君，是为庄公。

庄公崇尚武力，置仁义道德于不顾，力士蛮夫得宠，肆行无忌。眼见庄公如此，宗室权贵却纷纷装聋作哑，近臣侍人也个个熟视无睹。唯独晏婴不肯坐视，上书劝谏。起初，庄公还听得进去，并不无感激地赐他官爵、采邑。但不久就厌烦了，晏婴每次晋见，庄公便收回一些官爵、采邑，直到把先前赐与的都收回。晏婴退朝上车后，长吁短叹，转而又笑了。车夫见他这副喜怒无常的样子，大惑不解，晏婴解释说：“我叹息，是哀悯君主恐难逃祸患；我发笑，是高兴我能保全身家性命，不必陪君主去了！”

庄公真的大祸临头了。他不肯听权臣崔杼摆布，崔杼为此大为光火，更让他愤恨的，是庄公竟将他的第二任夫人、美貌倾城的东郭姜勾引到手。崔杼决心除掉庄公，于是趁庄公去他家幽会东郭姜之际，把庄公杀死在院内。

晏婴闻讯赶到崔府，面对紧闭的大门，晏婴踌躇良久，难以决断。随从见状，问：“您准备殉死吗？”“难道只是我一个人的君主吗？别人不殉死，我为什么要殉死？”晏婴道。“那么逃跑吧？”随从又问：“难道是我的罪过吗？”晏婴道，“我为什么要逃亡？”随从复问：“那么回家去吗？”“我们的君主死了，回哪里去呢？”晏婴又沮丧起来，继而又愤愤地说：“作为君主，岂能高高在上，欺凌百姓？理应殚精竭虑治理国家。做臣子的，难道仅仅是为了那份俸禄？应该尽心尽力佐理国务。所以，若君主是为国家而死，臣子就为他殉死；若君主是为国家而逃亡，臣子就为他而逃亡。如果不是这样，谁肯与他共患难？”说完，进了崔家，脱掉袖子露出胳膊，摘掉帽子，把血肉模糊的庄公放在大腿上，抚尸痛哭，然后，站起来转身走了。他是按臣子之礼祭奠庄公。崔杼的心腹劝主子把晏婴杀了，免留后患。而崔杼则另有打算，道：“他是百姓敬仰的人，放了他，可以得民心。”

国不可一日无君。崔杼把庄公的异母弟姜杵臼扶上君位，是为景公。崔杼出任右相，让他的政治盟友庆封做左相，二人共同把持朝政。

崔、庆同盟没有维持多久便破裂了。景公二年（前 546 年）九月，庆封除掉了崔杼，独霸朝政，进位相国。但不到一年，庆封也倒台了，出逃鲁国，后又奔吴。

庆封逃亡后，景公任命晏婴为相，襄理国务。晏婴终于有了施展才华的机会。

经历了“崔庆之乱”后，齐国千疮百孔，百废待兴。身为国相，职任辅弼，如何重整江山，振兴齐国？对此，晏婴有自己的一套看法。归纳起来，他的为政之道主要有以下五点：

第一，把国家与君主分开，明确指出国家重于君主。国君乃一国之主，为君者无不信奉家国一体，即所谓“朕即国家”；而臣为君主之臣，为臣者自然以忠君为己任。晏婴却不这么看，他把国家和君主分开，置国家于君主之上；臣子则不只是效忠君主，更重要的是要把国家治理好。在“崔庆之乱”中，晏婴不为庄公殉死，便是基于这种观念。在“忠”字当头的古代社会，晏婴如此说且如此做，是极为难能可贵的。

第二，注重官僚队伍建设，选贤任能。晏婴认为，君主一人的精力和能力是有限的，治国理民主要靠百官，官吏的好坏关系到国家的命运。基于这种看法，晏婴特别重视选拔、任用贤才。一日，景公问晏婴：“治理国家，能将国家治理得很好的人，他们的所作所为是怎样的？”“提拔贤而有德的人来治理国家，让有才能的人去管理黎民。如此而已。”晏婴道。“即使有这样的人，我怎能知道？”景公问。晏婴道：“君主不去寻求，又怎能知道？”“那么怎样去寻求？”景公复问。“通过他交往哪些人来观察他，通过他的所作所为来评价他。”晏婴道，“不要根据他的言辞华丽、谈吐不凡来判定他的行为，也不要根据别人对他的诋毁或赞誉来判定他的为人。这样，世人就不会沽名钓誉，就不会掩盖私欲以欺世盗名。所以，官位显赫的，就观察他推举哪些人做官；官运不好的，就观察他不干哪些事；富裕的，就观察他是否分钱财给别人；贫穷的，就观察他是否贪图财物。”

晏婴还一再告诫景公，选用人才切不可求全责备。他举例说，土壤的性状不同，应因地制宜，种植不同的作物；人无全才，有他所擅长的，也有其不擅长的，应扬长避短。

第三，君臣关系应是互补关系，二者相辅相成。君主宰执国命，臣子佐理政事，君臣关系在晏婴看来是一种互补关系，相辅相成。他反对一味地顺从国君，甚至当着景公的面指斥唯命是从者。梁丘据是个善于阿谀奉承的小人，颇为景公宠爱。晏婴极为鄙夷他的为人，曾在景公面前直言不讳地贬责梁丘据。景公不以为然地说：“梁丘据可是跟我很合得来的！”“那叫相同，可不是和谐!”晏婴说:“所谓和谐,拿味道来说吧,君主若是甜的,那么臣子就应是酸的;君主若是淡的,那么臣子就应是咸的。可梁丘据呢?君主是甜的,他也是甜的!”景公忿然作色,晏婴视而不见。

像梁丘据这等在国君身边的奸臣小人,晏婴视其为“社鼠”——寄居在社坛下的老鼠。社坛,是祭祀地神的场所,环植以树,对付那里的老鼠,用烟熏,怕烧了树;用水灌,怕毁了墙。国君身边的那些奸佞,利用国君的宠幸,有恃无恐,肆无忌惮,长此以往,国家终将毁于这些奸臣之手。

第四,恪守职责,是官吏的本分。晏婴说,一个优秀的官吏,应恪守职责,既不推卸应负的责任,亦不越俎代庖,越权行事。一天,晏婴陪伴景公身旁,天有些冷,景公吩咐:“请给我去拿件裘衣来。”“我并非供奉裘衣的,难以从命!”景公火了,“那么,请问先生,您是干什么的?”“社稷之臣。”晏婴道。“什么是社稷之臣?”景公责问。晏婴朗声曰:“就是稳定国家,使上下有别,贵贱有等,让每个人都合乎他们的名分;规定百官的品等、职责,让他们各得其所,各尽其职;厘定法令,有效地加以推行。”

第五,体察民情,知民疾苦。晏婴认为,作为治民之臣,必须善于了解民情,知民疾苦,才能有的放矢,举措得当,获得万民拥戴。晏婴身为国相,不放过任何一个接近民众、体察民情的机会。他的住宅毗邻市集,人声嗓杂,尘土飞扬,景公要给他换个静谧的地方,晏婴不肯,说:“靠近市集,一早一晚都能听到想要听的事情,这对臣体察民情是有利的。”景公笑了,“既然如此,那你知道什么贵什么贱吗?”“假脚贵,鞋子贱!”晏婴道。景公蓦然变色。当时,刑律严酷,科条繁多,民动辄触禁,被处以刖刑的人日多,故市集上假脚价格暴涨,而鞋价却跌落了。这是对官府滥用刑罚的莫大讽刺!在晏婴的谏说下,景公不得不约法省禁。晏婴还要求自己的家臣及时地提出他们对国家大政的看法,以集思广益。这是他给家臣规定的三条家规中的一条,不遵守这条家规的,禄位难保。

为了江山社稷,晏婴敢于犯颜直谏,他以理服人,且委婉巧妙。

由崔杼扶上君位的景公历来被称为昏君。这个评语有些偏颇,他身上虽有种种缺点,言行也屡有过失,但他还不是个十足的昏君。他能重用晏婴,就是一个铁证。晏婴对景公的谬误和过失从不轻易放过,每每直言极谏。

景公一向迷信，惧神怕鬼，每有蠢举，晏婴辄加规谏。

一年，齐国大旱，景公欲祈神求雨，诏问群臣："久不下雨，百姓遭殃，我让人占卜，说是高山大河作祟，我想减少开支，用省下来的钱财去祭祀灵山，可以吗？"群臣相视无语。晏婴见状，上前奏言："不可以！祭祀灵山没有什么用处。灵山原本是以石为躯，以草木为毛发。久旱不雨，它的毛发被晒焦，身子被晒热，它难道就不盼望下雨吗？去求它有什么用处？""不祭灵山，去祀河神，行吗？"景公问。"也不行。"晏婴道，"河神以水为国，以鱼鳖为民。久旱不雨，水位下降，川流干枯，它的国家将灭亡，百姓将灭绝，它难道就不期盼下雨吗？何必去求它？"景公遂打消了祭山祀河的念头。

景公为政苛刻，草菅民命，滥杀无辜，晏婴屡加谏阻。

一次，景公得一匹骏马，命人喂养，马却死了。景公酷爱骏马，听说养马人把他心爱的马养死了，不禁大怒，当下便命人拿刀来，要活活肢解了那人。晏子在旁冷眼观看。刽子手准备动手，"且慢！"晏婴一声断喝，顾谓景公："从前尧、舜肢解人，是从身体的哪一部位开始的？"景公幡然醒悟：尧、舜是不肢解人的，遂改肢解为斩首。"这样斩了他，他不知自己的罪过。"晏婴又说："让臣来数说一下他的罪状，再处死他，也好让他知道是怎么死的。""好吧。"景公答应了。于是，晏婴数说道："你的死罪有三：君主让你养马，你却把马养死了，这是第一条。死在你手上的马，又是君主喜爱的马，此为第二条。让君主因为一匹马的缘故而杀人，百姓听说了，一定怨恨；诸侯听了，一定鄙视，此乃第三条。行了，把他处死吧！""放了他吧！"景公叹道，"不要因此而败坏了我的仁慈。"

景公罪罚无辜，赏赐亦滥，晏婴也常常劝谏。

一次，景公宴会百官，一时高兴，当场赏了万钟俸禄的官三个，千钟俸禄的官五个。可掌管财物的官吏却拒不给俸，景公罢了他的官，但职司罪罚的官吏却拒不执行。景公大怒，向晏婴发泄，晏婴道："先王之所以设置奖赏制度，是为了激励吏民行善；之所以设立惩罚措施，是为了禁止吏民行凶。从前夏、商、周三代兴盛的时候，对国家有利的人，君主就宠爱、奖赏；对国家有害的人，君主便厌恶、罪罚。明确了爱什么，赏什么，贤良的人就多了；知道了恨什么，罪什么，邪恶的人就灭迹了。"景公认识到自己的过失，遂收回成命。

景公赋敛无度，滥征民力，晏婴每每力谏。

眼见老之将至，景公尽情玩乐，春日打猎，夏天出游，每次出驾，皆兴师动众；又征发黎民修筑台阁。晏婴谏曰：“春夏滥征徭役，会影响农事。农业歉收，国库就亏空了，切不可这样。”“我听说国相贤明，国家就治理得好；臣子忠心，君主就可安逸。”景公道，“我的寿命没多久了，想在有生之年尽情去做喜欢的事情，你还是不要干涉吧。”晏婴并没有被景公的悲凄之情所打动，引经据典，劝景公爱惜民力，切勿滥征：“当年，周文王不敢享受游猎之乐，故国昌民安。楚灵王滥征民力，致使民叛。您若不悔改，国家便会危急，被天下耻笑！”见景公还是无动于衷，晏婴只得再施加压力：“臣听说忠谔之臣不怕死，劝谏君主不怕获罪。您若不听从臣的劝告，臣只好辞职了！”景公害怕晏婴离开，只得依从。

晏婴劝谏景公，匡失救弊，不胜枚举。记录晏婴言行的《晏子春秋》凡八篇，谏言便占两篇，计五十桩事，在其他篇中，也夹杂一些劝谏方面的内容。晏婴的谏言，皆以理服人，且谏说巧妙，故景公总是听从。

晏婴使楚，一个脍炙人口的故事。

晏婴身为国相，常常衔命出使。外交使节，非寻常差事能比，应付周旋，不侮国格，不辱身份，让对手折服，非有高度的警觉、灵敏的反应、雄辩的口才不可。晏婴不仅是名贤相，且是位杰出的外交家。

在使楚时，晏婴便有令人为之叫绝的表现。

晏子矮小，不足六尺（约合今四尺多一点）。他出使雄踞长江中游的楚国，楚国人不开大门，在门旁挖了个小洞，让他钻。晏婴拒绝，道：“出使狗国，才从狗门进。今晏婴出使楚国，不当从狗门入！”楚人只得打开大门。

见了楚王，楚王乜斜着身材矮小、其貌不扬的晏婴说：“齐国没人了吗？”“齐国都城临淄有上万户人家，连衽成帷，举袂成幕，挥汗如雨，怎么能没人呢！”晏婴道。“既然这样，”楚王说，“那为什么派阁下这等人物出使？”晏婴道：“齐国派遣使臣，各负自己的使命，那些有贤德的人，就让他们到有贤德的国家去，不肖的人，就派他们到不肖的国家去。晏婴最为不才，所以只有出使楚国了。”

楚王自讨没趣，设宴款待晏婴。觥筹交错之时，两个官吏捆着一个人来到楚王面前。“捆着的人是干什么的?”楚王厉声喝问。两吏道:“是个齐国的小偷!”楚王瞧着晏婴,满脸鄙夷之色:“齐国人本来就善干此种事吧。”“我听说过,橘生淮南为橘,逾淮则为枳,二者叶子相似,果实味道大不一样。”晏婴道,“为什么这样呢?是因为水土不一样。生长在齐国的人不偷盗,到了楚国却偷起东西来了,该不会是楚国的水土使然吧!”

楚王又是枉费心机,自讨没趣。

侍从献上一盘橘子,摆上剥橘子的刀。晏婴拿起橘子便吃起来——他是北方人,没吃过橘子。时机来了,楚王讥讽道:“吃橘子应当先剥去皮。”“我听说过,在君主面前接受赏赐的东西,瓜桃不削皮,橘柚不剥皮。”晏婴煞有介事地说,“大王为万乘之君,没有命令,我怎敢剥皮?否则,我难道不知吃橘子要剥皮吗?”

楚王机关算尽,到头来却皆自受其辱。

晏婴使吴,也有不凡的表现。吴王早就知道晏婴善辞令,熟悉礼仪,但仍想显示一下高明,挫辱晏婴一番。他吩咐下去:“晏婴求见时,就说天子请他进去。”齐君没称王,位号仍为公。天子乃天下共主,公是天子的臣民。翌日,晏婴求见吴王,司仪官道:“天子请你进去。”晏婴显出不安的样子。司仪官又重复了一遍,晏婴还是一副不安的样子。司仪官再重述一次,晏婴更加不安,说:“我奉齐君之命,出使吴国,糊里糊涂地迷了路,误入了天子的朝廷。我冒昧地问一句:吴国在什么地方?”过了一会儿,宫中传出话:“夫差请齐使进去会见。”

晏婴杰出的外交才能备受后人的称颂。

齐俗奢侈,晏婴力行节俭,他的人品道德赢得了时人及后世的称颂。

齐以工商立国,经济发达,文化兴盛,皆为天下最。齐人生活水平较高,且追求奢侈。与晏婴齐名的管仲,便是奢侈论的鼓吹者,《管子》中堂而皇之地写了《侈靡》一篇,甚至鼓动人们在鸡蛋壳上绘以图案后煮食,木柴雕刻上花纹然后再烧。管仲不光是大造舆论,还身体力行。当然,管仲追求奢靡生活,也有刺激消费以发展生产的一面。

晏婴则反其道而行之,提倡节俭,贬斥奢侈。他认为奢靡使道德沦落、国家贫困,而俭能养德节财,故大加倡导。

当时,景公犹有父祖侈靡遗风,穷奢极欲,他脚上的鞋子,以黄金为带,白银做饰,缀以珍珠,用美玉做鞋头;他身上的衣服绣以花纹,饰以宝石;他住的宫殿,富丽堂皇,豪华无比;他嗜酒好饮,能连喝七天七夜。上行下效,他的嫔妃穿腻了女人服,竞着男儿装。

针对举国上下的奢侈之风,晏婴力行节俭。他身为国相,却只穿用普通布做的衣服,饮食也很简单,菜肴以蔬菜为主,鸡蛋和肉是少见的美味,每顿饭菜仅刚好饱腹。一次,他正在吃饭,景公派官来传达诏令,晏婴留他吃饭,一份饭二人分食,谁也没吃饱。那个官员回去报告了景公,景公大为嗟叹,赐给晏婴千金,被晏婴谢绝。他的住宅是先辈留下的老房子,低湿狭窄,景公觉得堂堂相府如此简陋,实在不像个样子,多次要给他换一座漂亮、豪华的住宅,皆被他拒绝。他的车子破旧不堪,驾车的马也是劣等货。景公见了,道:“嘿!先生的俸禄少吗?怎么坐这样的车子?”晏婴说:“靠了您的赏赐,臣得以供养家人、戚友,臣自己也吃得饱,穿得暖,有车坐,有匹马驾车,这就足够了!”不久,景公命人给晏婴送来了一辆新车、四匹骏马,晏婴辞谢不受。景公施加压力:“先生如果不接受,那么我也不乘坐了!”晏婴道:“您让臣治国理民,臣节衣缩食,欲为百姓表率,尽管如此,还是担心黎民奢侈浪费,不考虑自己的行为是否正确。四匹马拉的大车,您作为君主乘坐,臣子身份的我也坐,那么,对那些奢侈妄僭的人,臣就无法禁止了!”

富贵易妻,在古时是司空见惯的。晏婴虽位极人臣,却是个极重感情的人。

一天,景公去晏婴家吃酒,酒酣,晏婴的夫人出来相见,景公惊讶地问:“这就是你的妻子吗?”“是的。”晏婴道。待晏妻入内,景公说:“嘿!她也太老太丑了。我有个女儿,年轻又漂亮,给你做夫人吧!”君无戏言,景公此话是真心的。晏婴离座施礼,道:“如今她确实又老又丑,臣与她生活多年了,她也有过年轻漂亮的时候。一个人,从青年托身于他人直到老年,从漂亮时托身于他人直至色衰。她托身于臣,而臣也已接受了。尽管您有心把公主下嫁给臣,可臣怎能辜负了妻子委身相托的情意!”景公肃然起敬,遂作罢论。

大臣田无宇也曾经劝过晏婴。

一次,田无宇造访晏婴,看见一个妇人从屋里出来,头发花白,脸上布满皱纹,穿着粗布黑衣,就问:"那是何人?""在下的妻子。"晏婴道。"您官显爵高,封邑颇多,怎么还把她留在身边?"田无宇有些不解。"我听说过,离弃年老的,叫做惑乱;纳娶年轻的,叫做淫荡。况且,看见女色而忘却道义,位至富贵而丢掉伦理,是违背人性的。"晏婴道,"我岂可有惑乱淫荡的品行,不讲伦理,背叛自古以来的道德?"

晏婴还不时自省,检查自己是否有好色的言行流露出来。一天,有个工匠的女儿托人传话给晏婴:"我是东城的平民,愿意入先生家做个侍妾。"晏婴闻言自责曰:"时至今日我方知自己不贤啊!古时的执政大臣,让士、农、工、商四民分居,使男女有别不相往来,故男无邪僻之行,女无淫乱之事。现今我奉命主政管理百姓,而这位女子却欲私奔到我这儿来,一定是我有贪恋女色的言行!"

晏婴寿终正寝,景公如失左膀右臂。晏婴以他的才学和政绩垂名千古。

穷舍身,富惜命。景公贪图富贵,惧怕死亡,晏婴却认为生死乃自然之常理,何惧之有?

一日,景公去山上游玩,远眺雄伟的国都,凄然泪下,道:"为什么要离开这泱泱大国而死呢?"梁丘据、艾孔两个侍臣陪着景公抽泣起来,而晏婴却在一旁发笑。景公擦干眼泪,回头瞪着晏婴吼道:"我今日很悲伤,梁丘据、艾孔都陪我流了泪,你却独自发笑,是何道理?"晏婴不慌不忙地说:"假若贤德之君如太公、桓公永远守住国家,假如勇武之君若灵公、庄公与国永存,那么,您怎能成为国君?因为他们新陈代谢,轮流为君,方才传至您。可他们没有什么悲哀,唯您为此流泪,这不是圣贤君主之所为。臣看到了一位不圣贤的君主,又看见了两个阿谀谄媚的臣子,故此发笑。"

晏婴不仅劝谏景公正确对待生死,当死神降临到自己头上时,他也能正确对待。景公四十八年(前500年),晏婴罹病,多方医治不见起色,他明白,自己已是病入膏肓,不久于人世了。他给儿子写好遗书,嘱咐儿子勤俭持家,礼贤下士。弥留之际,妻子问他:"先生还有什么话要说吗?"晏婴不怨天命不佑,没说一生是非,他唯一的担心,是他死后儿孙不肖,败坏了家风,嘱托妻子要严格训诫他们。

晏婴去了,结束了他辉煌的一生。

景公正在外面游玩,闻悉噩耗,慌忙上车返回。他催马急驰,还觉得慢,下车猛跑;跑了一阵没力气了,又上车,驱马狂奔;马跑累了,速度慢下来,他便下车跑,跑累了再上车。待到达京城,他已四下四上。车驰入都城,望见晏婴那低矮破旧的小屋,景公放声大哭起来。到了晏家,他伏在晏婴的尸体上,边哭边说:"先生您时时刻刻规谏我的过失,一点儿也不遗漏。即使这样,我尚且放纵,不知收敛,积怨于百姓。现在上天降灾,没降在我这不肖之主身上,却降临在先生您的头上。齐国的江山危险了!今后还有谁来劝谏我呢!"他亲自为晏婴大敛,把玉石放进晏婴的口中——这是大敛的一仪,古时谓之"饭含"。大臣弘章说他身为国君,不应给臣子大敛,景公道:"还讲什么礼仪?从前我和先生出去游玩,一天之中他就批评、谏正了我三次。现在谁还能这样做?我失去了先生就将毁灭,还要什么礼仪!"

晏婴被安葬在他的故宅后面。这是晏婴的遗愿,他曾说:"我活着的时候靠近市集,死后也不愿离开。"墓迄今犹存,位于今山东临淄齐都镇永顺村东南三百五十米处,墓前立有石碑一座,上刻"齐相晏平仲之墓"。

2. 霍光:皇帝在他的阴影中

出古城西安北去,过了渭水,便是咸阳原,但见坦荡如坻的黄土台原上,隆起一座座小山般的陵墓,屈指数来,共有九座帝陵,最大的一座便是汉武帝的茂陵。岁月如梭,世道沧桑,茂陵的封土堆经不住风吹雨冲,已矮了许多;陵中所藏的珍宝,屡屡被盗;城垣、门阙早已颓废……然而,那堆黄土,那些残迹,却有着巨大的吸引力、震撼力,游人至此,巡礼那一处处遗迹,耳畔顿时想起毛泽东的千古绝唱《沁园春·雪》:"惜秦皇汉武,略输文采;唐宗宋祖,稍逊风骚。一代天骄,成吉思汗,只识弯弓射大雕……"

茂陵东南有一座大墓,墓中埋的是武帝为他的太子选定的辅弼大臣,此人坚定不移地执行武帝的既定方针,汉家江山在他手中又焕发出勃勃生机。这个人就是霍光。

武帝临终前把八岁的儿子和大汉江山托付给了霍光。昭帝即

位，军国大事均由霍光裁决。

霍光，字子孟，河东平阳（今山西临汾西南）人。父亲霍仲孺，在平阳侯家供职，与侍者卫少儿私通，生子霍去病，霍仲孺任职期满回家，娶妻生子霍光，与卫少儿母子断绝音信。

若干年过去了，卫少儿的妹妹有幸成了武帝的皇后，霍去病因娘姨而贵显。他知道了自己的身世，欲去认霍仲孺，还未来得及，武帝任命他为骠骑大将军，率军出击北方大漠上的游牧民族——匈奴。大军路经河东，去病遣吏去迎父亲霍仲孺，父子俩在路边的驿站相认。霍去病为父亲买了很多田宅、奴婢，然后挥师北上。汉军出击获胜，在班师回京、路经河东时，他把年仅十多岁的弟弟带去了长安。霍光成了皇帝的一名侍卫官——郎官。他官运亨通，几年间便做了侍中，这是个侍奉皇帝、很有权势的官职。霍去病短命，年纪轻轻就病死了，武帝痛心不已，更加厚待霍光，提升他为奉车都尉光禄大夫。

武帝垂垂老矣，不曾想，皇太子刘据竟举兵造反，抢夺帝位。刘据兵败自杀，武帝把几个儿子衡量了一番，打定主意立小儿子刘弗陵为嗣，选定霍光为刘弗陵的辅弼。他让宫中的画师画了一幅“周公相成王”的画赐给霍光。

后元二年（前 87 年），正在长安西南的五柞宫游玩的武帝突然病倒，病势急剧恶化，在他身边侍奉的霍光涕泣叩问：“如有不讳，谁当嗣位？”

“君未晓前赐画之意？立弗陵，君行周公之事。”

霍光顿首，说：“臣不如金日磾。”

金日磾，何许人也？

他原是匈奴休屠王的太子。霍去病出击匈奴，休屠王、昆邪王连吃败仗，匈奴单于责怨他们，欲诛之。休屠王、昆邪王惶恐，共谋降汉。后来，休屠王后悔了，昆邪王杀了他，兼并了他的部众降汉。金日磾和他母亲、弟弟金伦因父拒降而没为官奴。年十四岁的金日磾被罚去养马。一天，武帝检视御马，身旁站满了宫女嫔妃，马奴牵着马依次从殿下走过时，莫不窥视那些佳人。轮到金日磾了，他已长得虎背熊腰，牵着一匹骠肥体壮的骏马，目不斜视地走过。武帝觉得他气度不凡，诏问他姓甚名谁，来历如何。金日磾一一回答。武帝听罢，即任命他为马监，迁为侍中驸马都尉光禄大夫，颇为倚重。武帝病危时，金日磾也在旁边侍候。他见霍光举荐自己，便辞谢道：“臣是外国人，不如霍光。”

于是，武帝任命霍光为大司马大将军，金日磾为车骑大将军，又任命陇西上邽（今甘肃天水）人上官桀为左将军，洛阳人桑弘羊为御史大夫，共同辅佐刘弗陵。

翌日，武帝驾崩，刘弗陵即帝位，是为昭帝。

昭帝即位那年，年仅八岁，乳臭未干。昭帝姐姐鄂邑长公主入住皇宫，抚养昭帝。

霍光以大司马大将军领尚书事，政事无论大小，一决于霍光。

武帝时代对外用兵，内兴土木，国库耗空，民赋加重，社会矛盾激化。武帝晚年，下了一个“罪己诏”，表示要改变内外政策，禁苛暴，止擅赋，力本农，但一年后他就病死。昭帝君臣接受的是一个千疮百孔的破烂摊子。执政霍光，匡失救弊，重整江山，他奏准昭帝，接连下了几道诏令：

> 遣故廷尉王平等五人，持节巡行郡国，举贤良，问民所疾苦、冤恨，查办失职官吏；
>
> 遣使者赈济贫民，发给他们粮种，豁免一年租税；
>
> 武帝时代的案件，皆赦免不究。

这些措施对于缓解武帝以来的社会危机，起了一定作用。

年幼的昭帝在鄂邑长公主的抚养下，学习儒家经典，演练一些做皇帝的礼仪。即位第二年的春天，年方九岁的昭帝在未央宫中的一片空地上演习“籍礼”——一种皇帝亲自耕田的仪式。军国大事全由霍光裁决。

执政大臣分裂成两派，上官桀和桑弘羊联手策动了一场针对霍光和昭帝的宫廷政变。

霍光推行的治国方针，是武帝“罪己诏”所厘定的。他把武帝的改革方针付诸实施，推动治国方针的转变。但是，他的行动遭到了一些人的反对，为首的是御史大夫桑弘羊。

桑弘羊是武帝朝盐、铁、酒官营政策的策划者，他热衷于武帝前期那种好大喜功的政策，反对变更治国方针。

于是朝臣之间在治国方针上发生严重分歧。始元六年（前81年）二月，政府举行了一场“盐铁会议”，就治国方针问题进行辩论。

参加这次会议的，政府方面有丞相田千秋、御史大夫桑弘羊和他的属吏——御史，霍光没有出席，派他的属官——丞相史参加。除政府官员外，还从民间征选了一批代表——贤良、文学。贤良是有功名的儒生，文学是有点名气的文人。

在这次大会上，以御史大夫桑弘羊为首的保守派和以文学、贤良为代表的变革派进行了激烈的辩论。双方争论焦点有三：

是继续推行还是废除盐、铁、酒官营政策？

对匈奴继续进攻还是转为防御？

继续实行法治还是实行德治？

桑弘羊坚持一仍其旧，而贤良文学则力主改变。

丞相田千秋是会议的主持人，在双方唇枪舌剑的争论时，他默默不语。只是在双方辩论最激烈的时候，他以调解人的面目说几句不偏不倚、模棱两可的话。

霍光虽然没有出场，但他实际上是会议的组织者和贤良文学们的后台。由于他的支持，贤良文学们在辩论中占了上风。

经过这次会议，进一步促进了治国方针的转变。正是由于实行了转变，才使濒临崩溃的西汉王朝又恢复了一些生机。

但是朝臣内部的斗争却在进一步激化，盐铁会议后的第二年，便发生了上官桀、桑弘羊等人密谋策划的宫廷政变。

上官桀是受武帝遗诏辅政的四大臣之一。霍光秉政，上官桀、金日磾和桑弘羊协理政事。昭帝即位的第三年，车骑将军金日磾病死，四大臣成了三巨头。霍、上官两家是儿女亲家，上官桀的儿子上官安娶霍光的女儿为妻。由于这层关系，在三巨头中，上官桀的权势仅次于霍光。霍光休沐回家，上官桀便替他裁决政事。

上官一家还与鄂邑长公主拉上了关系。

鄂邑长公主有个情夫——丁外人。这丁外人是河间人，原是鄂邑长公主儿子的门客。鄂邑长公主寡居，把儿子的门客变成了自己的情夫。霍光和上官桀听说鄂邑长公主与丁外人的事后，为了讨好鄂邑长公主，竟特命丁外人侍奉长公主。上官桀的儿子上官安竭力巴结丁外人。丁外人只不过是鄂邑长公主的一个情夫，见上官安这个贵公子来巴结他，自然愿与之结交，两人过往甚密。

鄂邑长公主看中一姓周的女孩，召她进宫，打算把她许配给昭帝。上官安也有个女儿，年方六岁，他热切希望女儿能坐上皇后的宝座。见长公主选了周家女入宫，他急了，风风火火地去找岳父大人，恳求霍光出面，让他的女儿、也即霍光的外孙女入主后宫。外孙女能当上皇后，对霍光来说自然是件好事。但他觉得昭帝还是个乳臭未干的毛孩子，还未到立皇后的时候，外孙女也太小，故没有答应。

上官安不死心，又去找丁外人。他对丁外人说：“听说长公主有选立皇后的打算，我有一女，容貌端丽，请长公主垂爱。这事成与不成，全仰仗足下。汉家故事，列侯尚公主，足下何愁不封侯?”丁外人大喜，马上跑去找鄂邑长公主，长公主自然不会驳情夫的面子，遂改变初衷，答应立上官女为皇后。

六岁的上官女被迎娶入宫，先封为婕妤，过了一个月后，立为皇后。

这年昭帝年仅十二岁。

父以女贵，上官安当上骠骑将军，封桑乐侯。他骄奢淫逸，恃势专横。从宫中出来，对人说：“和我女婿喝了一场，快活极了。”他整日饮酒作乐，与后母、侍婢淫乱。儿子病死，仰而骂天。他整日守在大司马府门口，见霍光出来，便缠住他，央求封丁外人为侯。霍光不答应，他又央求委任丁外人为光禄大夫。霍光还是不许。

上官桀也多次替丁外人说情，也遭到霍光拒绝。

上官父子见霍光不给情面，十分怨恨。上官父子觉得身为皇后的祖父和父亲，有椒房中宫之重，而霍光不过是皇后的外祖父，凭什么大权独揽？父子俩与霍光争权夺利，力图取而代之。

鄂邑长公主听说霍光拒绝官封她的情夫，也极为怨恨。

御史大夫桑弘羊是前朝权臣，论资格、功劳、才能，他都自认在霍光之上。他名义上也是辅政大臣，但权势不仅低于霍光，也不如上官桀。“盐铁会议”上，又遭失败。他曾替子弟谋官，亦遭到霍光的拒绝。他对霍光也甚为怨恨。

于是，上官父子、鄂邑长公主和桑弘羊结成联盟，携手反对霍光。他们担心朝中势力不够，又联络了一个藩王——燕王刘旦。

刘旦是李姬所生，武帝第三子。皇太子刘据自杀，武帝次子刘闳早死，刘旦自以为他应承嗣大位。谁知，皇冠落在武帝少子刘弗陵的头上。他仇视昭帝和辅佐昭帝的霍光。上官父子遣人与他通谋，他毫不犹豫地加入他们反霍光的联盟。

上官桀和桑弘羊暗中收集霍光的过失，把材料交给燕王刘旦。刘旦遣人上疏弹劾霍光："霍光出京去长安东的广明亭检阅御林军，道上称跸，太官供备饮食，僭用天子仪仗；任人唯亲，他的长吏杨敞无功无才却当上了搜粟都尉；他还擅自调动校尉。霍光专权自恣，臣怀疑他图谋不轨，愿归王玺，宿卫京师，保卫皇上。"

上官桀和桑弘羊乘霍光休沐回家之际，劝昭帝把燕王的奏疏下发百官，罢免霍光。不料，昭帝把燕王的奏疏留下，不肯下发。

翌日清晨，霍光上朝，听说燕王弹劾之事，便停在一处叫"画室"的殿中，未敢入朝。

昭帝扫视朝臣，不见霍光的影子，问道："大将军来了吗？"

"听说燕王揭发他的罪行，在外面不敢进来。"上官桀说。他这话够狠毒的，先入为主，断言霍光有罪。

昭帝宣霍光入朝。霍光入，免冠顿首。昭帝说："大将军戴上冠，朕知道燕王奏疏有诈，大将军无罪。"

霍光顿首谢恩，问道："皇上怎知燕王奏疏有诈？"

"大将军去广明亭检阅御林军，广明亭近在咫尺，何需准备饮食？调动校尉一事不出十日，燕王怎能得知？若大将军想图谋不轨，不需校尉。"昭帝振振有辞地说道。

这年昭帝十四岁。公卿百官听昭帝评析的头头是道，都很惊奇。

燕王遣来上疏的使者仓皇逃跑，昭帝下令通缉。上官桀和桑弘羊害怕了，劝谏昭帝说，此等小事不要穷究了。昭帝不理睬他们。

上官桀等人仍不死心，又指使爪牙弹劾霍光，昭帝大怒，说："大将军忠心耿耿，先帝遗命他辅佐朕，谁再敢诋毁，就治谁的罪！"

上官桀等人不敢再造次了。但他们不甘心失败，决心铤而走险。他们定计：由鄂邑长公主出面请霍光吃酒，伏兵诛杀霍光；除掉燕王，废除昭帝，拥立上官桀为帝。

"那皇后怎么办？"一个爪牙问。

上官桀恶狠狠地说：“逐麋之狗，哪还理睬一只小兔子！这是千载难逢的大好时机，机不可失！”这个权力狂连自己的小孙女都置之不顾了。

不料，他们的阴谋被稻田使者燕仓侦知，燕仓密报大司农杨敞，杨敞转告谏大夫杜延年，杜延年又奏告昭帝和霍光。昭帝与霍光发兵逮杀上官桀父子、桑弘羊和丁外人，诛灭三族；鄂邑长公主、燕王自杀。上官皇后年少，仅八岁，未参与谋反，再加上她是霍光的外孙女，故未被废黜，仍做她的皇后。

这场政变被粉碎后，朝政统一在昭帝和霍光手中，霍光地位更加稳固，政局也渐趋稳定。

元凤四年（前77年），昭帝年满十八岁，举行冠礼。按传统，加冠之后，昭帝亲政。

昭帝虽开始亲政，但军权大事仍委以霍光。霍光虽执掌大权但不专权跋扈，君臣相安无事。“成王不疑周公，昭帝委任霍光”，成为历史美谈。

昭帝亲政后的第三年夏四月，暴病而亡于未央宫，年仅二十一岁。他的遗体被安葬在平陵（今陕西咸阳西北）。他的谥号曰“昭”，意思是“圣闻周达”。

在霍光的操纵下，刘贺即位二十七天就被废黜，接着登上皇位的是刘询。霍光权重于皇帝，但他没有代汉自立的野心。

昭帝无子嗣，他死后，霍光迎立昌邑王刘贺为帝。刘贺是武帝之孙，昏庸荒淫，登上帝位才二十七天，就露出了本来面目，荒淫无道。霍光后悔不已，奏准上官皇太后，废黜刘贺，另立刘询为帝，是为宣帝。

刘询是汉武帝的曾孙。武帝初立卫皇后所生的刘据为太子，刘据纳史良娣为妃，生皇孙刘进。刘进娶王姓女儿为妃，生皇曾孙刘询。刘询出生数月，失宠的皇太子刘据发动叛乱，兵败自杀。史良娣、皇孙刘进和王夫人皆受牵连被诛。襁褓中的刘询也被关进监狱。负责刘据一案的廷尉官员邴吉很可怜这无辜的婴儿，找了两个奶妈喂养他。

昭帝即位后，赦免刘询，把他关进宫女居住的掖庭养育。掖庭的长官——掖庭令张贺曾在刘据门下做过事，对刘据的孙儿很是照顾，自己掏钱供他读书。刘询长大成人，在张贺的张罗下，暴室啬夫许广汉又把他的女儿许平君许配给刘询。

在武帝后裔中，霍光觉得唯有刘询操行节俭，仁慈爱人，遂立他为帝。

宣帝登基，霍光仍以大司马大将军的身份执掌朝政，宣帝加封他七千户，这样霍光食封的户数已达到二万户。宣帝又加赐黄金七千斤，钱六千万，帛三万匹，奴隶一百七十人，马两千匹，还有上等府第一座。在汉朝历史上，还没有哪个臣子得到过如此多的赏赐。霍光的儿子霍禹，女婿范旺友、任胜、郑广汉，外甥张朔，侄孙霍云、霍山，孙女婿王汉，等等，凡是与霍光沾亲带故的，都一个个加官晋爵，权势显赫。凡是国家大政，都先报告霍光，然后把霍光的处理意见通知宣帝。霍光去见宣帝，宣帝恭恭敬敬地接见，丝毫不敢显示皇帝的威仪。

宣帝即位后，霍光的妻子想让她的小女儿霍成君做皇后。当时，公卿百官都畏惧霍光的权势，无不鼓噪着立霍成君为皇后。但是，宣帝却属意于许平君。

霍光对宣帝的这一选择没有表示什么。

但是，霍光的夫人却大为恼火。在许平君立为皇后的第四年，即本始三年（前 71 年）春正月，霍夫人指使御医淳于衍毒死了许皇后。宣帝强忍悲愤，对许皇后的死不敢有什么表示。

霍夫人见宣帝不追究许皇后一案，放下心来，给小女儿准备嫁衣，让霍光把她送入宫中。汉宣帝不敢不接纳，霍女成了皇后。

霍皇后一反许皇后的俭约行为，仪服车驾极为华丽；赏赐官属，动辄千万钱。宣帝打心眼里不喜欢她，但她是当朝权臣的女儿，宣帝本人还是霍家拥立的。所以宣帝装出一副宠爱她的样子，晚间总是召她侍宿。霍皇后十分得意。

汉宣帝在等待时机。

时机终于来了。

地节二年（前 68 年），霍光病死，宣帝赴霍府吊唁，命太中大夫任宣与侍御史五人持节监督丧礼，中二千石主持修建坟墓，赐给霍光皇帝才有资格使用的棺椁，为霍光设置守墓人户三百家。

霍光辅佐昭、宣两帝，坚定地执行武帝“罪己诏”原定的治国方针，汉家江山又焕发出勃勃生机，史称“昭宣中兴”。霍光权重皇帝，但他没有代汉而立的野心，这是刘汉皇帝及皇室成员感激他的地方。后人把他比作周公姬旦。不过霍光死后，宣帝就不能允许霍家势力继续存在下去了。给霍光办完丧事以后，宣帝采取了剪除霍家势力的行动：

命御史大夫魏相给事宫中，协理政务；徙霍光女婿度辽将军未央卫尉范明友为光禄勋，把霍光的另一个女婿诸吏中郎将羽林监任胜外放为安定太守，出霍光的外甥给事中光禄大夫张朔为蜀郡太守，霍光的孙女婿中郎将王汉为武威太守。不久又徙霍光的女婿长乐卫尉郑广汉为少府，徙霍光的儿子右将军霍禹为大司马，但不给他印绶。宣帝此举，用意很明：

第一，剥夺霍氏集团的领导权。

第二，把部分霍氏集团的成员流放边郡，分散、削弱霍氏集团的势力。

在打击霍氏集团的同时，宣帝重用祖母史良娣和皇后许氏两家的子孙，形成一个核心集团。

霍禹在家装病，他的一个故吏来看他，霍禹愤愤地说：“我有什么病？要不是我家将军，皇上哪有今天？今将军坟墓未干，便疏远离散我等，重用许、史两姓人，夺了我的印绶，连个反省的机会都不给，便置我等于死地。”他们虽然愤愤不平，却也无可奈何。

宣帝初步行动得手，断然采取进一步的行动：立许皇后之子刘奭为皇太子。霍夫人闻讯，气得吐血，骂道：“那刘奭是许氏微贱时生的，怎配做皇太子？假若皇后生了儿子，去做藩王吗？”遂指使霍皇后毒杀太子，霍皇后几次召太子赐食，太子的老师都先尝，霍皇后不敢下手。

霍禹等人还不知道许皇后是霍夫人阴谋杀害的，见宣帝罢斥霍氏集团的人，误以为宣帝恩将仇报，牢骚满腹。

霍夫人是唯一的知情人，她见宣帝已开始复仇了，不敢再加隐瞒，遂将阴谋杀害许皇后之事如实说了。霍禹等人大惊，霍禹道：“原来如此！为什么不早说？皇上离散斥逐我等，是因为此事。这事非同小可，要判大刑的，怎么办？”

他们商量来商量去，除了铤而走险外，别无他法。一个政变阴谋酝酿成了：诱使太皇太后上官氏为宣帝外祖母置酒，召丞相以下百官前去祝贺，由范明友、郑广汉矫太后诏，斩杀他们；废掉宣帝，拥立霍禹为帝。不料，他们的阴谋泄露，宣帝诏令逮捕霍禹等人。范明友等人自杀，霍夫人、霍禹和郑广汉等被抓了起来。霍禹腰斩，霍夫人等弃市。

霍皇后留得一条命，幽居于上林苑中的昭台宫。

3. 曹操：治世之能臣　乱世之奸雄

提起曹操，人们不由想起小说、戏曲中的花面白脸，一副奸臣嘴脸。历代史籍对他的记载和评价也毁誉不一。陈琳为袁绍所作讨曹檄文说他为“赘阉遗丑，本无令德”、“历观古今书籍，所载贪残虐烈无道之君，于操为甚”；此后的陈寿《三国志》推崇他为“非常之人，超世之杰”；陆机《辨亡论》评之“虽功济诸夏，虐亦深矣，其民怨矣”。一些史料更进一步详细记载其“奸雄”的一面，如晋裴启《语林》写其为防被刺杀而编织梦中杀人诡计，匈奴使者一句“床头捉刀人真英雄”而遭其杀害；《三国志》也不讳他滥杀孔融、许攸、娄圭、崔琰，嫉才妒能，甚至斩草除根，连他们的妻小也不放过的残暴行径；《后汉书》也载他官渡之战杀人之狠，以“余众伪降”之名而活埋掉八万余众；而对农民起义军黄巾军更不客气，一次就斩首数万级……曹操篡乱，滥杀无辜，残暴奸诈，其德为后人所不齿。据苏轼《东坡志林》载：“涂巷中小儿薄劣，其家所厌苦，辄与钱，令家坐听说古话，至说三国事。闻刘玄德败，频蹙眉，有出涕者；闻曹操败，即喜唱快。”看来，《三国演义》的拥刘贬曹倾向，不是没有历史根据和群众基础的。

以品第人才著称的许劭给曹操下了一个评语：“治世之能臣，乱世之奸雄。”此语可谓入木三分。

然而，曹操又不失为一代英杰。

曹操，字孟德（父母为图吉利，希望孩子躲过大灾大难，顺利长大成人，便为其起名曰“阿瞒”），永寿元年（155 年）出生于沛国谯县（今安徽亳州）一个大官僚地主家庭。父亲本姓夏侯，因做了宦官中常侍曹腾的养子而改姓名为曹嵩，袭腾爵位，官至大司农、太尉。

曹操少年时喜好飞鹰走狗，围猎比武，不治行业，游荡无度，机警而有权术。据《世说新语》载，他 10 岁时游于谯水，有蛟逼之，操奋力击之，蛟潜退，操浴后不告诉任何人；其他人浴时又遇大蛟，惊恐奔逃，操笑之曰：“吾为蛇所击而未惧，斯畏蛇而恐邪！”其奸邪之心深不可测。又载操少时与袁绍结为狐朋，一次观人新婚，因潜入主人园中偷瓜，被人发现，参加婚礼的人一拥而上，情急之中，操突持刀劫持新娘，与绍退出，失道坠入棘中，绍怕棘刺，不敢动弹，而追者迫近，情形紧急，操乃大叫“偷儿贼在此”，激得袁绍奋不顾身冲出棘棵，二人才得以顺利逃开。

为了避免叔父向父亲打小报告而受到惩罚，曹操想法离间父、叔关系。一天他碰见叔叔，便一头倒在地上，口吐白沫，嘴脸歪扭，一副痛苦不堪的样子。叔叔以为他中了恶风，便匆匆报与他父亲曹嵩。等曹嵩赶到，他却好像什么事也没有发生似的，口貌如故。曹嵩问他：“你叔叔说你中了恶风，你怎么这么快就好了?”操答曰：“我从未中风，叔叔见我对他孝敬不够，不喜欢我，在您面前故意说我的坏话罢了。”自此，父亲再也不听叔叔的小报告，而曹操更加肆无忌惮了。

有一件事很能说明曹操少年时的胆量气魄和急于显示自己的心态。有一个叫张让的宦官头目，欺人太甚，不可一世，操于深夜潜入张府以图行刺。孰知张让警觉性很高，高呼“拿贼”。操毫无惧色，庭中挥舞手戟，且战且退，逾墙而走。

真正使他出名的，是当时的一些社会名人。当时的社会风气，兴名士品评人物，就像今天的媒体炒作。有一个辞去太尉归家的名士桥玄，第一次品评姿貌短小而神彩飞扬的曹操：“今天下将乱，安生民者其在君乎！”并引曹操去见汝南名士许劭。许劭从德与才和治与乱两方面加以品评：“治世之能臣，乱世之奸雄。”说天下治则尽其能为世用，天下乱则逞其智为时雄。从此，曹操名声渐噪。这也反过来刺激了日后曹操乱世之中建功立业的雄心大志和不择手段。

天下大乱，给了曹操一个施展才干的时机。在各路豪杰中，曹操脱颖而出。

熹平三年（174 年），20 岁的曹操在外戚宦党交替擅权、卖官鬻爵政治腐朽、灾荒战乱连绵不断、百姓流离失所的背景下，举孝廉为郎，出任洛阳北部尉。年轻气盛的他，一踏入仕途就想以法治乱，以此求进：他棒杀了作恶多端的宦官头目蹇硕的叔父。这引起当权者嫉恨，用升为顿丘令的办法，将他撵出京城。不久，曹操又被调回京师拜为议郎，参与议论时政。

曹操娶了倡家歌伎卞氏为妾。卞氏不但给他生了曹丕、曹彰、曹植、曹熊，而且贤慧正直，为平衡曹氏父子、兄弟关系发挥了很大作用，是曹操名副其实的贤内助。

真正使曹操发迹的契机是镇压黄巾军起义。汉灵帝中平元年（184 年）春天，巨鹿人张角领导黄巾军农民大起义，旬日之内，天下响应，京师大震。汉灵帝起用党人，充实军饷，放西园厩马装备军队，任皇甫嵩、朱儁为将，镇压颍川黄巾军，但反被黄巾军包围。情急之下，命议郎曹操为骑都尉，前去援救。曹操与皇甫嵩计烧敌营，内外夹攻，大破黄巾军，并乘胜追击，斩首数万级，将颍川起义军残酷地镇压了下去。以此为资本，操升迁为济南相。

济南是个封国，管辖 10 个县，曹操一上任，就发现属下的县令大多依附权贵，横行乡里，赃污狼藉，所以他做的第一件事就是查清事实，免了八九个县令，吓得“奸宄遁逃，窜入他郡”，使得济南“政教大行，一郡清平”。第二件事便是禁断淫祀，匡正民风。刘章因诛杀吕后有功，后人为其立祠奉祀，青州诸郡纷纷仿效，修祠祭祖之风大盛，而济南地区尤烈，光祠堂就有六百多座。一些商人、地方官吏借此风大搞迎神赛会，将其变为诈骗钱财的场所，致使“奢侈日甚，民坐贫穷”。针对这种滥损民财的恶习，曹操下令，严禁官吏民众搞祠祀活动，拆掉所有的祠堂。

不久，朝廷调他任东郡太守。曹操意识到是自己的干忤桀骜得罪了人，遂辞官回乡，筑精舍读史书，以待时机。一年以后，出任典军校尉。

机会很快来了。统督前将军、西凉大霸董卓利用汉灵帝死后汉宫宦官、禁军火并进入洛阳，召百官废少帝刘辩而立陈留王刘协（即东汉最后一个皇帝汉献帝），自为太尉、相国，独断朝政。因曹操不为所用，便遭通缉。曹操隐姓埋名，离开洛阳，东归联络四乡豪杰，举兵讨伐董卓。

在东归逃亡途中，他和所带的几个人路过成皋老朋友吕伯奢家，伯奢不在，据王沈《魏书》讲，“其子与宾客共劫太祖，取马及物，太祖手刃击杀数人”；而据《世说新语》讲，五子“备宾主礼，太祖自以背卓命，疑其图己，手剑夜杀八人而去"；孙盟《杂记》说得更详细：太祖闻其食器声，以为图己，遂夜杀之，既而凄怆曰："宁我负人，毋人负我！"遂行。民间戏剧、传说则将其情节演义为因吕家缚猪杀之引起误会而导致曹操杀人，显示了曹操疑心太重、性情歹毒的一面。

曹操赶到陈留（今河南开封市东南），得到太守张邈、兖州刺史刘岱等人的响应与支持，富豪卫兹也倾家财相助，很快组建了一支五千人的队伍，夏侯惇、夏侯渊、曹洪、曹仁等也先后投奔而来。与此同时，曹操好友勃海太守袁绍也四处招兵买马，准备共同举事。

汉献帝初平元年（190 年），袁绍应张邈、刘岱、桥瑁之约，来到酸枣，与曹操等十一路军马结盟。大家推袁绍为盟主，曹操为奋武将军。时董卓收悍将吕布为干儿子，杀袁绍亲属多人，焚汉宫庙，掘帝陵，挟汉献帝西迁长安，委司徒王允办理朝政，自己与吕布拥兵洛阳，准备与关东诸路军马决战。

曹操义愤填膺，不顾各路军马的观望，率数千亲兵西进讨伐董卓，一举拿下成皋，进至汴水，与董卓大将徐荣带的几万兵马相遇，一场恶战，曹兵死伤殆尽，曹操也为流矢所中，马也被创扑地。多亏曹洪奋力抢救，扶曹操骑上他的战马，自己徒步护送过了汴水。

自此以后，曹操打消了依靠各路刺史诸侯兵起家的念头，开始靠自己的力量筹备兵马。他利用袁绍令他讨伐黑山农民起义军的机会，收复东郡，自任兖州牧，拥有了扩充实力的地盘。此后，他全力解决号称百万之众的青州黄巾军民，收降兵三十余万，得男女一百多万，组成了强有力的军队，号称"青州兵"，真正成为拥兵一镇的诸侯了。

在这期间，曹操又做了一件十分残忍的事情。他想教训徐州牧陶谦，发兵前先派人将居住在徐州琅琊（今山东临沂市北）的父亲曹嵩接回来，但在回来的路上却遭到陶谦部下的抢劫，不但抢光了一百多车财物，还将曹嵩和其子曹德一并杀死。曹操气愤至极，攻打徐州，屠戮军民，百姓几为其斩尽杀绝，仅泗水边上就杀戮数万口，泗水为之堵塞。所到之处，村镇成为废墟，鸡犬无余。这种残暴行径引起了天下大愤，其心腹部将陈宫等趁其肆虐徐州而先后举兵反叛，与张邈等共举吕布为兖州牧。

为争夺兖州，曹操与吕布在濮阳展开大战，结果是屡战屡败。一次里应外合时中计被困，曹军死伤惨重。曹操见吕布率一骑队迎面而来，忙把士兵的头盔换来戴上，低头混入乱军中。吕布一随从下马一把抓住他，大声喝问："曹操何在?"曹操随手一指，说："那边骑黄马的便是。"骗过吕布，他直奔东门而去。少年流氓无赖的见识又一次救了他一命。

兴平二年（195年），曹操重振旗鼓，打败吕布，收复兖州；灭掉张邈，族其三族。并采纳谋士毛玠"奉天子以令不臣"的政治主张，进贡朝廷，正式得任兖州牧。

挟天子以令诸侯，汉献帝这块招牌帮了曹操的大忙。到他的儿子曹丕时，终于抛开了这块招牌，自己做了皇帝。

这时，他的谋士荀彧力排众议，向曹操进言，劝他迎献帝而都许昌：自天子被董卓劫持西迁，您首倡义兵。只因关东扰乱，未能远赴勤王。今天子回旧京洛阳，忠义之士莫不心存王室，百姓也关注着国家命运。若趁此接来天子，可大顺民心，匡扶正义，招致四方俊杰。于是曹操借朝廷封他世袭父爵的机会，应国丈董承、车骑将军杨奉等人之邀，率兵西迎汉献帝，并被任为司隶校尉、录尚书事，管理朝政及卫戍京师、维护治安——从此，他开始执掌朝政。

他执政以后，首先严明刑赏，以振朝纲。他治横行不法者罪，封死节忠贞者为列侯。其次，纳董昭之计，迁都许昌，更有利于挟天子以令诸侯。汉献帝又封他为大将军，加封武平侯。

这引起了雄居邺城的袁绍的愤慨。他不甘于屈居曹操之下，拒不接受曹操分封给他的太尉和邺侯。曹操审时度势，知道自己还不是袁绍的对手，便将"大将军"送与袁绍，以缓和矛盾，然后集中精力网罗人才，荀攸、孔融、郭嘉等人先后进入他的幕府。

曹操还接受毛玠"修耕植以蓄军资"的建议，屯田积粮。他发布了《置屯田令》，组织两支农业生产大军，一支是按军事编制的，一支是农民。为提高农民屯田积极性，又保证国家收益，他采用枣祗提出的分成收租办法，使用国家耕牛的四六分成，自备耕牛的五五分成，第一年便得谷百万斛。继而又在豫州、兖州大加推广，数年间，仓廪皆满。

这时，刘备为吕布所逼，投奔许昌。曹操知其有雄心又深得民心，想杀之以绝后患，但为了维持自己纳贤招杰的英名，加固智士仁人的威望，便采纳郭嘉建议，给刘备增兵加粮，使其到沛城收聚散兵，以讨吕布。

建安二年，曹操统帅大军征宛城张绣，兵不血刃，张绣投降。在受降宴会上，其随从校尉典韦手持大斧紧随身后，每至降将面前，辄举斧目之，使人不寒而栗；及至席终，张绣诸将皆莫敢仰望曹操。这种情形让曹操得意忘形，竟将张绣的婶母纳为小妾，并收买张绣亲将胡车，准备密杀张绣。张绣先下手为强，出其不备，掩袭曹操。曹操中箭受伤，长子曹昂、校尉典韦战死。多亏于禁杀退绣兵，保其宛城脱险。后来张绣接受贾翊劝言，重归顺曹操。

不久，袁术称帝。曹操利用徐州吕布打败袁术，然后在白门楼解决了吕布，除去了心腹之患。

这时，袁绍拥有幽、冀、青、并四州之地，雄踞河北，成为曹操统一北方大业的主要对手。建安四年，袁绍统帅十万精兵，将攻打许昌。曹操一方面分兵把守官渡（今河南中牟县东北），一方面在第二年诛灭董承。又为避免袁绍、刘备联合作战而东征刘备，击破徐州，获其妻子，进而拔下下邳，擒降关羽，刘备千里走单骑，投奔袁绍。袁绍命大将颜良率兵渡黄河围攻白马（今河南滑县东），曹操用荀攸之计声东击西，直趋白马，颜良措手不及，仓猝应战。曹操命张辽、关羽当先破敌。关羽望见颜良兵至，策马直驱敌阵，于万众之中斩其首级而还。袁兵心惊胆裂，曹军趁机掩杀，解了白马之围。时袁绍大军行至延津（今河南新乡市东南），曹操与其大将文丑相遇，命解鞍放马，以辎重车辆引诱文丑抢夺，然后纵兵奋击，斩杀文丑，大败袁兵，然后撤回。

袁绍恼羞成怒，与曹操决战官渡。曹操用荀攸之计，截击焚烧袁兵运谷车辆，又用叛变袁绍的谋士许攸之计，轻兵人衔枚、马缚口，奇袭袁乌巢粮屯，尽焚其粮谷，张郃、高览举军降曹，致袁军全线崩溃，兵败如山倒。袁绍率八百骑兵渡河北逃。曹操下令尽坑杀其降卒，多达七万余众。

官渡之战，是我国军事史上以少胜多的典范。曹与十倍于己的袁兵决战而胜，关键在于用“人谋”，采纳谋士的建议；与之相反，袁绍矜持自负，刚愎自用，短于从善，教训惨痛，最后吐血身亡。

建安七年，曹操渡河扫荡河北，讨伐袁绍二子袁谭、袁尚，拿下袁家老窠冀州邺城，继而收复幽、并四州。

至建安十二年，曹操大封功臣后，又北征辽地少数民族乌桓，平定辽东辽西三郡，并赎回流落到匈奴的名士蔡邕之女蔡文姬。

为了实现统一江山的宏愿，曹操决定大军南征。其时荆州牧刘表已亡，其少子刘琮为嗣，不想逆操，背着屯兵樊城的刘备降操。刘备只好带着军队和荆州百姓十余万众撤退江陵。曹操在当阳追及，刘备军民大乱，两个女儿被操所获。多亏张飞断后，赵云保甘夫人与弱子阿斗免于难。曹操收荆州四郡，声震天下。

这时的曹操傲气十足，干了一件傻事。在西蜀的益州牧刘璋向曹操表示臣服，提供军饷，并派益州别驾张松到荆州致敬。曹操主簿杨修了解张松的才智，劝操征用张松。而曹操以其身材短小、其貌不扬而鄙之，礼甚倨。张松大怒，回到成都，力陈操之奸邪，劝刘璋弃操而结交刘备，导致后来刘备西进益州而终成三国鼎足之势。这也是曹操为什么不能统一天下的主要原因。

这种骄矜和傲气还直接导致了曹操的兵败赤壁、全军覆没。曹操给江东孙权下战书，以咄咄逼人之势“会猎于吴”，没想到适得其反，孙权不受曹操恐吓，派鲁肃去与刘备结盟。刘备时值走投无路，正中下怀，便派诸葛亮随鲁肃到柴桑见孙权。诸葛亮分析局势及各方面利弊，更加坚定了孙权的信心，孙刘结盟，共御曹操。建安十三年十二月，操与孙刘联军鏖战于赤壁（今湖北省蒲圻县西北）。曹虽人数众多，但北军水土不服，不善水战。黄盖见其用连环船作战，遂献计周瑜：“操军方连船舰，首尾相接，可烧而走也。”并用苦肉计诈降接近操船。是时，东南风急，黄盖船队顺风依次俱近，乘操军将士观望之际，同时发火，火烈风猛，北船尽烧，延及岸上操营，烟焰张天，操军烧溺死者甚众。这时，孙刘联军乘势追击，操落荒而逃。这一仗，曹操大败，大伤元气，平衡了曹、刘、孙三方势力，三足之势定矣。

“老骥伏枥，志在千里。”值得称道的是，赤壁惨败并没有使五十五岁的曹操一蹶不振，他决定调整自己的奋斗目标，制定远景规划，让其子孙完成一统江山的大业。为此，他精心安排，努力创造条件：

一是积极训练水军，大兴水运，泛舟万艘，以讨伐孙权。

二是西征马超，平定关中；继而西征张鲁，使巴、汉皆降。

三是三下求贤令，“周公吐哺，天下归心”。他的用人三令，贯穿了一条“唯才是举”的用人思想路线：“有行之士，未必能进取；进取之士，未必能有行也。”也就是说，他重视的是才能，并不十分强调德行。这个原则，为其非常时期急需人才奠定了可靠的基础。三国时期，曹操得人尤多，可谓英才济济，百川归海，正是这条用人路线发挥了作用。

四是推曹丕进入军事领导集团，为实现“家天下”加快步伐。建安十六年，命曹丕为五官中郎将，任副丞相，其他几个儿子也被封为侯；建安二十二年，更设天子旌旗，备天子车驾，并立曹丕为魏世子。

魏帝呼之欲出。

可惜曹操没有看到那一天。建安二十五年，六十六岁的曹操在洛阳突然患病，正月十三日去世，一代枭雄随历史的长河而流逝而去。

他没有给儿孙留下过多的家私，但他给儿孙留下了魏家天下；他葬于高陵不封不树，但他的形象则鲜明地印记在人们的脑海中……

曹操死后的第十个月，曹丕以受禅的形式代汉称帝。

4. 司马懿：晋朝的奠基人

司马懿是河内郡温县（今河南温县西）名门望族的传人。曹操挟天子以令诸侯、求贤若渴之时，听说司马懿很有才干，便征聘他出来做官，管理河北地区。司马懿觉得曹操是阉宦的后代，出身卑微，自己在他手下讨差使干，是屈节辱命，便以身患风痹症为由，推辞不受。

曹操素有疑心，他怀疑司马懿有意推辞，便派人装扮成刺客前去试探真假。司马懿早料到了这一点，便整天整夜躺在床上装病，当刺客用匕首刺向他心口的时候，他眼不眨，身不动。司马懿用装病逃过了征召。

他智谋过人而又善于韬光养晦，扮猪吃虎，将曹魏集团玩于股掌之上。

公元208年，曹操再次征召司马懿，并且派使者传令：不论病否，定要应召，否则抓也要把他抓去。司马懿知道这次不是轻易躲得过的，便乖乖就范，担任了丞相府的文学掾。通过一段时间的接触，曹操的深谋远虑和他卓越的政治、军事、文学才能令司马懿彻底改变了看法，他非常敬重曹操。特别是有一次曹操被封为魏王，加九锡后，手下左右经常劝他干脆废掉汉献帝，自己做皇帝，司马懿也这样劝他。这时江东孙权呈递劝进表，也劝曹操代汉，而曹操不为所动，一眼看透孙权的心思，说：“这个碧眼小儿是想把我放到火上烤哪！”并明确地告诉左右，他要好好做周文王。这件事令司马懿佩服得五体投地，所以，他开始竭尽全力效忠于曹操，绞尽脑汁，千方百计博取曹操的信任和赏识。

不久，曹操升他为主簿，主管相府一切事务，并让他和儿子曹丕交游，用意很明显，想让他与曹丕成为至交，好辅佐曹丕完成统一中国的大业。

但是，在委以重任的同时，曹操仍觉得放心不下，他通过各种渠道网罗司马懿的信息资料，多方调查、考察、验证。有一次，他听人说司马懿有“狼顾之相”，即向前走路猛然回头的时候，脸面正向后，而身躯不动，仍保持向前行走的姿态。他决定亲自验证。果然，司马懿确有狼顾之相。于是他告诫曹丕：“司马懿内忌而外宽，猜忌多权变，不是做臣子的人，将来一定会干预你的家事，你要防备他些才好。”并且多次想加害司马懿，以绝后患。没想到司马懿早已与曹丕建立了很深厚的感情，曹丕不但不把他父亲的忠告当成一回事，还多次保护司马懿，使他免遭杀身之祸。

尽管处境险恶，司马懿却镇静自若，一如既往，表现出忠心耿耿、兢兢业业的姿态，夜以继日，废寝忘食，用韬光养晦之计，蒙蔽了老道的曹操，化解了曹操对他的猜忌。

曹丕称帝后，司马懿被提升为大将军，录尚书事，曹丕出征，便命他镇守关中，处理政务，对他非常倚重，视为股肱之臣。

司马懿建功立业，主要在明帝时期。曹叡继承乃祖、乃父事业，加快了统一中国的步伐。这时正值诸葛亮六出祁山之时，拒蜀的重任落到了司马懿肩上。诸葛亮带大军十万，扎营渭水之南的五丈原，分兵屯田，以解决远征粮食问题。司马懿引军渡渭，背水为营以拒之。相持百余天，诸葛亮数次挑战，他高挂免战牌。亮赠送给他女人的衣服，嘲笑他胆小，他仍不出战，但为了安抚军心，装出大怒的样子，上表明帝请战。他感到诸葛亮攻势甚急，其中必有缘故，便向下战书的蜀兵询问，诸葛亮吃饭睡觉怎么样。使者回答说：“诸葛公夙兴夜寐，什么事都亲自过问，吃食不到数升。”司马懿便明白了，诸葛亮吃得少是心里烦，肯定活不几天了。果然，诸葛亮病重而死，其兵自退。

显示司马懿军事才能的是平定襄平之战。景初二年（238年）春，明帝令司马懿带兵四万征讨辽东公孙渊。明帝问其战略，他说：“公孙渊必先拒辽水，后守襄平，我去百日，攻百日，还百日，以60日为休息，一年足以平定。”六月，司马懿军至辽东，公孙渊命将兵数万屯辽隧，围堑二十余里。司马懿说：“贼所以坚壁以守，想消耗我们的兵力，打持久战。我们若去攻打他，正中了他的奸计。贼兵大都守在这里，他的老巢必定空虚，我们若直接挥师襄平，一定唾手可得。”于是一方面虚张声势准备强攻，另一方面暗渡辽水，到达北岸，直扑襄平。公孙渊守将慌忙撤兵，被杀得大败，魏军遂进军围襄平。时值秋七月，暴雨季节，两月不止，辽水暴涨，平地水深数尺，三军恐慌，想移军而走。司马懿发布军令：谁再敢言迁营，一律斩首！并将犯令的都督令史张静斩首以镇之，军心乃定。公孙渊依仗暴雨大水，用船运输辎重粮草，泰然自若。军士们想去抢夺，司马懿不允许，说：“这不是当年咱们攻打孟达的时候。孟达兵少而军粮够他们吃一年的，我们的兵力比他多四倍，而粮草不够一个月用的，所以我们采取速战速决的打法取得了胜利，即使以硬碰硬，用四倍的力量打他们，损失一半兵力将他们攻下来，也划算，这叫不计死伤，而争粮草。现在，敌众我寡，但我饱敌饥，大水围困，敌人的兵力优势无法发挥，而我们并不怕敌人反攻，担心的是敌人逃跑，如今他们粮草将尽，如果抢掠他们的牛马粮草，等于驱使他们逃跑。作战应重视随机应变，敌人恃仗人多雨大，因此虽然饥困也不想束手就擒，我们应该显示出对其无能为力的样子，而使他们安于现状。”朝廷大臣闻军遇雨，想建议令司马懿撤兵，明帝不同意，说：“司马懿临危制度，擒公孙渊可计日而待也。”晴天以后，司马懿完成了对襄平的包围，作土山，挖地道，准备攻城的器具，昼夜强攻，矢石如雨，公孙渊窘急不堪，粮尽而人相食，只好派人请降。司马懿决不心慈手软，斩杀来将，对部下说：“作战要义在于能战当战，不能战当守，不能守当走，剩下的就只有投降和死亡了。公孙渊不肯面缚请降，只好消灭他。”于是攻陷襄平，斩公孙渊父子，并诛其公卿以下及兵民七千余人，可谓心狠手辣。

魏明帝只看到司马懿的“忠心”和干练，忽视了他的野心和

凶残本性，临死之时，将朝政托付于他。

景初三年（239年），明帝病危，召司马懿入见，他紧握着司马懿的手说："我把后事全托给您，您与大将军曹爽共辅少子。我苦苦支撑病体等您回来相见，现在死而无憾了。"言毕叫出自己的两个儿子，让司马懿仔细认清哪个是传位的曹芳（即齐王），又叫曹爽上前抱住司马懿的脖子。这时的司马懿表现得痛哭流涕。是日，立曹芳为皇太子。不久，明帝死去，曹芳即位为齐王，司马懿和曹爽分领三千人马轮番在宫廷内外值班。因为司马懿服侍曹家三代，年事已高，取得了曹家信任。所以包括曹爽在内，都将司马懿当做父亲对待，凡事必咨询于他，不敢独断专行。

但此后不久，围着曹爽转的一群朋党何晏、邓飏、李胜、丁谧、华轨等人想排挤司马懿，以让曹爽独揽政权，以此为进身之阶，于是便让齐王发诏，调司马懿为太傅，表面是提高了官位，尊重了他，实际是剥夺了他的实权。面对这种处境，司马懿忍气吞声，决定以退为攻，请求告老养病，又演开了他的拿手好戏——装病，趁机联络心腹，积蓄力量，暗中策划。

曹爽素知司马懿诡计多端，就趁心腹李胜调为荆州刺史之机，让李胜向司马懿辞行，看其是否真病。

李胜进了司马府，通报了姓名。好大一会儿，请其入见，只见两个婢女从床上扶起一个披头散发、神志委靡的老人来。婢女侍奉他穿衣，他抖抖索索，连衣服都抓不住，掉在地下；服侍他喝粥，他也难以下咽，粥从嘴角流出来，弄得前胸和被子上一片狼藉。李胜上前向他问安，他又聋又哑，语无伦次，一付行将就木的样子。

"主上年幼，国家全仰仗太傅；几日不见，太傅竟病重如此。今我蒙皇上圣恩，调到荆州，特来向您告辞。"

"我……年老病重，死在旦夕。您去并……并州，靠近胡地，可……要严加防范哪！"

"我是去荆州，不是去并州！"

"什么，你刚从并州回来？"

"我、是、去、荆、州！"

"噢，您是从荆州来的？"

于是，李胜只好用笔写给司马懿看。司马懿装作大悟的样子，气喘吁吁地说："您是去荆州啊，好好建功立业吧！我有两个儿子不肖，今后请您多指教；见了曹爽大将军，也让他好好照顾他们。"话未尽便倒在床上老牛大憋气起来。

李胜得出的结论是司马懿已是朝不保夕，不足为虑了。曹爽接此报告，自然放松了警惕。

司马懿麻痹了曹爽，紧锣密鼓，策划政变。只待时机成熟，将曹家势力一网打尽。

正始十年（249年），明帝冥寿十年忌日，按照曹家制度，皇帝不可以去墓陵凭吊，以恐宫中空虚，发生不测。而曹芳、曹爽及其兄弟一行军政要员非要去亲祭不可。曹爽的智囊桓范劝道："你们总理万机，统率禁军，不能一起出祭，应该留下几个人守城。否则城门一闭，你们谁还能够进得来？"曹爽说："如今天下大权集于我一身，谁敢胆大妄为！"

正所谓机不可失，时不再来，运筹帷幄的司马懿岂肯错过这天赐良机。他率领亲信闯入皇宫，假借皇太后之命，集结军队发动政变。他先令司徒高柔代大将军职，占据曹爽军营；又命太仆王观任中领军，占据曹羲军营，接管了曹家在城中所有的军事力量。然后关闭城门，占领武器库，占据洛水浮桥，切断曹家一党的归路。同时，上书齐王曹芳，弹劾曹爽一党违背先帝遗言，扰乱国纪，假天子之名作威作福，挑拨皇上与皇太后的关系，中伤皇族等几大罪名。

此外，司马懿又恐怕曹爽迁帝许昌，调外地军队和他决战，又派人去劝降曹爽，说只要交出兵权，便可回到府第，一切爵位不变，决不食言。

这时，从城中冒死逃出的桓范，找到曹爽、曹羲弟兄，极力要他们迁帝许昌："您这样的人，一旦失去权力，只有死路一条，任人宰割，投降无异于就死。从这里到许昌，不过一夜的路程，您可以召集军队，我帮您调集粮食，很快便可以挽回局势。"但昏庸的曹爽却选择了投降道路："司马懿无非是和我争兵权。我交出兵权，照样是个富家翁！"

曹爽过分低估了司马懿，司马懿要的是曹魏天下，他要算总帐，将一辈子的贡献一次结清，留给子孙一壁江山。

于是，司马懿软禁了曹家兄弟，拷问宦官张当，让其供认与曹爽里应外合，计划叛乱，以此为口实，将曹爽一党一网打尽，全部处以死刑，并满门抄斩，夷灭三族。

从此，曹魏朝政大权全部落入司马氏之手，曹芳沦为唯命是从的傀儡。司马懿死后，其子司马昭之心，更是“路人皆知”，到其孙司马炎，终于用禅让的形式逼曹芳让位，当上了皇帝，是为晋武帝，圆了改朝换代的帝王梦。

还有一件事情不可以不交待。司马懿临终遗命，严申不准谒陵，以防宫中趁虚改变；又规定陵墓不封不树，即使后人想挖坟也找不到标志。致使至今晋代皇陵在何方，仍是个谜。可谓生前死后，算计无余。

5. 杨素：智诈自立揽权柄

消灭陈朝，统一全国，是隋文帝杨坚的既定方针。

开皇八年（588 年）十月，隋文帝感到时机已经成熟，遂发兵攻陈。

准备工作是相当充分的：先是舆论攻势，列举陈后主的二十多条罪状，抄写了三十万份，散发到江南；再就是发兵五十一万，兵分八路，从长江上游、中游、下游三个方向同时攻击。

文帝的次子、晋王杨广担任总指挥。三个进攻方向中长江下游是主攻方向，由杨广直接率悍将贺若弼、韩擒虎攻击陈朝都城建康。长江中游的集团军是辅助攻击力量，由宜阳公王世积、落丛公燕荣二人统领；长江上游的集团军也是一支主攻部队，其目标是进击武昌以西的陈军江防部队，阻止陈军向下游机动，保障下游隋军夺取陈朝都城。所以隋文帝对上游集团军特别重视，令秦王杨俊、清河公杨素、荆州刺史刘仁恩分三路东进，由杨俊、杨素任行军元帅。杨俊是文帝的第三子，势必要任行军元帅，而实际上是虚职，真正的指挥者是杨素。

对杨素的此次任用，朝臣中是有异议的，因为在不少人的心目中，杨素是个“美须髯、工书法”的文士，而不是一员武将。

文采风流的杨素，实际上是一个富有奇策妙计的铁血将军。

杨素出生于北魏的一个官僚家庭，年青时落拓不羁，有文士不拘小节的习气，擅长书法，写得一手好文章。出仕做官之后，仍与诗人薛道衡等人交往密切，喜欢结交文人墨客。

杨坚是在担任北周丞相时开始深交杨素的。凭着政治家的眼力，他感到杨素不但有文韬，更有“夷凶静乱”的武略，所以举荐为汴州刺史、徐州总管，封为清河郡公。杨坚代周当上皇帝后，加封他为上柱国。杨素多次向文帝进献攻陈的计策，文帝任命他为信州总管，驻军永安，督造战船，训练水师。

永安即白帝城，扼守瞿塘峡口的长江北岸，地势险要。杨素在这里打造了“五牙”、“黄龙”、“平乘”、“舴艋”等各式战船，其中“五牙”船最为庞大，船上起楼五层，高一百多尺，前后左右各设六根拍竿用以接舷水战时拍击敌船，每船可容纳士兵八百人。

十月的长江，西风凛冽。杨素接到进军攻陈的命令后，立即率水军出永安、过三峡，顺风顺流东下，很快便抵达陈军驻守的险滩狼尾滩。狼尾滩怪石林立，易守难攻，陈朝将领戚欣率领几千人和百余艘“青龙”战船驻守此地，阻止隋军东下。面对如此险峻复杂的地势，有些将领有畏惧心理，杨素分析说：“我军东进，如果连狼尾滩都攻不破，怎能震撼敌军？但敌军占据有利地形，我们不能硬拼。如果白天进攻，敌人会发现我军虚实；不如发动夜袭，利用夜色掩护，杀他个措手不及。”杨素派部将王长袭领步兵从南岸攻击戚欣的水寨，令刘仁恩率骑兵从长江北岸兼程西上，自己亲率几千艘战船为主攻。三路人马约定在同一时间发动突袭，戚欣摸不清隋军虚实，不敢恋战，驾船逃跑。陈军顿时乱作一团，大部被杨素俘虏。

兵贵神速，杨素未加停留，继续东下，到达西陵峡的峡口岐亭。岐亭守将吕仲肃严防以待，把自家的私产全捐献出来充作军用，发誓要死守阵地，士气十分高昂。杨素多次侦察，都无隙可乘、无计可施，于是决定正面强攻。他亲自率水军攻打吕仲肃的水寨，起初的几次战斗，隋军损失惨重，有五千人被杀，死者的鼻子也被陈军割去报功请赏。一时间人心惶惶，怯怕死拼硬战。杨素果断下令：“狭路相逢勇者胜！要不惜一切代价进攻！”他组织了一批又一批的敢死队，连续不断地发动人海攻击，经过四十多次血腥的厮杀，陈军日渐支持不住，吕仲肃被迫放弃岐亭，率残兵退守荆门延洲。杨素令“五牙”大舰日夜不断地追击吕仲肃残部，在延洲聚歼敌军，吕仲肃只身逃脱。此战之后，陈朝水军闻风丧胆，杨素所向披靡，于开皇九年春天抵达汉口，胜利完成了从侧翼进攻陈朝的作战任务。

这年正月，韩擒虎攻陷建康，活捉了陈后主，陈朝宣告灭亡。隋文帝奖赏诸将战功，封杨素为荆州总管和越国公。

陈朝虽已灭亡，但江南仍时有叛乱势力，少则聚众几千，多者拥兵数万，威胁统一的局面。隋文帝任命杨素为行军总管，负责平定江南。

开皇十年，杨素率军一路扫荡零散的几股叛军，进抵钱塘江西岸，准备剿灭最大的一股叛乱势力、自称天子的高智慧。高智慧有几万人马，在钱塘江东岸安营扎寨，连营百余里，声势浩大。杨素召集诸将研讨进攻方案，副将来护儿建议说：“叛军以逸代劳，船只众多，长于水战。如果正面进攻，不易取得胜利。不如主力部队严阵以待，让我带几千名尖兵偷渡过江，火烧敌营，大军乘机掩杀，使叛军进退两难、损兵折将，杀伤其有生力量。”杨素听后大喜，当天夜里就令来护儿行动。来护儿率兵悄悄渡江登上东岸，四处放火。高军从睡梦中惊醒，见烟焰张天，一时间惊慌失措。杨素乘机发大军猛攻。两军自凌晨战至下午，高军损失惨重，高智慧率残部乘战船沿江败逃入海，取海道往南逃窜。

杨素兵分两路追歼叛军，一路由部将史万岁率两千人马自东阳进入山区扫荡小股残余势力；一路由自己率领走近道经余姚追截高智慧。杨素追到永嘉，截住高军，一阵大杀，擒获数千人。高智慧如惊弓之鸟，一口气逃到泉州，投靠了另一股叛乱势力王国庆。史万岁率领的那路人马，跋山涉水千余里，历时三个月，经七百多次战斗，荡平了沿途的叛乱者。由于转战太急太远，和杨素的大部队失去了联系，史万岁便把捷报装在竹筒中，浮水顺流而下，终于将消息告知了杨素。

杨素知史万岁大捷，更加精神振奋，准备继续南下，一举扫平王国庆。此时，隋文帝念他长期鞍马劳顿，下诏召他回长安接受赏赐。杨素认为，叛军还未最后消灭，如不一鼓作气穷追猛打，必将后患无穷。他写了一封奏疏，请求暂缓回京、继续进兵，同时激励部下将士，猛追穷寇，一劳永逸！

隋文帝接到奏疏，颇为欣赏，当即准奏。而王国庆收拢了高智慧残部之后，愈发嚣张而有恃无恐。他自以为海路艰险，隋朝北方军队不擅航海，短期内难以到达，因而放松了戒备。杨素乘敌麻痹之机，率船队走海路迅速驶抵泉州。王国庆一觉醒来，见隋军突至，大惊失色，不敢防守，弃城向各岛散逃。杨素分遣诸将，跟踪追击，各个击破。王国庆穷途末路，被迫交出了高智慧，率领本部人马向杨素投降。

杨素转战江南几千里，用兵不到一年，速战决战，一口气干净利落地平定了江南，显示出高超的军事指挥才能。

当他凯旋长安的时候，满朝文武没人再把他视为只会舞文弄墨的文士，都知道他是一位可以笑着打硬仗、打恶仗的将军。

杨素当然并不只满足于自己是一个军事家，他要更多发挥谋略，当一名政治家，获取更大的权势。

尤其是在他代替老臣苏威当上尚书右仆射以后，这种欲望愈发强烈得难以抑制了。

营建仁寿宫，大败突厥，杨素进一步获得了政治资本。

苏威是西魏大臣苏绰的儿子，为人愚笨少才，但与世俯仰、不露棱角，所以谨厚圆滑，久居高官。杨素很瞧不起他，常对他冷嘲热讽，早有取而代之的心思。平定江南之后，文帝自然要重用杨素，苏威也看出了苗头，主动提出让贤，杨素顺理成章地坐上尚书右仆射的高位，与另一位资深大臣、尚书左仆射高颎一起专掌朝政。

杨素一向心高气傲，看得起的人不多，但他对高颎是有些敬畏的。

高颎不但确有文武大略，明达世务，更有着别人所无法比拟的政治背景。隋文帝的皇后独孤氏，是北周大司马、河内公独孤信的女儿。独孤信有个亲近的僚佐叫高宾，高颎便是高宾的儿子。在杨坚策划代周的过程中，高颎是得力的助手。杨坚即位称帝后，任命高颎为尚书左仆射，进封渤海郡公，朝臣中没人能与他相比，皇帝常常只称他的姓而不叫他的名。后来又亲上加亲，让太子杨勇的女儿嫁给高颎的儿子高表仁，赏赐的物品不可胜计。

杨素知道：对于权势如日中天的大臣来说，是无法与之争锋的；而古往今来，单独靠军功保有权势的人也不多见，自己还必须做些别的事情，赢得皇帝的欢心。

不久，传出消息：皇帝决定在扶风修建仁寿宫。杨素立即请求主管这项工程，因为开皇二年，高颎就曾在旧长安城东南负责创建新城，建设了规模庞大的大兴城，使皇帝十分满意，现在自己何不也在这方面显示一下才华呢？

文帝批准由杨素监造仁寿宫，杨素心里琢磨：如何把握动用土木的规格和标准？文帝一向提倡节俭，这是人所共知的，若搞得太豪华，弄不好会惹麻烦；但是，皇帝即位已经十三年了，节俭的意识有所淡化，现在既然提出修建行宫，又怎能修得平平庸庸呢？修得豪华了，大不了挨一通训斥；可要是修得寒酸了，弄不好会惹来杀身之祸。

杨素打定了主意：宁奢勿俭，不惜人力和物力，以军事化的管理方式加速修建！

工程迅速开始了。平山填谷，严厉催工，服役的百姓大多累死了。劳累倒下的，就推进坑洼里，盖上石块泥土，就势垫成平地。死了一万多个人，仁寿宫终于建成了，建得巍峨壮丽，台榭错落，宛转相属。

文帝从传言中得知：杨素用极不人道的办法修建了一座极其漂亮的仁寿宫。他不便径直来视察，先派高颎来检查，高颎回去报告说：建得过于绮丽，死得民夫太多。文帝听后，不大高兴。杨素知道后，有些担忧，但是他马上觉得事情无妨，可以向独孤皇后求援，请她在皇帝面前开释开释。

这位独孤皇后，有两大特点：一是“参政欲”，二是“妒嫉心”。她时常干预朝政大事，意见又往往与文帝相合，宫中称为“二圣”。她 14 岁嫁给杨坚，让杨坚发誓不与别的女人生子女；杨坚当皇帝后，独孤氏更是妒忌成性，不准后宫嫔妃亲近皇帝。既然有这样一位不甘寂寞、敢说敢干的皇后，为什么不想法让她劲吹“枕头风”呢？

杨素前去拜见独孤皇后，说：“帝王的法度，原本应有离宫别馆。现在天下太平，修建这么一个行宫，怎能说是奢侈浪费！”独孤皇后听着有理，便多次开导文帝，文帝也就不生气了。后来文帝驾临仁寿宫，实地游览了一番，反倒高兴起来，说杨素一片忠心，大加奖赏，赐钱一百万，锦绢三千匹。

获得丰厚的财物，杨素并不在意；从仁寿宫一事中，他得到了两个关键的启示：独孤皇后大有利用的价值；高颎是自己扩大权势的拦路石。

杨素敬畏高颎，并不等于他不想超过高颎。高颎考察仁寿宫后的奏报，差点使杨素惹上麻烦，不削弱高颎的权力，自己怎能上升？可是，皇上如此信赖高颎，谁能改变皇上的态度呢？

想来想去，只有独孤皇后一个人能做到。以自己目前的实力，公开与高颎竞争是不行的，不妨暗中做手脚，在独孤皇后面前说高颎的坏话，使她再在皇帝面前说高颎的坏话。

没有多久，杨素就得到了一个“打小报告”的绝佳机遇。

仁寿宫修好后，文帝在那里秘密临幸了一个宫女。但消息毕竟还是走漏出去，独孤皇后便秘密杀了那个宫女。文帝大怒，又不敢对皇后发作，便独自一人骑马驰出宫苑，不走道路，跑进荒山野谷二十多里。高颎、杨素快马追上，扣马苦谏。文帝叹息说：“我贵为天子，竟然得不到自由！”高颎劝解道：“陛下怎能为了一个妇道人家而忘了天下！”文帝略有悔悟，驻马许久，直到半夜才返回宫中。独孤皇后也感到自己做得过分，见到文帝后，流涕道歉，高颎、杨素二人也从中调和劝解，文帝与皇后又和好如初。事后，杨素单独面见皇后，添油加醋地将高颎的话复述了一遍。由于父辈的关系，皇后本来很信任高颎，但听说高颎称自己是一个妇道人家，心中甚是恼恨。从此开始讨厌高颎，时常在文帝面前诋毁高颎，文帝因此而渐渐疏远高颎。

杨素感觉到了其中的变化，心中暗自欢喜。

转眼到了开皇十八年（598年），边疆陡起战事，突厥达头可汗进犯边塞。文帝任命杨素为灵州道行军总管，出塞迎战。

以前隋军将领与突厥作战时，由于惧怕突厥骑兵的凶猛冲击力，一般都布成方阵。所谓方阵，就是用兵车和其他障碍物结成四边防御的屏障，步兵持长兵器在兵车上迎战，骑兵布置在方阵中央。这种阵势虽利于防守，但攻击力不强，只能守和而已。

杨素领兵出塞，遭遇达头可汗。杨素对部下说：“方阵是一种单纯自卫的办法，不是取胜之道。我们应该以骑阵对骑阵，主动出击，以攻为守！”部下有人表示担忧，但杨素态度坚决，断然抛弃了旧法，令部队布成骑阵。为了树立必胜的信心，他亲自操练骑阵，严肃纪律，对流露出胆怯的士兵，立斩不赦。一时间人心震怖，无不竭力操练。

达头可汗得知杨素变更了阵式，非常高兴，得意地说："这是老天爷要帮助我啊！"他下马仰天而拜，然后率领十余万精骑杀奔而来。

两军对阵，杨素召来部将周罗睺，命令他率一部铁骑先行攻击，如不胜而回，就全部斩首。周罗睺等人领命而出，殊死搏战，以一当十，令突厥骑兵十分震惊。战斗进行了一段时间，杨素见时机成熟，下令骑兵主力部队奋然突击，后退者格杀勿论。隋军迅猛冲击，大破突厥骑兵，达头可汗也身负重伤，落荒而逃。

此战大获全胜，文帝下诏褒奖，赏赐万钉宝带和两万匹丝绸。杨素的儿子杨玄感随军征战有功，亦进位为大将军。尽管杨素驭军严厉，动辄杀人，但他对将士有功必赏，毫不吝惜钱财，所以士兵也愿意随他征战。

大败突厥之后，杨素又在朝廷中增加了政治资本，势力直逼高颎。

开皇二十年，杨素迎来了一生中最为关键的时刻。这年夏天四月，晋王杨广出任灵朔道行军元帅，杨素在他麾下担任长史，二人有了密切的交往。

杨广凭着他的狡猾，知道杨素是个难以寻觅的可用人才；杨素凭着他的灵敏政治嗅觉，感到杨广有夺嗣的野心，宫廷中已出现派系分裂，太子杨勇的地位岌岌可危。

二人彼此心照不宣。

杨素在政治上投下最大的赌注，把宝押在了杨广身上。

策划宫廷阴谋，废黜太子杨勇，拥立杨广。杨素工于心计，势焰煊赫。

隋文帝信守了与独孤皇后结婚时的誓言，他共有五个儿子，都是独孤皇后所生。

长子杨勇，初时封为博平侯、长宁郡公，文帝即位时立为皇太子，参决军国大事。他为人宽厚仁和，但生活奢侈，多有内宠。

次子杨广，初封雁门郡公，开皇元年十三岁时立为晋王。他聪慧机敏，矫情饰诈，早就窥视着兄长的位置，企图取而代之。

三子杨俊，开皇元年立为秦王，后来逐渐失去文帝的欢心，免官闲居，忧惧成疾，开皇二十年病死。

四子杨秀，立为越王，领兵出镇蜀地。他有胆气、多武艺，但奢侈成性，文帝始终对他存有戒心。

五子杨谅，立为汉王，开皇十七年为并州总管，甚得文帝宠爱。

杨勇早早被确立为太子，又有亲家高颎辅助，所以地位比较稳固。但他生活奢侈，受到文帝的训斥。又因不受独孤皇后为他选定的元妃，却宠幸云妃，得罪了独孤皇后，渐渐失宠。善于察颜观色的杨广看出了其中的苗头，乘机施展种种阴谋手段，以求取而代之。他装作只同萧妃相处，概不接近别的姬妾的样子，车马侍从也很俭朴，恭敬地接待朝臣，极讲礼节，以博得父母的欢心。这些手段虽然管用，但毕竟是些小伎俩，关键是要收揽重臣，取得强有力的支持，以便与高颎相抗衡。

而当时唯一能与高颎相抗衡的，就是杨素。

杨广猜测杨素与高颎不和，且功名心极重，可以借他的手击垮太子杨勇。他经过一番观察之后，便将这种想法透露给了杨素。

杨素虽已预感到杨广的企图，但当杨广明言说出时，他还是多少有些犹豫。夺嗣可不是一件小事，万一失败了，不但权势尽失，恐怕连命也保不住。也许可以冒冒险，可是究竟有多少胜算呢？

一向独断专行的杨素，此时也不得不慎重考虑，征求异母弟弟杨约的意见。

杨约小时候爬树堕下来，被树桩扎坏了睾丸，因此竟成为“太监”。他表面上性情沉静，内心却阴鸷诡诈。听了杨素的话后，他分析说：“兄长功名盖世，长期以来执政当权，得罪了不少人。高颎对你心存不满，皇太子怎会对你有好感？虽然你取信于皇帝，但想搞你下台的人还是有很多啊！一旦皇帝百年之后，谁还能保护你呢？现在皇太子失去皇后的欢心，皇上也有废黜太子的念头，你若能抓住时机，拥立晋王，就能长保富贵，永获平安。如果迟疑不决，一旦有变，让太子杨勇掌握了大权，那你就要大祸临头了！”

杨素点头称是。但是为了保险起见，他还是决定亲自出马，探听一下皇后的想法。

一次，杨素进宫侍宴，委婉地称赞晋王杨广孝悌恭俭，很像文帝。独孤皇后听后，垂泣说道：“你说得对。我的二儿子十分孝顺，每次听说皇帝和我派去的使者到了，必定到境外迎接，临走时每次都流泪惜别。不像他哥哥，只知道与那个云妃相对而坐，终日酣宴，亲近小人。我是越来越喜欢二儿子了，常替他担心。”杨素知道了皇后的意图，便大谈太子没有才德。皇后高兴之下，赠送给杨素许多金钱，示意他去操办废立之事。

杨素吃了定心丸，向杨广宣誓效忠，二人结成同盟。于是，种种诬陷杨勇的阴谋，有条不紊地渐次出笼了——

杨广捏造事实，在独孤皇后面前哭诉自己将被杨勇暗害；

杨素收买了杨勇的近臣姬威等人，在文帝面前罗织罪名，说杨勇怨恨文帝，恐怕要发动叛乱；

有人奏报高颎的隐私，说他托疾不朝，有意效法司马懿，图谋不轨；

有人向文帝说：杨勇养马千匹，准备在文帝离开长安去仁寿宫时，在京发动政变，诛杀大臣。

这些谣传，弄得文帝终日疑神疑鬼，吓得晚上和衣而卧，不敢入睡。

到了开皇二十年十月，在独孤皇后的一再催促下，文帝终于下定决心，下诏逮捕并审讯杨勇，废为庶人。

杨素自告奋勇，负责鞫审杨勇。可怜的杨勇哪里是杨素的对手，被无端安上了一大堆罪名。审讯结束后，文帝赏赐给杨素布帛三千段，以表奖励。宣读废黜诏书的，是杨素的文友薛道衡，那诏书既便是出自薛道衡之手，可能也经杨素润色修改过。

一个月之后，伴随着京师的一场大风雪，文帝诏告天下，以杨广为皇太子。

杨勇无罪遭废，多次请求拜见皇上，当面申诉冤屈。杨广、杨素竭力阻拦，不让文帝闻知。杨勇急得爬到树上大声喊叫，路过的朝臣听到后奏知文帝，文帝希望召见一下杨勇。杨素进言说：“杨勇神志混乱，身上有鬼怪附体，皇上不宜再见他，以免龙体受损。”文帝信以为真，终生未再见杨勇。

废黜太子毕竟是一件大事，文帝心里很不痛快，决定明年改元为仁寿，借改元来换换新气象。

仁寿元年，高颎被免职，杨素代替他出任尚书左仆射。杨勇被废，高颎自然要下台；策划废立的首要功臣是杨素，现在他成了“二人（文帝、杨广）之下，万人之上”的实权人物了。照例还要任命一位尚书右仆射，杨素提议苏威出任。这是个一箭双雕的好主意，既显得自己大度，又虚设了一个没有实力的人来与自己一道“共”掌朝政。

杨素的权势炙手可热。他的弟弟杨约，叔父杨文思、杨文纪，都是尚书列卿；儿子杨玄感、杨玄奖、杨玄纵等都位至柱国、刺史。家有奴仆数千，后庭身着绫罗绸缎的妓妾有一千多人。府宅华侈，规模同皇宫不相上下。亲戚故吏，无论有没有才能，都沾光受惠得到提拔。

杨素并不满足，对立有功勋的一些大臣，如贺若弼、史万岁、李纲、柳彧等人，时常暗中予以中伤。杨广当上皇太子后，担心大臣不服，便依靠杨素来“清理门户”。

杨素首先拿杨广的弟弟开刀，造谣诬陷，说越王杨秀对杨勇被废心怀不平，聚兵图谋造反。文帝不辨真假，令杨素审讯杨秀。杨广、杨素又设了一个歹毒的冤案，把杨秀废为庶人，幽居内宫。

就这样，文帝的五个儿子，死的死，废的废，只剩下太子杨广和汉王杨谅了。杨谅虽得文帝欢心，但远在外地，又无羽翼，所以不足为虑。

杨素下一步考虑的是如何实现终极目标，让杨广由皇太子升变为皇帝。

杨广当了皇帝，杨素小心应付，总算得以寿终正寝。

仁寿二年（602年）八月，独孤皇后病死于永安宫，杨广、杨素失去了一个重要的靠山。但杨广的太子名分业已确立，杨素又羽翼众多，大权在握，所以不会有变故发生。

不过，功高震主，文帝也开始防备杨素，兵部尚书柳述、大理卿梁毗等大臣亦上书指责杨素作威作福。文帝遂采取了一些措施，外示优崇，实则削夺杨素的权力。

杨素心里自然明白，他表面上装出追求享乐、迷恋诗酒的样子，暗中却与杨广密谋加快夺位，因为内宫早已传出消息，六十多岁的文帝身体欠安。

仁寿四年春天，文帝身体不适，把政事交付太子杨广，自己离开皇宫大宝殿，迁居仁寿宫。

初夏四月，文帝病情日渐加重，召唤杨素和兵部尚书柳述、黄门侍郎元岩入阁侍疾。这时，杨广的种种伪诈，已渐渐传入文帝耳中，文帝召来杨素，本来是想切断他与大宝殿的联系，但想不到却为时已晚，自己反而受制于杨素。杨素隔几天就发一封书信，向杨广密报仁寿宫的情况，决计将文帝软禁起来，侍机行动。

然而千密难免有一疏。初秋七月的某一天，杨素写的书信被宫人误送到文帝身边，文帝读后，极为恼怒。他终于证实杨广要抢班夺权，便想恢复杨勇的太子之位，对柳述、元岩说："把我儿叫来！"柳述、元岩问叫哪个儿子，文帝说："长子杨勇！"柳述、元岩出屋后赶紧草诏，杨素安插的耳目立即将此事报知了杨素。

杨素大吃一惊。一旦杨勇受诏即位，后果不堪设想。他当即立断，火速告知杨广，让他派人迅速动手；同时封锁仁寿宫大小宫门，阻止文帝召唤杨勇的诏书送出。

杨广担心夜长梦多，当夜带兵驰往仁寿宫，在杨素的配合下弑杀了文帝。

《隋书》之《杨素传》、《后妃传》等，都暗示是杨广、杨素杀害了文帝。一些野史更明确记载：当时"血溅屏风，冤痛之声闻于外"。

事不宜迟，杨广即位于仁寿宫，是为炀帝。

杨素终于长长吁出一口气：十几年的"心血"没有白费。

炀帝即位后，先逮捕了知情的柳述、元岩，接着杀死了杨勇以免后患。

当年八月，汉王杨谅料知皇兄不会放过自己，干脆主动举兵造反，想杀开一条生路。

杨素正愁无法再立功勋，当即率兵镇压杨谅。稚嫩的杨谅哪里是杨素的对手，兵败如山倒，被迫投降认输了。炀帝把他废黜为民，囚禁而死。至此，文帝的五个儿子，只剩炀帝"一枝独秀"了。

第二年，炀帝改元为大业。夺位之功，首推杨素，当然要加以酬谢、安抚。二月，任命杨素以尚书左仆射兼任尚书令。

三月，炀帝决定迁都洛阳，令杨素负责营建新都。杨素有修建仁寿宫的经验，此时又权势大增，于是大兴土木，尽力讨取炀帝的欢心。

七月，炀帝又提升杨素为太子太师。

对这一连串的提升，杨素不但不感到高兴，反而隐隐约约感受到危机。他饱读诗书，知道物极必反的道理，懂得"狡兔死，走狗烹"的规律。多年的相处，使他深知炀帝的脾性，一旦皇位坐稳之后，必然要向功臣开刀。现在这些看似平常的提升，透露出一种“反常”：炀帝心怀猜忌，表面上礼敬有加，实际上是明升暗降。

大业二年六月，当炀帝又拜杨素为司徒、改封为楚国公时，杨素更加如芒刺在背、忐忑不安了。身为臣子，即便再有权势，也无法与皇帝抗衡，杨素只有小心应付，巧妙周旋，尽量减缓炀帝的猜忌和杀心。

幸运的是，没有多久，杨素就身染重病了。他不再上朝理事，专心卧床静养。炀帝假惺惺地派来名医诊候，赐予上等药物，暗中却询问医生，常担心杨素不死。

杨素当然知道炀帝的心思，便不肯服药，悄悄等待死神降临。他抱病作了十四首诗，献给文友薛道衡，曲折地表达畏祸的心情。其中一首写道：

北风吹故林，秋声不可听。
雁飞穷海寒，鹤唳霜皋净。
含毫心未传，闻音路犹敻。
惟有孤城月，徘徊独临映。
吊影余自怜，安知我被病！

一代权臣，也有“吊影自怜”的时候。

七月，杨素病死，炀帝赠谥曰景武，隆重安葬。

第二年，隋朝的开国功臣如贺若弼、高颎等人，被炀帝定罪杀死；后来，连文人薛道衡也未逃脱杀身之祸。比较起来，杨素的“提前”病死，实在算是一种福气。

但是，隋炀帝与杨素及其家族的矛盾是不可消除的。大业九年（613年），杨素的儿子杨玄感举兵反叛炀帝，虽然失败了，但也加快了隋炀帝的覆灭。

6. 史弥远：狡兔三窟得善终

史弥远，字同叔，南宋明州鄞县人。其父史浩官至丞相，拜魏国公。出生在这样一个官宦世家，史弥远从小就耳闻目睹了许多官场内幕，明白官场斗争“尔虞我诈，你死我活”的含义。淳熙六年（1180 年），荫补承事郎；八年，转为宣义郎。在政绩考察中评为第一，调建康府粮料院，改为沿海制置司。淳熙十四年（1188 年），举进士第。绍熙元年（1190 年），授大理寺直，任太常寺主簿等职。在任职期间，表现出出色的管理才能：固堤防、实仓廪、均赋役、课农桑，以防备水灾或旱灾的发生；修城郭、理器械、选将帅、练士卒，以准备边防战争。

丞相京镗认为史弥远是丞相之才，十分看重他。一天屏退左右，对他说：“他日，你的功名事业将远远超过我。希望你日后能照顾我的子孙。”有了京镗的赏识，史弥远仕途自然十分顺利。先后担任枢密院编修、太常寺丞、工部郎官、提举浙西常平。开禧三年（1208 年），任礼部侍郎。史弥远以其才干和善于钻营得升高位。但他并不就此满足，而时刻等待着机会以再现当年他父亲史浩的威赫声势。

韩侂胄给了他一个千载一时的机会。

韩侂胄北伐失败，史弥远先斩后奏，诛杀韩侂胄，使自己登上了权力巅峰。

韩侂胄为北宋名将魏忠献王韩琦之孙。其父韩诚娶宋高宗皇后的妹妹为妻，侂胄以父荫入官。宋孝宗崩，光宗因疾不能上朝，侂胄投靠丞相赵汝愚，策立宁宗。事成后，侂胄想以定策之功获节度使头衔，赵汝愚斥责他说：“我是宗室大臣，你身为外戚，辅佐太子登基，正是份内之事，怎能居功求赏呢?”因此，侂胄深恨赵汝愚。他联络大臣京镗，先后控制了御史台、谏院，最后将赵汝愚驱逐出京城并害死。道学名宿朱熹和他的追随者原为赵汝愚的支持者，赵氏死后，京镗与刘德秀等人制订了“伪学”名目，将道学加上“伪学”恶名，凡与韩侂胄作对者，一律视为“伪学”派。为了巩固权势，打击政治上的反对派，从庆元四年（1198 年）起，韩侂胄与京镗设立伪学名单，上有旧相赵汝愚、留正、周必大、王兰等四人，待制以上有朱熹、陈傅良等，共五十九人，株连者极广。他们打着反道学的幌子，迫害正直之士，为害之烈不亚于东汉末年党锢之祸，是为历史上著名的“庆元党禁”。

此时侂胄权势熏天，史书曾言其所想做之事，宰相等人不敢持有异议，“威行宫省，权震宇内”，甚至手下陈自强自印官员委任状任免官员，也不通知三省官员。侂胄的属下为了取悦他，极力撺掇他北伐中原以立不世功业，侂胄头脑发热，飘飘然之际，便答应了。

当时金朝在位的皇帝为章宗完颜璟，他即位后沉湎酒色不理朝政。宠妃李氏和丞相胥持国内外勾结，把持朝政大权。金朝国政腐败，国库空虚，又连年征战，已是内外交困。此时南宋若认真备战，北伐必能成功。但韩侂胄的用心并非是图谋恢复中原，而是进行一场军事投机，这样的战争就前途难卜了。

史弥远知道韩侂胄的北伐建议后，上疏反对说：“现在建议北伐的人，认为先发者制人，后发者制于人。这是为将之道，在两军胜负之间，可以获取大捷。但如果事关国体宗庙社稷，那关系甚重，怎可以举数千万人的性命掷于一时呢？京师乃根本之地，现出戍既多，留守者少，万一盗贼起来，谁能抵御？如果沿江屯驻之兵各当一面，拱护京都，不轻易调发，则内外表里俱有足以凭借的地方，不会给敌人可乘之机。现在应派抚谕之臣命令边塞将士固守疆界，不要被浮言所惑，破坏原有法规，不要贪图小利以滋助敌人。等到民力愈宽，国势愈壮，迟之岁月，以待大举。这才是宗社无疆之福啊！”

奏疏呈上之后，有人对史弥远说：“侂胄权势如此之盛，你的母亲年事已高，你难道不为她考虑吗？”史弥远回答说：“国家大事在前，忠言如有利于国，有利于百姓，我就是为此得罪也心甘情愿。”

然而以史弥远一个小小的礼部侍郎，自然奈何不得已任平章军国事兼国用使，军、政、财大权集于一身的韩侂胄。为了制造声势，韩侂胄着手积累财富，招募士卒，将奖赏战功的万两黄金从封桩库中提出，准备北伐；在舆论上他解除了党禁，党人中许多抗战派被起用，如著名爱国词人辛弃疾即是如此。同时他奏请宁宗追封岳飞为鄂王，为其部下等人平反，并在开禧二年（1206 年）四月，下诏追夺秦桧官职，改其谥号为“谬丑”。嘉泰四年（1204 年）春，促使宁宗改元，取宋太祖开宝年号和真宗天禧年号（均为宋朝极盛时期）为“开禧”，寓意不言自明。

不久，金朝使者赵之杰来宋朝祝贺元旦，在朝廷上倨傲无礼，引起宁宗极度不满，两国矛盾公开化了。开禧二年五月，宁宗正式下诏北伐，战争终于爆发。

刚开始时，金朝未做准备，其辖境内的原宋朝国士军民早就盼着恢复，因此宋军没费多大劲就收复了泗州、虹县、新息、褒信等地。然而韩侂胄本人志大才疏，不懂军事，又不善于识人，在他专权下，内部矛盾重重。兼任陕西、河东路招讨使的吴曦暗通金朝，密约献出关外阶、成、和、凤四州，求金朝封他为蜀王。宿州一路主持郭倬兵败被围，竟将部下马军司统制田俊迈交给金军做替罪羊，求金人放他一条生路，狼狈逃回。像宋军这样的将领，如何不败？一时宿州、蔡州、寿州在金军反扑时全线败退。二年十月，金朝发兵十四万南侵。金军突破淮水天险，主将布萨揆以“明修栈道，暗渡陈仓”之计，将宋军主力引之下蔡，金军主力却从八叠滩水浅处涉水而过，大军直抵长江北岸。宋军全军溃退，自相践踏，死伤严重。多亏镇江副都统毕再遇火速于六合阻击金兵。数场大战，取得滁州大捷。

金军进攻受挫，国内空虚，无力再战，便派人议和。韩侂胄也被北伐时的大败吓破了胆，于是答应还金人淮北诸地及今年岁币。但金人认为侂胄为北伐首谋，移书罪责。侂胄大怒，罢免两淮宣抚使丘崇，以张岩督江淮军，和议被搁置。正好金平章政事布萨揆病死，叛将吴曦被四川转运使蔡丙斩杀，并收复和、成、阶、凤诸州及大散关。可是侂胄忽而主战，忽而主和，派方信孺使至濠州讲和。方信孺于敌营中，兵刃加身而面不改色，力辩不屈，完成使命。但金人言语中有以得信胄头颅为和议条件之语，激怒侂胄，将方信孺革职查办，起用主张抗金北伐的辛弃疾为枢密都承旨指挥军事。然而辛弃疾此时疾病日重，虽有北伐中原的壮志与谋略，却无法与病魔相抗，尚未动身，就病死在家中。

随着北伐的失败，蜀口、江淮一带百姓流离失所，兵灾祸乱之下，百姓大批死亡。而军费开支极大，国库空虚。反战派开始活跃起来，厌战情绪也随着前线的溃败而逐步升级。

史弥远看出了韩侂胄已是内外交困，决定抓住这个机会将其扳倒。他秘密上书宁宗，要求诛侂胄以安社稷，否则祸患一来，不堪设想。宁宗阅后，并未同意，但奏折却引起了杨皇后的注意。当初杨皇后与曹美人争夺后位，侂胄插手此事，想立曹美人，杨皇后积恨在心，时时寻机报复。这时一听说大臣反对侂胄，她立即感到这是报复侂胄的好机会，便派养子荣王赵曮弹劾韩侂胄。

赵昀寻机面奏宁宗说：“侂胄平日恣横，目无君上，现在又轻启兵端，以至生灵涂炭，危害社稷，应将他正法以谢天下！”杨皇后也进言相劝。宁宗起初不答应，杨皇后进一步劝说：“韩侂胄专权数年，贻误国家，满朝文武官员无不痛恨，只是因为畏惧他权倾朝野，所以无人敢弹劾，陛下怎么不知道呢?”宁宗半信半疑地说：“他是先皇太后亲戚，有无奸恶不法之事，应当查明后再罢免。”于是宁宗同意了杨皇后的意见，派她义兄杨次山调查侂胄情况，并亲草密诏：“韩侂胄久专国权，轻启兵端，使南北生灵涂炭，枉罹凶害，可以罢平章军国事，给予宫观闲职。陈自强阿附充位，不恤国事，可罢右丞相。”准备一旦查实情况，罢免韩、陈等人。

杨皇后十分高兴，立即召杨次山入宫，让他秘密交结大臣，共同扳倒韩侂胄等人。杨次山赶紧找史弥远，史弥远又联合反对北伐的前枢密副使钱象祖、参知政事李壁、权主管殿前司公事夏震等人。几人计议之下，觉得皇上只是罢韩侂胄平章军国事，其他职位不变，韩手下党羽众多，若打虎不死，必遭其噬。决定还是杀死韩侂胄。而内廷有杨皇后等人做靠山，可保无事。于是，史弥远以接密旨为名，令夏震统兵三百，预先埋伏在朝门外，等韩侂胄上朝之时，将他拿下，拥至玉津园杀死。数日后，又将参与北伐谋划的苏师旦斩杀，清除了韩侂胄的羽翼。

史弥远等人先斩后奏，杀了韩侂胄，宁宗得知大为震怒。他本意并不想杀侂胄，因此欲责罚史弥远等人，但内有杨皇后、荣王赵昀的劝说，外有金军压境的危急，他也想做个悠闲皇帝，正好可以拿已死的韩侂胄等人去搪塞金国，便将错就错，发布诏书列数其罪，抄没其家，又将韩侂胄党羽陈自强、郭倪、邓友龙等人贬出京城。而史弥远则是一路升迁，先为礼部尚书兼国史实录院修撰、太子詹事，后又拜同知枢密院事兼太子宾客，进封伯爵。韩侂胄树倒猢狲散，而史弥远渐成气候，权势扶摇直上。

嘉定元年（1208 年）三月，使臣带回金朝议和条件，除增加岁币三十万两、战争赔款三百万贯外，还有一个极令宋朝羞耻的条件，即必须用韩侂胄头颅换回被金军占领的淮南之地。此时，以史弥远为主的主和派认为已死奸臣之首不足惜，于是劈开棺木，取出头颅，枭示两淮，然后函首送往金朝。“嘉定和议”乃成。此和议引得京城正直之士极为不满，有一首广为流传的诗讽刺说：

自古和戎有大权，未闻函首可安边。

生灵肝脑空涂地，祖父冤仇共戴天。

韩侂胄权臣误国，以利己之心空送百万百姓性命，固然死有余辜，但他毕竟是为国北伐，但宁宗却将他的头颅送给不共戴天的仇敌之国，使亲者痛、仇者快，这种函首乞和的行为实在令人不齿。

史弥远以权力和手腕相结合，废去皇子赵竑，立理宗赵昀，稳握权柄。

嘉定初年，史弥远等人力主和议，以屈辱条件与金达成协议。嘉定和议成后，宋金几年间相安无事。然而，金国北边的蒙古渐渐崛起，几战下来，金朝在蒙古的进逼下不得不将都城从中都（今北京）迁至汴京（今开封），版图只剩黄河以南部分。为了解决战争失败、疆土缩小而带来的财政危机，金主完颜珣多次派使者催促南宋交纳岁币。起居舍人真德秀上书请罢岁币，他指出金国将亡，应图自立，不能再示敌以弱，应趁机停交岁币。宁宗接受了他的建议。金主恼怒之下，于嘉定十年（1217 年）再次举兵南侵。战争伊始，双方互有胜败，后来边将赵方、孟宗政等人多次在襄阳、枣阳大败金军，并在嘉定十二年七月取得枣阳大捷，尤其是孟宗政创立“忠顺军”，屡获大捷，威震境外，金兵呼为“孟爷爷”。这场战争宋军始终处于优势，金哀宗不得不在嘉定十七年派使求和停战。

史弥远在这七年中，本来一直主和，见战争有利宋朝，便不置可否，坐观成败并趁机大树自己的威权。宁宗年过半百，荒于政事。后宫杨皇后趁机与史弥远表里为奸，弄权跋扈，以致民间传说他与杨皇后关系暧昧，有人因此作诗讽刺说：“往来与日为俦侣，舒卷和天也蔽蒙。”意指弥远与皇后为“俦侣”，内外勾结控制朝政，以致老天也被蒙蔽。

嘉定十三年八月，皇太子赵旷病死。依旧例，另选太祖十世孙，沂王后嗣贵和为皇子，更名为赵竑。同时宁宗命丞相史弥远为沂王另选宗室子弟以继承沂王。正好史弥远府上西席庆元（今浙江宁波）人余天锡还乡参加秋试，史弥远因而嘱他代为留意寻找宗室子弟。余天锡回乡途中，船行至越州西门，碰上大雨，便在一全姓保长家中避雨。保长得知他为丞相府西席后，招待极为热情。酒席间，天锡看见有两位少年侍立左右，很奇怪地询问保长。保长说：“这是我的两个外甥。其父赵希瓐，为太祖九世孙，因战乱流落民间，娶我妹妹全氏为妻，得二子起名为赵与莒、赵与芮。”余天锡回到临安后告诉了史弥远，史弥远便把这两个孩子召来。全保长听说后大喜，卖掉部分田产为他们整治衣冠行李，在亲戚朋友中大肆宣扬两个孩子将要大贵，邀请他们为与莒、与芮送行。等到史弥远见到这两个孩子，大为惊奇，认为其相貌有帝王之福。他害怕事情泄露出去对自己不利，赶紧又把他们遣送回乡。保长回去后大为羞愧，乡人传为笑柄。

过了一年，史弥远认为时机成熟，对余天锡说：“你还能把这两个孩子带回来吗？”但这一回保长记起上次受到的嘲笑，不让余天锡带走两个孩子。史弥远让余天锡密告保长说：“两个孩子中大的最有贵人相，还是应该让他回到皇室。”保长这才让赵与莒到临安。宁宗见后，十分高兴，便赐名贵诚，立为沂王后嗣。贵诚年方十七岁，凝重寡言，入宫后洁修自重，好学不倦，每次等待上朝时，别人在相互谈笑，他却整肃衣冠，静默以待，因此朝野上下颇有好评。

嘉定十五年四月，朝廷封皇子赵竑为济国公，封贵诚为邵州防御使。史弥远深知与皇上左右搞好关系的重要性，因此格外巴结赵竑，他打听到赵竑喜欢弹琴，便用重金买了一个善于弹琴的美人献给赵竑，美人知书达理，又聪慧狡黠，很得赵竑喜爱。史弥远格外照顾美人的父母，买通了这个美人，让她监视皇子赵竑的一举一动。

其时杨皇后专权国政，与史弥远关系不清不白。而史弥远为相已久，党羽遍布，宰执、侍从、台谏、御史等职均为他所引荐，因此引起了赵竑的厌恶。有一次，赵竑写杨皇后和弥远的名字在茶几上说：“弥远应当发配在八千里外。”又曾经指着墙上地图说：“他日我若登基，一定要把史弥远发配到琼崖去。”琼崖为今天的海南岛，岛上瘴疠之气丛生，犯官去后必死无疑。赵竑又曾经称呼史弥远作“新恩”，意思是说他日发配史弥远不是新州（海南新兴）就是恩州（山东平原）。他将这些瘴疠之乡视为惩罚史弥远之地，不啻是判了史弥远死刑。史弥远听美人密告后，十分恐惧，便有了废竑皇太子之心。真德秀其时正为皇太子师，劝谏赵竑说：“皇子如果能够孝敬慈母，尊敬大臣，那么他日必能登基，否则你的地位就深为可虑了。”赵竑不听。

一天，史弥远借为其父史浩施舍财物于净慈寺的机会，与国子学录郑清之登上慧日阁密谈，屏退左右说：“皇子无德，不能负荷兴国大业。听说沂王嗣子贵诚甚贤，现在想选一个讲官。你去后，好好诱导他。事成后，弥远的相位就是你的了。但言出我口入你耳，要有一句走露风声，我和你都得灭族啊！”郑清之答应了，于是宁宗宣郑清之为沂王府学教授。

贵诚每天在郑清之辅导下学习，又专门找来高宗的御书文章研究。清之每次见到史弥远，都给他看贵诚的文章，赞不绝口。史弥远曾经问郑清之：“我经常听见有人夸奖贵诚的贤明，他到底怎么样？”郑清之说：“此人的贤明，不是我所能述说的，然而可以用一句话明断说：不凡。”史弥远听说之后，考虑再三，废赵竑立贵诚的想法更加坚定。于是常常在皇帝面前说赵竑的过失，但皇帝却没领会史弥远的意思。太子教授真德秀听说这些事，明白太子被废乃是迟早的事，加上太子也不太听他的教诲，便辞职离去了。

嘉定十七年八月，宁宗身体急剧恶化。史弥远派郑清之往沂王府，告诉贵诚将要立他为太子。贵诚明白此事非同小可，不成功则将性命搭上，就默不作声。郑清之急了：“丞相因为我跟随他已久，所以才把心腹话告诉我。如今你不置一词，我拿什么回复丞相？”贵诚这才拱手慢慢地说：“绍兴老母在，此事得和她商量。”郑清之回复史弥远，史弥远见贵诚如此慎重，益加感叹贵诚确实不同于凡人。

不久，五十七岁的宁宗驾崩。史弥远派杨皇后亲侄子杨谷、杨石，将废立之事告诉了杨后。杨后不同意，说：“皇子赵竑为先帝所立，怎能随便更改？”杨谷等人一夜间七次往返，杨后就是不同意。杨谷等人急了，跪拜泣说：“朝廷内外军民皆已经为丞相掌握，如果您真不答应，那么杨氏一族恐怕要被灭亡了。”杨后思考良久，知道箭已在弦上，以史弥远的手段和性格绝对无人能阻挡，便叹气道：“沂王后嗣在哪呢？”史弥远听说，立即派皇宫中快马宣召贵诚，说：“今天宣召的是沂王府的皇子，不是万岁巷的皇子，要有丁点差错，你们提头来见！”

赵竑听说皇帝驾崩，赶紧整肃衣冠等候宣召。然而很久也不见人来，却看见快马急急经过他的府门而不入，正在怀疑发生什么事情，快马已经簇拥着一人经过，因为天黑，看不清楚是谁，更加奇怪了。他还不知道，此时杨后已经将贵诚改名为昀，认为皇太子了。史弥远待赵昀在宁宗灵柩前跪拜举哀后，才宣召赵竑。赵竑急忙赶赴宫中，禁中侍卫将他的随从挡在门外，赵竑却没明白这是什么意思。史弥远同样带赵竑跪拜宁宗灵柩后，让殿前统领夏震看守着他。遂宣召百官立班，聆听遗诏，依旧让赵竑站在原先上朝时的位置。赵竑这才觉得奇怪，说：“现在我仍然还站在朝班中吗？”夏震哄他说：“没宣读遗诏前应在这，宣读遗诏后就即帝位了。”赵竑觉得他说得有理，便不作声了。不一会儿，远远望见殿上烛光晃动中有人登上御座，这是赵昀已经即帝位了。宣读遗诏后，司仪让百官拜贺，赵竑不肯拜，正想吵闹，夏震按着他的头强行让他下拜。接着宣读遗诏，以赵竑为开府仪同三司，封济阳郡王，出守湖州；尊杨皇后为太后，与皇帝共同垂帘听政。

史家评史弥远废立之事说：皇帝老迈无能，权臣得以专权，事无巨细，均委之史弥远，以至皇储国统也为史弥远把持，这样，废立之事也就不奇怪了。

史弥远专权近三十年，不但得以善终，而且逃脱了被史书列入“奸臣传”的惩罚，这其中有三个原因。

史弥远自从开禧三年杀韩侂胄开始形成自己的势力，到绍定六年（1233年）七十岁时病死，擅权用事近三十年，宁宗时为相十七年，理宗时又独相九年，始终处在政治斗争的波峰上。作为一个政客，往往在其政治投机成功的巅峰之际就是身败名裂之时，比如贾似道、蔡京、鳌拜等人，均是现世现报；也有虽然生时逃脱惩罚，死后却遭千古唾骂者，如秦桧、万俟卨等人，均入《宋史·奸臣传》。但史弥远却逃脱了现世与历史的惩罚，究其原因有三。

首先，史弥远深知取得皇帝信任和后宫势力支持对其地位的影响，同时毫不手软地诛杀异己势力。宋代由于军事指挥体制上的巨大缺陷，导致对外战争屡屡失败，有宋三百年，历代皇帝均倾向于执行求和、偏安的方针策略。即使有皇帝想要北伐复国，但稍稍一碰壁，立即缩回。史弥远所经宁宗、理宗两帝均持此思想，不愿操心国事，只贪图安逸享乐，偏安一隅。史弥远对金国的态度始终是主和，这在政治思想上就投合了宁宗、理宗的胃口。嘉定和议后，金章宗问自己的侍从之臣：“宋人请和后，还会再违背盟约吗？”侍臣回答说：“宋主不问政事，军队虚弱不能作战，两淮发生战争后，千里萧条不见人烟。大臣鉴于主战的韩侂胄的下场，无人敢担责任。宋朝是不敢再开战的。”宋宁宗确实如这位侍臣所云，贪图安逸，将政事交给主和的史弥远，自己做他的快活风流皇帝去了。曾有大臣在韩侂胄被杀后上奏章说：“大权刚刚收回，应切记防微杜渐，不要再蹈权臣擅专的覆辙。”但宁宗极为厌烦国事的屑琐，对他来说，他只愿享受做皇帝的快活，不愿承担与此相应的义务。

后宫的杨皇后与太子赵曮也深知自己的地位需要朝臣来支持，尤其是在朝廷中具有举足轻重地位的朝臣。史弥远诛韩侂胄，一方面使他们去除了心腹大患，一方面也使他们为了日后地位的巩固，不得不和史弥远结盟。倒韩有功的史弥远受杨皇后支持，几个月内连升四级，由礼部侍郎跃为右丞相兼枢密使。他驱逐韩的爪牙，代之以自己的势力，形成盘根错节的政治势力。嘉定元年（1208）十一月，他丁忧期间，宫廷上下从宁宗到皇太子都不让他离开。太子甚至请宁宗在京城赐给史弥远一座宅院，让他在京服丧，以便咨询政事。在第二年五月，宁宗就破例起复史弥远，还担心史弥远碍于舆论，不能及时赴京，派出督促的使者相望于道。这样，史弥远服丧未完，就重新做了宰相。

立理宗赵昀后，史弥远深恐皇太子赵竑卷土重来。赵竑接位原是名正言顺，若其登高一呼，赵昀的帝位便岌岌可危，自己必然有灭族之祸。因此，史弥远迫不及待地将赵竑放出京城，想日后寻机斩草除根。可巧，湖州人潘壬早就想谋反，见史弥远擅行废立，便想联合另一支农民军头领李全，打着济王赵竑的旗号造反。李全假装答应起事，约好日期，却按兵不动。潘壬等见李全军不至，害怕事泄，就让手底下人装扮成李全军队的模样，夜入州城，求见济王。赵竑吓得躲了起来。潘壬搜到他后，以黄袍加身，逼他造反。赵竑哭着不从。最后不得已，要求不伤害太后、皇帝，答应后才开府库金帛犒军，并立榜揭数史弥远废立的罪恶，说以二十万水陆精兵进逼临安。等到天亮，济王一看所谓精兵，不过是一些太湖渔民。如此乌合之众，哪堪一击！济王后悔之下，急忙派王元春至朝廷汇报，自己率领湖州的军队讨伐潘壬。等史弥远听王元春报告后，派兵讨伐时，叛乱已被济王平息，潘壬被捕斩。事情虽然平息了，但史弥远心里惊惧非常，诈言济王有病，派御医至湖州，逼赵竑自缢而死。然后假传天下说济王赵竑患急病而死。这样才了却了心头大患。

其次，史弥远在朝廷广树自己的亲信党羽，以使“政令畅通”。负责进奏院的官员陈宓上书说：“大臣（指史弥远）所用，非亲即故，执政选择容易驾驭之人，台谏选谨慎缄默之士。都司和枢密院无一不是自己亲昵之辈。”邓若水上疏说：“宣绘是史弥远的肺腑；王愈是史弥远的耳目，盛章、李知孝是他的鹰犬；冯榯是他的爪牙。史弥远想办某事，害某人，那么这几个人必然相与为谋，怎么会把陛下的旨意放在眼里呢？”

确实是这样，史弥远专权之时，许多大臣已不将皇上放在眼中。绍定四年九月，临安发生大火，殿前司副都指挥使冯榯带领禁军专门防护史家相府，其他地方就无人管了。结果，大火烧掉了太庙、三省、六部、御史台、秘书省，连存放皇帝家谱的玉牒也陷入火海，丞相府却因救护有力而丝毫未损。大火过后，理宗只好将太庙祖先牌位暂置景灵宫，三省六部枢密院各找地方办公。

史弥远手下有“三凶”：梁成大，李知孝，莫泽。其中尤以梁成大为最，连“三凶”之一的李知孝都说，与梁成大青史同传是世上最不能容忍之事。宝庆元年（1225年）夏，因史弥远逼死济王赵竑，名士魏了翁、真德秀纷纷上书为济王鸣冤。三凶便接连上书弹劾魏、真二人，说他们与济王有私，朋比为奸。理宗明白三人为史弥远主使，不得已将魏、真二人罢去。史弥远又有死党薛极、胡榘，民谣说二人是“草头古，天下苦”。凡国家权力部门，如行政、监察、军事等部均为史弥远把持，有反对弥远者，皆被罢去，想升官之人均谄附弥远。当时有一出讽刺戏，一人手抓一石头，用大钻猛钻，钻了好久钻不进去，另一人拍拍他头说：“你不去钻弥远，却来钻弥坚，可知钻不进去吧？”讽刺绝妙。

第三，史弥远善于自我粉饰，收买人心。

史弥远专权时朝政黑暗不次于韩侂胄，然而死后却极具荣光，虽然有大臣上书言其奸恶，理宗却不理睬；死时理宗辍朝三日以示哀悼，赠中书令，追封卫王，谥忠献，户部解银承办丧事。修史时，史弥远与郑清之等人合传，未入奸臣传。原因就在于史弥远善于笼络人心，争取社会舆论。他首先限制自己身边极近之人入仕。史弥远最亲密的朋友周铸、兄史弥茂、甥夏周篆，别人均以为他们必然极贵，但周铸老死于布衣，史弥茂仅以其父史浩的恩荫得以入仕，夏周篆仅做到一个小小的训武郎。最为厉害的一手是，他为已故宰相赵汝愚平反昭雪，修改了韩侂胄干预下编成的国史，并大力宣扬理学，为遭侂胄迫害的“伪学”党人朱熹、彭龟年、吕祖俭等人平反，并录用他们的后人，朱熹的著作重新立于学官。一些名士真德秀、魏了翁也不次进用。虽然他这些手段是表面文章，但客观上促进了理学的复兴，在史弥远死后，理宗下诏将周敦颐、张载、程颐、程颢从祀于孔子庙廷，将理学视之为救国之学。《宋史》的修撰者脱脱虽为蒙古人，然而他用儒术来治理国家，史称“脱脱更张”。另一主要作者欧阳玄更是自幼熟读经史，尤为精通程朱理学。因此，史弥远虽然长期作威作福，使南宋朝政日益腐败，但未被《宋史》列入“奸臣传”。

7. 张居正：政权是唯一的恋人

明代隆庆六年（1572 年）五月的一天，穆宗坐朝时突患中风，他知道自己将不久于人世，随即下遗诏托孤，把太子及国家大事托付给内阁大学士高拱、张居正、高仪三人。次日庚戌，穆宗皇帝逝世。

鹬蚌相争，渔人得利。高拱与冯保之争，把张居正推上了他渴求已久的权力宝座。

神宗即位之后，朝中崛起一股新兴势力，其领袖人物是太监冯保。冯保早在世宗时已经是司礼秉笔太监，穆宗即位后，他想再升一步，当掌印太监，但因首辅大臣高拱的反对，其目的落空，从此两人结下冤仇。穆宗死后，他又再度觊觎掌印太监之位，最后靠着皇后、皇贵妃的支持，终于取掌印太监孟冲而代之。冯保当上了代皇帝批阅章奏文书的机要秘书，这对高拱而言，无疑是个危险的信号。

从隆庆六年六月初十日到十六日的七天之中，朝中大员都在为攫取权力而奔走。在政治机构方面，是司礼监和内阁对立；在人事方面，是冯保和高拱抗衡。高拱的后台是六科给事中和十三道监察御史。冯保的后盾则是皇后、贵妃和神宗。此时高拱根本没把冯保放在眼里，他是政界的老斗士了，他准备和冯保决一死战。

神宗即位伊始，手谕便传到内阁，其中一件便是引用穆宗遗诏，授冯保为掌印太监。高拱非常愤怒，冲着传旨太监大骂：“手谕是谁的意思？皇上的年龄小得很呢！一切都是你们做的手脚，迟早要把你们统统轰走。”他一刻也不懈怠，马上组织起强大的攻势。联络六科给事中程文、十三道御史刘良弼、礼科都给事中陆树德和吏部都给事中雒遵等人，奏疏像排炮一样发出，共同的目标是冯保。高拱认为依照惯例，皇上会将奏疏发到内阁拟旨，权柄仍在自己手里，不愁冯保不倒。但是，事态的发展完全出乎他的预料。

六月十六日，天还未明，神宗召集诸大臣到会极门。高拱以为驱除冯保的时机到了，但他抬头一看，发现少年皇帝旁边，正立着自己的死对头冯保，他知道自己已经失败了。随后冯保宣诏，以“揽权擅政，夺威福自专”的罪名，把高拱从政治生活中轻轻抹掉了。

在高、冯斗法的过程中，张居正的政治智慧充分显现出来。当时的局势是，若高拱获胜，张居正只能是韬光养晦，等待时机；若冯保得势，将来收拾残局的则非张氏莫属，鹬蚌相争，最终得利的还是张居正。据《明史·高拱传》，高拱曾派人把驱冯计划转告张居正，张表面附合，暗地里却把计划透露给冯保，使得冯保抢先一步，以“高拱擅权，蔑视幼主”为由添油加醋地报告了皇后、皇妃，从而引起了她们对高拱的猜忌与反感，最终导致了高拱的失败。但《冯保传》里却说是冯保与居正勾结，共同谋划驱逐高拱的行动。究竟哪种说法可靠，难作定论，但有一点是确实的，就是高、冯斗争期间，张居正一直卧病在家。等到十九日居正上朝时，高拱已被逐出北京。内阁中论资排辈，张居正理所当然地成为首辅，坐上第一把交椅。内阁三成员之一的高仪于二十三日去世，张氏成为唯一的顾命大臣，政治地位更加巩固。高、冯相争，张居正坐收渔人之利，成为最大的赢家。

前车之覆，后车之鉴。张居正从高拱的失败中吸取了很多教训，逐步地巩固了自己的地位。凭借权势施展抱负，张氏确实有功于社稷。

张居正当权后做的第一件事，就是巩固自己的位置。因为若地位不稳，即使有平天下的志向与手段，也无从实现。而高拱的倒台，的确给居正以深刻的教训。他清楚地知道，要想坐稳首辅之位，必须交好冯保，逢迎后宫。在张居正执掌权柄的十年中，他在这方面确实下了不少工夫。

冯保要延揽锦衣指挥同知徐爵入宫，代阅章奏，拟诏旨，张居正立即照办，且吩咐仆人游七与徐爵结为兄弟，以便联络。冯保想在老家深州建坊，张居正随即下令保定巡抚孙丕阳代建。更有甚者，冯保自建生圹，居正马上亲笔撰写《冯公寿藏记》为之颂扬，称为“仁智忠远”。虽然文中隐约可见他对冯保不干政的期望，但阿附的面目还是宛然可见。

冯保的权势，全靠太后的支持，所以张居正对太后更是不敢丝毫怠慢。李太后崇奉佛教，令冯保主持修建承恩寺、海会寺、东岳庙、慈寿寺、万寿寺、涿州桥。居正为了表现自己对太后的忠诚尊敬，在每一处建筑都写碑文颂扬，他甚至肉麻地吹捧说：

> 臣以是益信佛氏之教，有以阴翊皇度，而我圣母慈光所烛，无远弗被，其功德广大，虽尽恒河沙数，不足以喻其万分也。

居正逢迎的心血终于没有白费，在他当政十年中，内阁与司礼监、后宫相安无事，没有发生矛盾冲突，真可谓“宫府一体”了。

解除了后顾之忧的张居正可以全力以赴地施展自己的政治抱负了。

张居正认为，嘉靖及隆庆间的混乱，主要来自于内阁的争斗。徐阶、高拱等皆是有胆有识的人物，但在互不相容的斗争中，却是两败俱伤。高拱的失败给他的另一个教训是，要想保持内阁的稳定，大权独揽，自己身边就不能有能力、雄心与自己相类的阁臣，他所需要的，仅是忠厚老实的长者而已。因此，在内阁出缺的情况下，张居正推荐礼部尚书吕调阳入阁。吕调阳为人随和，遇事不轻加可否，是个典型的好好先生。事实也证明，在与张居正共处的六年中，他极少提出与其相左的意见。有这样的老好人在身边，张居正不感到有任何的威胁。

万历三年（1575 年）和万历六年，张居正又举荐吏部左侍郎张四维、马自强及申时行入阁。张四维、马自强仅为三流人才，申时行比较能干，但资历无法和张居正相比，他们对张居正也构不成威胁。这几人在内阁中，与其说是张居正的同僚，不如说是他的部下更合适。首辅的权力，无形中又提高了一级。

构筑了自己的内阁之后，居正随即把目光转向了要害部门六部。

在用人方面，张居正虽说“为国家爱养人才，不敢以私意用舍”，但是对高拱提拔起来的一部分人，他还是放心不下，正如他自己所言：“所谓‘芝兰当路，不得不锄’者。”高拱去后，吏部尚书空缺，这一位置极为重要，它决定着能否将自己喜欢的称职人员遴选上来。有雄才大略如高拱那样的人，自然是不能用的，但这一位置确实需要一位深孚重望的大臣。经过慎重选择，张居正最后看中了时任兵部尚书的杨博。

杨博因病辞职之后，朝廷又推荐三人作为尚书候选人，第一位是左都御史葛守礼，第二位是工部侍郎朱衡，第三位是南京工部尚书张瀚。按惯例，第三位只是个陪衬，根本选不到。但出乎所有人意料，张居正偏偏选中了张瀚。而张瀚在大喜过望之余也不能不对张居正感激涕零，在工作中也不能不完全听命于张居正。

在整顿六部的同时，居正对都察院和地方的督、抚等人员，也进行了相应调整，对反对自己及自己不放心的“芝兰”，一一予以清除。

经过万历初年这样一番苦心经营，张居正的地位终于得到了完全的巩固，内阁、六部及各省督抚，包括直接向皇帝谏言的御史、给事中等，没有不是经过张居正首肯的，因而也没有哪个敢违拗张居正。至此，张居正真是权倾朝野，他的话如同圣旨一样，他的时代终于到来了。“愿以深心奉尘刹，不于自身求利益”。他终于可以按照自己的构想去兴邦治国了。张居正曾说：“法之不行也，人之不力也，不议人而议法何益?”他认为嘉靖间的废弛、隆庆间的混乱，其根源皆由于吏治腐败，要想治国，必先治吏。按照明朝的制度，京官每六年考察一次，地方官两年考察一次。但到了后来，这些制度早已名存实亡。为了澄清吏治，隆庆六年七月，居正奏请举行京察，五品以下由吏部、都察院会同考察，四品以上责令自陈。经过察典，除掉了一部分腐败分子，举录了一批“能办国家事，有礼于君者”。吏治清明了，国家机器的作用也就正常发挥了。

万历元年六月，张居正又上疏神宗皇帝，请求实行进一步整顿吏治的考成法。所谓考成法，概括起来主要有两条：一、六部和都察院把所属官员应办的事，规定出完成期限，分别登在三个帐簿上，一本做底册，一本送各科备注，一本送内阁查考。在内阁里，张居正自己也有帐簿，可以随时稽考。二、六部和都察院对所登记事件要逐月检查，完成一件，注销一件，如过期未完成，由该科具奏候旨，否则以违制罪论处。

考成法的实施，清除了尸位素餐者，给腐败的官场补充了新鲜血液，使官员们对朝廷的政令再不敢置若罔闻、听之任之了。它就像一根鞭子，督促一切政务顺利进行，尤其在财政方面，成绩最为显著，正如张居正所说："考成一事，行之数年，自可不加赋而上用足。"

万历四年，居正开始推行一条鞭法。

明代的百姓对国家主要有两种义务：一是力差，即为国家做事；二是银差，即让百姓出钱。力差银差给老百姓带来沉重的负担。为了给老百姓减负，朝廷曾推行均徭法：各县把民众分为十甲，每年由一甲承担本县全部徭役。表面上看，均徭法很公平，但因人们的经济能力与经济负担不同，所以此法更使民怨沸腾。为消除均徭法弊端，浙江巡按御史庞尚鹏首先提出一条鞭法：将传统的赋和役折算成银两，按田亩计税。一条鞭法的实行，确实起到了抑制土地兼并、均平赋役及减轻人民负担的作用。庞尚鹏试点成功，后由张居正推行到全国。到万历九年正月，一条鞭法成为通行的法制。

孔子谈到的治国三原则是庶之、富之和教之。在前两步上，张居正做的确实不错，但与当时一般士大夫却发生了认识上的冲突。士大夫们认为张居正应实行仁政王道，而不应是现在富国强兵的霸术。针对此种论调，居正给予了有理有节的反击：

> 剽窃仁义，谓之"王道"，才涉富强，便云"霸术"。不知王霸之辨，义理之间，在心不在迹，奚必仁义之为王，富强之为霸也？

张居正的言论是正确的，高谈仁义并非王道，富国强兵也不仅是霸术。经济是基础，没有这一基础，国家必致衰弱，积贫积弱，最后将无可收拾，更何况还有北方随时准备入侵的鞑靼呢？为了巩固北边，居正采用软和硬的两手政策"外示羁縻，内修战守"：一方面封俺答汗为王，进行安抚，并在大同、宣府、甘肃等地设立茶、马互市，实现边境安定；另一方面则实行大棒政策，加强边防，"如其狂噬，则大杖加焉"，始终把大棒握在手里。后来张居正调戚继光镇守蓟门，李成梁镇守辽东。戚、李二人皆是治军有素的名将，他们一面修筑工事，一面加强士卒训练，在西北和东北边境防范了敌人入侵。在张居正执政期间及去世后的二三十年间，没有发生过大的战争，这对人民生活的安定、社会生产的发展起了积极作用。

在水利方面，居正也有很大的政绩。黄河作为中华民族的母亲河，自古以来就水患不断。万历年间，黄河、淮河多次决口，淮扬地区受到很大威胁。江南一带是中国的粮仓，每年由南而北的漕运达四百多万石。如果这里遭到黄淮水患的祸害，北京的粮食供应就会受到严重影响，因此治黄就成了国家社会生活中的一件大事。最初居正任用河道总督傅希挚开凿泇河，山东巡抚李世达开凿胶河，但都失败了。最后于万历六年选定潘季驯为总理河道漕运都御史，主持治河。潘季驯是比张居正晚一科的进士，自嘉靖四十四年任总理河道佥都御史后，与漕河打了十几年交道，是个水利专家。他经过严密论证，提出了堵塞决口、加固堤坝、导河归海的治黄方案。一年后，潘季驯主持的各项工程全部竣工，堵塞决口一百三十多处，筑新堤三百余里，全面修缮维扬地段闸坝。这一工程取得很大成功，此后不仅漕河通畅几十年，就是淮扬地区也未发生大的水灾。治水之功，使水患变成水利。水退后的荒地，张居正又按户分给江北各县农民，三年免赋，使饱受黄淮水患的百姓重新过上了安定日子。

张居正曾说“仆一念为国家”，此话并非虚言。他的执政，使本已衰颓的明王朝一度出现中兴气象。明人赞曰：“辅政十年，中外乂安，海内殷富，纪纲法度，莫不修明，功在社稷。”

张居正本人是廉洁的，但他对父亲及子侄的劣行却睁只眼闭只眼不加约束。为使儿子们有进身之阶，他不惜败坏科场风气。兼之沸沸扬扬的“夺情”一事，更成了他“贪”的注脚。

古人云：“时位之移人也。”就是说随着时间的推移、地位的变化，人的思想、态度也就随之变化。明代权臣中，居正算是比较注重名节和操守的人，但他毕竟是一个活生生的人，挡不住时位变化所带来的思想变化。早在隆庆二年，即他担任首辅的前四年，他就在《陈六事疏》中极力提倡廉政。执政后，大力整顿“吏治不清，贪官为害”的问题，清除了一批贪污腐败分子。张居正说：“仆自当事以来，闭门却扫，士大夫公言之外，不交一谈。”“私宅不见一客，非公事不通私书。”他是这样说的，也是这样做的。有一位知县向张居正行贿，被拒绝。知县以为嫌少，便加大数码，外搭一条玉带，张居正同样拒绝，且告诫道："执事从此，亦宜思所以自励焉。"

许多行贿者见走直线不行，就想办法曲线行贿。可惜，也许张居正没有意识到这一点。

隆庆六年，湖广巡抚、巡按提议为居正建坊。大学士建坊，在明代是常有的事。但建坊所需工料，却是当地民众承担。张居正也考虑到这一层，为避免扰民，便拒绝了。巡按、巡抚也就不好再提建坊一事，但把建坊所用工料折成银两，送到了张家。但是这一次，张居正没有拒绝。这笔钱所修的张宅，极为奢华，有堂有楼，神宗命名为纯忠堂、捧日楼，又颁御笔大字两幅，对句一联，御前银一千两。这次建坊，发起人是湖广巡抚汪道昆，完成者是继任巡抚赵贤。在有明一代弥漫上下的贿赂风气中，张居正也无法避免。单这一件事，恰恰成了"营私第以开贿门"的注脚。

万历六年，有人提议替张家创山胜；八年，议建三诏亭；九年，议重建坊表宅，这一切行动都未请示张居正。这么多浩大工程，居正恐怕不会全然无知，但在他那里，却只有无言的沉默。不少官员看到了曲线行贿的成功先例，便不再到京师相府送礼，而是直接送到江陵张府。表面的廉政还是容易做到的，但如若贪心不除，不能约束家人和亲属，你的廉洁不是欺人，就是自欺。

张居正的父亲张文明是个放浪不羁的人，居正当国后，更是有恃无恐，不把一般人放在眼里。万历初年，御史李颐前往广西路过江陵，见张文明嚣张，就顶撞了几句。盛怒之下的张文明便把此事告诉了儿子，很快地，李颐的饭碗就被砸掉了。张居正并非不知父亲的放肆，但他还是竭力袒护："老父高年，素怀坦率，家人仆辈，颇闻有凭势凌铄乡里，混扰有司者，皆不能制。"参与此事的，还有张居正的弟弟、儿子及族人子弟。族中情态，张居正在书信中多次提到："敝族家人，虽颇知奉法，然小小混扰，未必尽无，衔勒钤制，不敢一日释也。"话虽如此，但不曾见居正对家族子弟真正约束过，而他的这种迁就与袒护，无助于去其骄横，反而助长了他们的气焰，造成民怨沸腾。

张居正还有更让人指责的事，就是科场中所做的"手脚"。张居正共有六子，敬修、嗣修、懋修、简修、允修、静修。按照明代制度，大臣们建功或任满之后，可以照例荫子，文有文荫，武有武荫。但是大学士的儿子不能补大学士，首辅的儿子也不能补首辅，他们做的都是较低级的官吏。唯有乡试、会试，才是出身的正途。所以，张居正始终不懈地敦促他的儿子参加科举。在科举的路途上，张居正确实用了心计。他为了扩大儿子知名度，千方百计罗致当时有名气的才子与其子交游。第一个才子是沈懋学，第二个是《牡丹亭》作者汤显祖。汤显祖正直耿介，坚决拒绝与其子往来，因此屡试不第，直到张居正死后的万历十一年，才考中进士。

万历五年，张居正第二子嗣修以第二名及第。但这个第二名，完全是作弊的产物。考试结果，嗣修本排在二甲第二名。但由于李太后及冯保授意，神宗就把原定为状元的宋希尧降为二甲第一，把嗣修拔为一甲第二。为遮人耳目，把与张居正儿子交游的沈懋学定为状元。

万历八年，懋修、敬修又同时考中进士。这一切，都是暗箱操作的结果，而居正心安理得，恬然受之，毫不以为耻。

“上有好者，下必甚焉。”诸大臣纷纷效仿，都学张居正的样子为儿孙辈谋取功名，科场风气不可收拾。

权贵们的不法行为，遭到舆论的一致谴责。有人私下作诗一首贴于宫门：“状元榜眼姓俱张，未必文星照楚邦。……”一时传诵，闹得京师满城风雨。直到万历中期还有人在诅咒此事：“明朝建国以来，科场上虽有作弊，但基本上还是公道的；就是从张居正开始，公道全坏，至今唾骂未已也。”舐犊之情，本无可厚非，但若因此败坏国纪民风，就令人发指了。

张居正变了。随着主政时日的延续，他已不像从前那样良善与公正了，而是越来越像专横的高拱，尤其到了执政后期，更与高拱无异。

万历四年正月，刘台上疏弹劾张居正“以相自处”，“威福自己，目无朝廷”，“摧折言官，仇视正士”，言辞极为激烈。刘台本是张居正隆庆五年录取的进士，是自己一手提拔起来的。门生弹劾座主，有明以来二百余年，还是从来没有的事。所以刘台弹劾对张居正是一次非常强烈的刺激。在这种情况下，居正只好上书皇帝，要求退职。神宗再三挽留，并决定给刘台以严厉处分。“刘台谗言乱政，着打一百充军，拟票来行。”

当张居正看到皇帝对自己的信任并未动摇，甚至更加坚定的时候，他就不再推辞了。他不会轻易放弃权力。他很清楚自己的理想和抱负，只有掌握权力才能将其付之实践。至于廷杖一事，为表现自己的宽容，居正请求皇帝宽赦，只是将刘台除名为民而已。但在万历八年，张居正还是暗示江西巡抚王宗载、巡按于应昌，诬陷刘台贪赃枉法，充军广西。此事株连到刘台的父亲和弟弟。刘台本人最后也死于充军之地。

万历五年九月十三日，居正之父张文明去世。九月二十五日，张居正得到讣闻。按明朝制度，遇到承重祖父母、亲父母的丧事，自闻丧之日起，不计闰，守制二十七个月，期满起复，此为“丁忧”。二十七个月中，如果由皇上特别下令不许辞职守制，称为“夺情”。但夺情之事，极为少见。张居正照例给吏部打请假报告，要求回原籍守制。但圣旨很快下来，“父制当守，君父尤重”，不许居正守制。这就造成了“夺情”的局势。

吏部尚书张瀚、左侍郎何维柏等反对“夺情”，认为丁忧守制是天经地义，不能迁就。但张瀚很快被罢免，何维柏被扣三个月薪水。在这种情形下，谁还再敢反对“夺情”呢？

关于“夺情”的细节，我们现在很难仔细考证，但夺情局势的形成，又何尝不是张居正一手造成的呢？按明代惯例，首辅离位三日，次辅便补首辅。当翰林后辈和内阁僚属穿着红袍向次辅吕调阳道贺时，调阳虽未坐张居正的上首交椅，但仍喜形于色地接受了大家的祝贺。这一切，张居正都看在眼里，心中也激起了无限愤怒。他为了大权独揽，等待得太久，付出得太多，十九年不曾见父亲一面，难道因这次守制就把大权拱手相让吗？他不再提守制一事了，为能抓牢大权，而是想了个“辞俸守制”的办法，也就是不要薪水而照常上班。明眼人一看就知，是贪权的心理在作祟。

万历五年十月初五日，天上发现彗星，从西南直射东北。如是现代社会，没人大惊小怪，但在当时却不行，他们认为这是人事不正的预兆。“夺情”风波，使朝野上下弥漫着惶恐和愤怒。怪异的天象，不正是“夺情”造成的吗？

彗星出现之后，张居正门生、翰林院编修吴中行、检讨赵用贤上疏，要求皇上命张居正奔丧守制。刑部员外郎艾穆、主事沈思孝也要求张居正回家归丧。这下触怒了皇上，更触怒了张居正。皇上责令廷杖。群臣纷纷求情，但无济无事。礼部尚书马自强请张居正营救，但他态度极为冷淡：

“居丧之中，管不了外面的事，请马尚书原谅吧。”结果是中行、用贤各杖六十之后逐出北京，艾穆、思孝杖八十后，再受充军处分。

万历五年十一月，彗星再次出现，又直射东北方向。

神宗以星变为由，下诏考察群臣。张居正利用这个机会，把夺情中的反对派全部清除，吏部查处五十多名官员。南京佥都御史张岳素负才名，只因反对夺情，被冠以“才力不及”而降级调外。相反，屡遭弹劾的南京吏部尚书潘成，却因赞成“夺情”而升迁。

张居正太热爱自己手中的权力了。为了巩固手中权力，他是不择手段的。

万历八年三月，南京兵部主事赵世卿上疏，主张扩大取士名额，开放言路，并指责那些靠拍马屁爬上高位的官僚，建议特赦邹元标等上疏劝谏者。赵世卿的话无任何不对，但张居正却认为是攻击自己，想严厉处罚赵世卿。经吏部尚书王国光劝解，降为楚府右长史。到次年，仍以莫须有的罪名将世卿罢官。

八月，张居正的亲家、侍郎刘一儒致书居正，讨论时政问题。一儒认为现在应实行宽简政策，以安抚人心。张居正若能接受此忠告，定可收回大部分人心，可现在的他已听不进任何忠言。单凭一己之私智和手中无限的权力处理问题，不搬起石头砸自己的脚才怪呢。后期执政的张居正已成为实际的独裁者了，而独裁者没有不付出血的代价的。贪权过久则鬼迷心窍，他已认识不清这一点了。

女人未必是祸水，但张居正确实吃过两个女人的亏；加上自己的狭仄与不明智，给身后留下了骂名。

古代有“女人是祸水”的论调，这话大概是没出息的男人做坏了事之后推诿责任的说法，并无道理。但是张居正身后的悲剧性结局确实受到过两个女人的影响：一位是毛妃，一位是李太后。这两位女性，有意无意把居正推上了权力斗争的峰尖，加上居正的气量狭小与贪权，最终导致了神宗的厌恶，造成了人们攻击他的口实，以致身败名裂。

太祖第十五子朱植封卫王，后改封辽王。起初辽王府在广宁，即现在辽宁北镇。建文年间，改在荆州。张居正祖父张镇为辽王护卫，张家与辽府从此发生关系。第六代辽王娶毛妃，生子宪𤊨，与张居正同年。当居正成为有名的荆州秀才时，宪𤊨还只是一个放浪不羁的少年。一次毛妃招居正入府赐食，教训宪𤊨道："你这样不求上进，终有一天会给居正牵着鼻子走的！"宪𤊨满面惭愧，但心里却充满了愤怒。后来张居正名声越来越大，但宪𤊨还是照样不长出息，以致他对居正的嫉妒也越来越重。宪𤊨袭封七代辽王，终于找机会把怨恨发在张镇身上。据说宪𤊨赐张镇喝酒，张镇看到孙儿中举，辽王赐酒，就开怀畅饮。一杯杯之后，实在喝不下去了，但宪𤊨还要他喝，终于醉死，此事使居正对宪𤊨生起了巨大仇恨。然而表面上，两人还是亲近的。

隆庆元年、二年，宪𤊨两次遭到弹劾。他树起一面白旗讼冤。按察副使施笃臣正在江陵，认定辽王造反，把辽府团团围住。据说笃臣与辽王不和，所以趁此陷害。辽王只是一个享乐之徒，缺乏造反的才干，更缺乏造反的气魄。这一点，张居正不是不知道。但在居正当国时，他少时的朋友还是被废为庶人，辽王诸宗也由楚王管辖。人们没有理由不相信是居正施了手段，存心报复。辽府也被张家据为己有。居正死后，宪𤊨次妃王氏讼冤，指责居正公报私仇，成为张家被抄的导火索。

居正当国之后，虽极热衷政权，但每想到高拱、徐阶、严嵩、夏言的下场，也不无恐惧。在这一点上，他有时还是清醒的："仆久握大柄，天道忌盈，理须退休。"不过想到权力的失落，他还是有点恋恋不舍。他的这些小算盘，都被李太后看个一清二楚。她对神宗说："待辅尔到三十岁，那时再作商量。"这实际把张居正摄政时间又延长十二年。居正的摄政，也就是皇帝的失位。神宗表面上不动声色，但内心对居正的仇恨正日益增长。

万历九年夏天，居正病倒了。他多次上疏，要求离休，但神宗不准，告诉居正："专心静摄，以俟痊日辅理，慎勿再有所陈。"居正病情日重，还不许他退，是爱惜他，还是欲置之死地？李太后一句话，扩大了神宗对居正的仇恨，实则把他推上了有进无退的断头台。

居正殁后，赐谥文忠。但身死未久，他所举荐的潘晟被劾，冯保也被逮捕。

万历十一年，诏夺张居正上柱国、太师，再诏夺文忠公谥。斥其子锦衣卫指挥简修为民。他所实行的一切制度，几乎全部废除。自居正身死至此，仅仅九个月。然而这只是神宗报复的开始。

万历十一年一月，神宗下令将张居正之子懋修除名。

万历十二年四月，下诏查抄张居正家产，得黄金四百余两，白银十万两，金器三千七百余件，金首饰九百余两，银首饰一万余两，玉带十六条。

为严刑追赃，拘禁敬修、懋修。敬修不堪酷刑，悬梁自尽。懋修投井不死，绝食又不死，幸保一命。全家饿死十余口。

万历十三年，神宗下令将张居正罪状诏告天下，诏令中说本应剖棺戮尸，“念勤劳有年，故免尽法。”下令将其弟居易、子嗣修等人发配烟瘴之地。

把张居正搞得完全身败名裂家亡之后，神宗才算告一段落。如此下场，大概是居正生前不曾想到的。威福用尽，还要重复前人的老路。究其根由，还是贪权之一念。

第二章

一朝天子一朝臣

有些谚语，像“背靠大树好乘凉”、“树倒猢狲散”、“皮之不存，毛将焉附”，都可视为是对君臣关系的形象比喻。

封建社会中，臣权是依靠君权而张扬的。一旦君主这棵“大树”飘零而去，大臣也就无所庇佑了。新君即位，照例要扶植新贵，旧臣受知于旧君越深、行为越惹眼，倒得也就越快越惨。伍子胥在吴王阖闾时呼风唤雨，但夫差即位便动辄得咎，被迫自杀；吴起在楚悼王支持下改革楚政，楚悼王一死，他立即被乱箭射死；商鞅取悦于秦孝公，变法图强，但新君一上台便把他车裂处死；张仪受知于秦惠文王，纵横捭阖，一度风光无限，但不喜舌辩之士的秦武王一即位，张仪只有落荒而逃。

他们注定成不了不倒翁，因为他们有一个共性：急功躁进。

1. 伍员：血溅离镂剑

伍员，字子胥，楚国人。他的父亲叫伍奢，是楚平王的太子建的太傅。楚平王昏庸无道，听信小人费无极的话，将太子建的媳妇孟嬴占为己有，并将太子建和伍奢赶到城父（今河南宝丰县东四十里）镇守城池。过了一年（前522年），费无极又向楚平王诬陷太子建和伍奢："太子因为您娶了他的妻子，对您很不满意，现在正与伍奢加紧操练兵马，修筑城墙，暗中结交齐国、晋国，肯定有不轨图谋。不若将太子废了，把伍奢召回杀死，然后再除掉太子。"楚平王就召伍奢回来问罪："太子建图谋造反，你知道吗?"伍奢知道是费无极的陷害，便生气地说："父娶子媳，本来就有违道义，怎么还听小人谗言，猜疑起自己的亲生骨肉来了?"楚平王大怒，囚禁了伍奢，并派方城司马奋扬前往城父杀太子建。奋扬两天后自坐囚车来见楚平王，说："我已经放跑了太子建和他的儿子胜，现在听您发落。当初您曾嘱咐我好好侍候太子，太子并没造反的心意，您却让我去杀他。现在我救了您的儿子，又救了您的孙子，您看着办吧!"楚平王赦免了他，让他继续守城父。

奸臣昏君，滥杀忠良，伍员辗转逃往吴国，公子光把他拉入了谋反集团。

费无极又对楚平王说："伍奢有两个儿子，一个叫伍尚，一个叫伍员，都很有才干，如果不将他们父子一起除掉，恐终为后患。可让伍奢写信，命其二子来，一起杀掉。"于是，楚平王便对伍奢说："你能写信让你的两个儿子来见我，就饶你不死。"伍奢无奈，只得按费无极的意思写道："我得罪了大王，押在监中，大王看在我们上辈过去的功劳情分上，准备免我一死。你们两个见到我的信后，速来给大王谢恩，否则父命休矣!"

接到父信，伍尚打算跟使者回都，伍员说："楚王召我们兄弟，肯定是想斩草除根，哪是给父亲留生路?我二人一去，必定与父俱死无疑。我们不如逃到别国，将来好借别国力量报杀父之仇。"伍尚说："我早就料到去则必死，但父命难违，不去不孝；而父仇不报，也为不孝。所以，由我去陪父亲同死，你留下来替父亲报仇。你赶紧逃跑吧!"

果然，伍尚一到，楚平王当即命费无极将其父子二人一并处死，又派人追杀伍员，颁布悬赏令："有擒获伍员者，赏粮五万石，封为大夫；有收留者，全家死罪。"并附有伍员画像，挂在各关口，按图索拿。楚平王料定伍员必投吴国，又派大将薳越守住必经之路——昭关。

伍员本打算逃奔吴国，但听说太子建逃到宋国，便改投宋国。路上，遇到楚国使臣申包胥，将父兄之死哭诉了一番，并发誓说：“杀父之仇，不共戴天，我要上别国借兵灭了楚国，将楚平王啖肉寝皮，以解心头之恨！”申包胥说：“如果我劝你报仇，是为不忠；若阻挡你报仇，是为不孝。为保全咱俩情义，我不把你的事向人泄露。不过，你如果真灭了楚国，我要尽我的力量将它恢复！”伍员赶到宋国，正值宋国内乱，便与太子建逃到郑国，可太子建受了晋国唆使，不听伍员劝告，想帮晋国夺取郑国，充当内应，郑国大怒，杀了太子建，伍员带着太子建的儿子胜连夜逃奔吴国。

昭关（今安徽省合山县西北）为两山之中的一个关口，又有薳越把守，查问甚严，很难混出。正在束手无策之时，一个老头挡住了去路：“伍将军哪里去?”吓得伍员魂飞魄散：“老先生，你认错人了，我不是伍员！”老头笑了：“我是东皋公，住在山背后，给人看医治病，是救人命的，不会加害于你。大前天，昭关薳将军有恙，我去看病，看到关上悬有您的画像，故此认出您来。您去闯关，是自投罗网。随我来吧！”

来到山后老人家，伍员诉说原委，声泪俱下，听得老人柔肠寸断，说：“你放心住下，我设法送你过关。”

一住就是六七天，伍员心急如焚，脸庞清瘦，两眼凹进，满头白发，胡须成霜。老头有了计谋，叫来了老友皇甫讷，准备第二天闯关。

第二天，皇甫讷故意慌里慌张，来到关前，因其容貌与扮相酷似伍员，当即被士兵擒下，绑了起来。士兵误以为逮着伍员，兴高采烈，得意忘形；百姓也赶来看逃犯模样，昭关顿时大乱，伍员趁乱混出关去。

士兵将皇甫讷押到薳越帐中，东皋公正在给他看病，说：“将军拿错人了，这是我的好友皇甫讷，不信，请细对图像，听他说话口音。”薳越知道事情糟了，伍员肯定趁乱过关了，便点齐人马，一路追去。伍员看见后面尘土滚滚，知道追军迫近，不巧正遇一江横在面前，只有一渔翁江中打鱼。伍员哀告说：“老大爷，救我一命！”老渔翁将船靠近，渡他到了对岸，摆脱了追兵。伍员十分感激，拿出宝剑送给渔翁。老人说：“你的宝剑能与五万石粮食的赏赐相比吗？我敬重你一片孝心，不要你报答！”

伍员来到吴国，为防止被人认出，躲避楚人追杀，便假扮乞丐，将自己的遭遇编成曲子，一边吹箫，一边歌吟，想引起吴国人注意，以此接近吴王僚。

不久，一个相面的人见伍员气质非凡，便报告给吴王僚。吴王僚召见了伍员，一谈就是三天，真是相见恨晚。于是，伍员成为王僚的幕府，一起谋划军国大事。在此期间，伍员认识了力大无穷的专诸，并与吴王僚的堂兄弟公子光成为知心朋友。

按理说，吴王应该由公子光继承。当初吴王寿梦有四个儿子，老大诸樊，老二余祭，老三余昧，老四季札。季札博学多才，所以寿梦想把王位传给他，而季札坚辞不受，没有办法，只好由老大接任国君。此后兄终弟及，老二、老三相继接位。但老三死后，老四季札仍不肯继位。于是大臣们便决定由老三余昧的儿子僚继王位。这引起了老大诸樊之子光的极其不满，他是嫡长孙，自认为王位非己莫属。他于是千方百计网罗人才，想把王位夺回来，伍员无疑是一个得力的臂膀。而伍员也洞察了公子光的心思，见光的才能远在僚之上，一旦他夺了王位，成为君主，定能助自己实现为父兄报仇的宿愿。于是，他决定帮助公子光夺王位。

吴王僚英勇孔武，平时戒备森然，想刺杀他，绝非易事。为了让伍员死心塌地帮助自己，公子光故意在吴王僚面前说伍员的坏话：“伍员劝您攻打楚国，只是为其父兄报仇，根本不为吴国利益考虑，您最好远离他。”果然，吴王僚给了伍员几亩地，让他和公子胜到乡下自谋生计。而公子光则马上追到乡下，看望伍员，顺便让伍员推荐身强力壮的刺客。伍员便推荐了勇士专诸，并陪公子光一起带着好些金银财宝看望了专诸。公子光将自己的想法告诉了专诸，并说：“你刺吴王僚如有不测，你的母亲就是我的母亲，你的儿子就是我的儿子。”并针对吴王僚喜欢吃鱼的特点，让专诸去太湖边上一家鱼馆学做鱼菜，成为烹鱼的高手。然后，将吴王僚的儿子庆忌支走，再请吴王僚到家里吃鱼。吴王怕人行刺，便在礼服里面穿了铠甲。席间，专诸呈上一道糖醋鲤鱼，放下盘时，突然从大鱼肚子里抽出鱼肠剑，用力刺向吴王胸脯。吴王猝不及防，鱼肠剑穿透铠甲，进入心脏，吴王气绝身亡。吴王的卫士们一拥而上将专诸剁成肉泥。吴王死于非命，公子光顺利地登上王位，改名为阖闾，请出伍员，共谋军国大计。至此，伍员得以施展才能，着手替父兄报仇。

掘墓鞭尸，伍员总算报了血海深仇。

阖闾野心很大，他想西破强楚，南灭越国，称霸中原，就向伍员讨教。伍员说出了自己的一套政治谋略："要想巩固君位、治理好国家，建成霸业，必须筑好城郭，完善守备，充实仓廪，加强军力。"并且自告奋勇承担了修缮城郭、完善守备的任务。

这年六月，楚国的伯嚭也逃奔到了吴国。他是楚国左尹伯州犁的孙子，父伯却宛为大将，数有功，深得楚昭王信任，成为费无极的竞争对手。费无极利用老令尹囊瓦的虚荣心，兵围伯府，逼伯却宛自杀，又杀了他全家的男女老少，只有伯嚭死里逃生。伍员与伯嚭，同有杀父深仇大恨，又都流落吴国，就同病相怜，交上了朋友。伍员引荐伯嚭当了吴国的大夫，二人成了同事。一天，二人在阖闾面前哭诉冤屈，请求发兵攻打楚国。阖闾说："我虽然除掉王僚，做了国王，但他的儿子庆忌活着，总是个后患，您得想个法子除掉他才好。如果他得到敌国的帮助，攻打进来，我的王位就保不住了，您的仇也报不了了。"

于是，伍员又引荐要离给阖闾。要离矮小瘦弱，远不是身体硕健的庆忌的对手，根本没法行刺，阖闾不高兴，勉强拜他为大夫。过了几天，伍员在朝上提议让要离当大将，统率吴国兵马攻打楚国。阖闾不以为然地说："如果您让要离做大将，全吴国的人都成大将了。"要离见阖闾当着满朝文武官员的面挖苦他，十分恼怒，指着阖闾的脸骂上了："天底下再没有像你这样没礼貌、忘恩负义的小人了。你嘲笑我个矮为不礼，你推辞为伍大夫报仇为忘恩!"阖闾大怒，命武士砍去了要离的右手，关入大牢。要离收买了狱卒，逃跑了，阖闾又将他的妻子抓来，绑到街上杀头示众。

要离逃出吴国，投奔到避难在卫国的庆忌手下，千方百计怂恿庆忌攻打吴国，以报家仇国恨。经过几个月的筹备，庆忌发兵顺水路向吴国进发。要离左手持矛，站在庆忌身边侍卫，待江面刮起大风的时候，要离借着风力，用尽全力照庆忌胸口一矛扎去，刺死了庆忌，他自己也自杀了。

原来，这都是伍员与要离定好的计谋，叫他用巧计杀庆忌。这样一来，伍员就帮助阖闾巩固了统治地位，此后，便可以借阖闾的雄心和力量，报父兄之仇了。

前512年，伍员推荐齐国人孙武为大将，训练女子作为兵源，以解决兵力不足的问题。然后采用轮番袭击的策略，搞得楚军防不胜防，精疲力尽。正巧依附楚国的两个小国蔡、唐的国王因得罪了楚令尹囊瓦，而遭到楚昭王的软禁，雪耻心强烈，投奔中原诸侯不成，转而投靠吴国。这样，吴国进攻楚国就有了领路的人，也没有了楚国属国的阻挡。于是，前506年，阖闾拜孙武为大将，伍员、伯嚭为副将，发兵六万，会合蔡、唐两国兵力，掩杀而至，五战五胜，直捣楚国郢都。楚国大败，楚昭王逃走，郢都失陷。

在伍员的策划下，阖闾扫除了实现霸业的一个重要障碍，伍员也终于等到了报仇雪耻的时刻。伍员先劝阖闾拆除了楚国的宗庙，然后带着士兵去寻找楚平王的坟墓，想掘坟鞭尸，以解其恨。由于楚平王知道自己仇家甚多，故做了几处空坟，并将做坟的石工全部坑杀。伍员好不容易找到一个侥幸逃生的石工，掘开了真坟。据说平王的尸体用水银炼过，开棺之后，仍栩栩如生。伍员怒不可遏，拉出尸体，抄起铜鞭，一气打了几百下，连骨头都打折了，他还不解气，又将铜鞭戳进平王的眼眶中去，说："你生前有眼无珠，不分忠奸，听信谗言，害我父兄，只可惜我没亲手宰了你！"

楚臣申包胥逃亡山中，听说伍员拆了宗庙，掘墓鞭尸，便派人捎一封信，责备伍员太过分了。伍员回答："我日暮途穷，倒行逆施，复仇已成为我生命中的重要部分，我与楚国势不两立。"于是，申包胥便利用各种关系，搬来秦国救兵，掩杀而来；而阖闾的弟弟夫概又趁阖闾在郢、吴国空虚之机，跑回去自己称王；越国也兴兵趁机伐吴。吴国不得不从郢都撤兵回去。

伍员没能急流勇退，幻想再帮新君夫差建立盖世奇功，夫差却要了他的性命。

复仇之后的伍员，集中精力施展才华，帮助吴王阖闾实现霸业，显示出他卓越的政治、外交、军事才能。两年后，阖闾派子夫差再次伐楚，夺番地（今江西鄱阳湖一带），逼楚迁都鄀（今湖北宜城县东南）。

可惜的是，君臣相得益彰的日子已经不多了。前496年，阖闾以越国不出兵伐楚为由，攻打越国，越王句践领兵抗击，一战而吴军大败，阖闾脚大拇指也被击伤，只好收兵。

阖闾的脚伤竟告不治。临死前，他询问伍员立谁为太子好。伍员觉得吴国的霸业方兴未艾，一定要选一个出色的人才能继承阖闾大业，而诸子之中，夫差是最理想的人选。夫差也多次求助伍员，请他帮忙，在父亲面前说些好话。于是，伍员便回答阖闾："臣听说，王业废坏，常因后继无人；王业兴盛，则在于选立贤嗣。诸公子中，夫差更合适。"知子莫若其父，阖闾说："我看夫差愚蠢而又缺乏仁慈之心，恐怕不能担当大任。"伍员劝道："夫差待人诚信友爱，恭谦有礼，您就别犹豫了。"阖闾非常信任伍员，尽管不甚满意，还是同意了："立太子的事，我就听从您的意见了！"于是，夫差立为太子。

不久，阖闾去世，死前拉着夫差的手问："夫差，你忘了越王杀父之仇了吗？"夫差立即肃容回答："不敢忘！"

夫差立为吴王以后，决心攻打越国，为父王报仇，叫人每天提醒他几次。清晨起床，手下人便喊他："夫差，你忘记了越王杀了你的父亲吗？"夫差流着眼泪回答："不，不敢忘！"吃饭、睡觉前也照例问答。同时，命伍员和伯嚭在太湖操练水军。公元前494年，夫差以伍员为大将，伯嚭为副将，亲带大队人马，向越国进攻，在夫椒（今江苏吴县西南太湖里）展开大战，越军大败，吴军趁势追到岸上，包围了越王句践逃奔的会稽山。越王听从大臣文种的建议，决定向吴王夫差请降。

这时的伍员，已成为当朝元老，夫差在其面前，就像小学生面对老师一样，感到不自由、不自在；而伯嚭为了早日出头，也在夫差面前排挤伍员。越国了解到这一情况后，通过文种贿赂伯嚭，让伯嚭说服吴王夫差同意了媾和。伍员很清楚使越国保存下来的巨大危险，便苦劝夫差："吴越两国围有三江，没有别的地盘可扩大，没有别的土地迁移人民，两国势不两立，难以并存。陆生者居陆，水生者居水，中原为陆地，习车辆，即使我们攻占了那些地方，也不习惯长期居住；对越国，我们可以长期占领。再说，父仇未报，您可不能手软啊！"但由于伯嚭的怂恿，吴王夫差再也听不进伍员的劝告了："相国年纪大了，您就歇着吧！"伍员无可奈何地走出王宫，仰天长叹："越国十年积聚，十年训练，不用二十年，吴国的宫殿恐怕就要变成沼泽了！"

可惜这时的伍员，只关注吴国的命运，却忽视了关注自己。一朝天子一朝臣，是该急流勇退的时候了。遗憾的是，伍员当局者迷，身在官位不自知，聪明一世糊涂一时，还像对待阖闾那样尽忠夫差，到头来终究落个被吴王夫差残害的下场。

正像伍员预料的那样，越王句践随夫差当奴仆，做苦役，忍受一切屈辱，逆来顺受，在夫差生病期间，甚至扶夫差大小便，闻夫差大便味道以谄媚夫差，弄得夫差晕头转向，飘飘悠悠。伍员劝夫差杀了句践，以绝后患："我听说内怀虎狼之心的人，才口称谀美之词。您不能只图一时谀语的快意，而忘了您的万世忧患。不诛生死仇敌，不灭刻毒仇怨，就如羽毛上加炭火，禽卵投于千钧之下。您迷途知返吧！"夫差很不高兴："我卧床病了三个多月，相国您没有一句安慰我的话，是为不慈；您没献过一次我想吃的东西，是为不仁。作为人臣，不慈不仁，哪里还谈得上忠信？越王亲自做奴仆，妻子做妾，亲尝我粪便，不离我左右，是为心慈；他将越国所有珍宝献给吴国，抛弃父老兄弟侍奉我，是为忠信。此仁慈忠信之人，我能为取悦相国而违背天道，杀了他吗？"伍员还想劝他："老虎伏下身子的时候，是要捕获猎物；鱼因贪图诱饵，而被捕食。越王的一切做作，不过是想让您放他一马，这正说明他的志向。我身负先王重托，不忍心看到吴国社稷成为废墟！"夫差烦了："行了，行了，不必再说了，我永远不想听到您这样的话了！"不久，便赦免了越王句践，放虎归山，送他回了越国。

越王句践回国后，君臣一心，卧薪尝胆，制定优惠政策促使人口迅速繁衍，大力发展耕织。然后用文种的计谋：多给吴国送贿赂，麻痹吴国；收买吴国的粮食，使其仓廪亏空；用美人计诱惑吴王，使其荒淫无道；送给吴国优质砖瓦木料，让其大兴土木，劳民伤财；离间忠臣，安插内奸。而越国自己则广积粮草，加紧操练兵马。

而夫差果然中计，他大造姑苏台，又迷上了范蠡送来的西施和正旦。西施用尽媚态心计，怂恿夫差攻打中原，以消耗吴国的有生力量。

公元前489年，齐桓公死，新君幼弱，贵族争权，一片混乱。夫差决定趁这个机会攻打齐国，并动用大量的人工挖掘运河，直通淮河，贯通长江、淮河两大流域，为水路进攻齐国做准备。伍员劝道："上天把越国赐给吴国，而吴国却不要，那么，上天只好把吴国赐给越国了！现在越王呕心沥血，发愤图强，人口繁衍，兵甲渐盛，已成为吴国的心腹大患。您不注意对付越国，却想侵占远在北方的齐国！您有违天道，平时寻欢作乐，劳民伤财，民众一定会背离您的！又加上灾荒不断，库盈已竭，一有不测，吴国便会溃散。如果越人趁此发动进攻，您还有回天之力吗？"夫差听了这番逆耳忠言，气得牙根直痒。

夫差令伍员给齐国下战书，想借齐王之手除掉伍员。多亏老朋友齐国大夫鲍息说尽好话，伍员才被放回，他预料到吴国必有厄运，便偷偷将儿子伍封送到鲍息家，托其照看。这更引起了夫差的痛恨。伯嚭乘机又说伍员的坏话："伍员为人刚暴，待人少恩而又猜忌，您屡次不听他的教训，他更充满怨恨，现在又把儿子寄到齐国，恐有变事。您攻打齐国，他一味强谏，动摇军心，只希望您败，以证明他说得正确。如果您率兵伐齐，伍员趁王宫空虚，兴起祸乱，那就糟了。希望您当断早断!"

于是，夫差决定在北伐前除掉伍员。他叫人送给伍员一把宝剑，剑上刻有"离镂"二字，并对他说："大王让您用这把剑自裁。"伍员手持离镂，长叹数声，悲愤而言："大王啊，我使你的父亲成就了霸业，我使你登上了国王的宝座，忠心耿耿，反倒落到如此结局。你听信谗言，终究要自食苦果的。"他又对身边的人交待说："我死后，你们把我的眼珠挖出来，悬挂在东城门上，我要亲自看到越军是如何消灭吴国的；你们在我的坟上一定种上梓树，使它长大后做棺材，埋葬夫差。"言毕自刎而死。

伍员的遗言又惹恼了夫差："他想死后还看我的笑话，可恶之极!"于是派人将伍员的尸体扔到江里，沉入水底。

伍员惨死，吴人闻之哀痛不已，于江边山上行祭奠之礼，并改此山名为胥山。

公元前484年，吴王挥师北上，在艾陵（今山东省泰安市）打败齐国；前482年，在黄池（河南省封丘县西南）大会诸侯，与晋国争盟主之位。正在不可开交之时，传来越国杀入吴国，袭击吴都姑苏，杀死了吴太子的消息，便草草收场，仓皇而回。吴越两军接战，刚一交手，吴军大败。夫差责问伯嚭："你不是说越国不会背叛我们吗?"并令他去向越王求饶。而此时复仇心切的越王句践自然不会让吴国的悲剧在自己身上重演了。

公元前473年，越国终于灭掉了吴国，亡国之君夫差也自杀而死。死前，他才反省过来："我悔不该不用伍员之言，我有何面目见子胥于地下!"夫差气愤地杀死了伯嚭。但一切为时已晚。

2．吴起：乱箭穿心

吴起，战国初期卫国左氏（今山东省定陶县西）人，是杰出的军事家、政治家和改革家，也是春秋战国时期第一个为改革付出生命的人。

吴起是个功名利禄熏心之人，仿佛他的生命的一切就是追求功名。

在诸侯混战的年代，要想建功立业，捷径便是当兵打仗，为此，吴起特别喜爱比剑，喜欢出名，耗尽了千金家产。老母被他气得发昏，大骂“不肖子孙”，他赌气咬了自己胳膊一口，发誓道：“不得功名，决不回家！”从此，他便离开了卫国，外出游学到了鲁国，拜孔子的弟子曾参为师，勤奋学习，逐渐小有名气，被齐国大夫田居看中，将女儿许配给他。

五六年以后，曾参见吴起从不回家看望父母，便问：“你不想你的老母吗？”吴起回答说：“我出门前已发过誓愿，不求得功名，决不回家。”曾参开导他说：“做儿子的，不能跟母亲起誓，否则就是不孝。”吴起觉得老师不理解自己的志向，对老师的教诲不以为意，更加刻苦努力。有一天，他接到一封信，说他母亲死了。他朝天大哭三声，擦去眼泪，仍像什么事也没发生过一样，照旧读书学习。这可气坏了老师，大骂道：“你母亲死了，还不快回家奔丧，简直是个逆子。你不配做我的学生，快滚吧！”

吴起被曾参开除学籍后，便弃文研武，苦钻兵法，很有些名气，被鲁穆公起用为大夫。

众口铄金，诽谤与谗言留给吴起的只有逃命一条路。谁知，魏国也不是久留之地。

公元前412年，齐相田和发兵攻打鲁国，接连攻下几座城池。鲁穆公尽管知道吴起有领兵打仗的才能，但顾虑他的妻子是齐国人，怕他徇情与齐国串通，里应外合，所以犹疑不决，不敢用吴起为将。吴起知道了这回事后，说："哪个国家没有别国的女婿？如果这样用人，谁也靠不住。"正巧这时他的妻子生病去世，他便去见鲁穆公：'我立志为您效忠，您却因为我妻子而对我产生怀疑。现在她已经死了，您可以放心用我了。"于是，鲁穆公便拜吴起为大将，带领两万人马抵御齐军。

吴起为了争口气，以此机会博取功名，折节下士，与士兵同吃同住同备战，并亲自给士兵煎药、挤脓疮，赢得了士兵的拥戴，也大大提高了军队的作战能力。

田和听说吴起是齐国人，就派人前去与他联络感情，顺便探察鲁军虚实。吴起将计就计，隐匿起精锐部队，只将老羸之卒守护中军，并一再标榜自己为孔子之徒，以和为贵，麻痹了齐军。第二天，吴起便率精兵掩杀而来，齐军措手不及，阵营大乱，大败而回。

吴起因此而名声大震。一些嫉妒他的人便编造谣言，说他为了使国王信任他，竟下狠心杀了妻子，以表明与齐国决战的心情，这种杀妻求将的残忍做法，有违孔子之教，为国之大耻。一时间，舆论哗然，吴起也有口难辩。

齐国抓住这个机会，想使鲁国弃用吴起，便派人带着贵重礼物见吴起，说愿意讲和，与此同时将送礼之事有意泄露出去，让整个鲁国的人都知道吴起受贿，引起了鲁国人的极大愤慨。

这些传言动摇了鲁穆公对吴起的信任，决定查办吴起。吴起没有办法，只好逃到了魏国。

魏国正在兴盛时期，魏文侯贤明爱才，知人善任，大臣翟璜、李悝锐意改革，国富兵强，夺得了秦国的西河。翟璜很赏识吴起的军事才能，便推荐吴起做了西河太守。

吴起到任后，埋头苦干，修城门，建城墙，训兵马，并在西河外建起一座吴城，不但能挡住秦兵东进，而且还可以此转守为攻，攻打秦国，吓得秦人不敢踏入西河。吴起的声誉渐高。

在西河任郡守期间，他便开始实施兵制改革。他建立了士卒选拔、训练、考核制度，使武军能达到"衣三属之甲，操十二石之弩，负服矢五十，置戈其上，冠胄带剑，赢三日之粮，日中而趋百里"的标准，建立起了一支高素质、高强度、能打恶仗硬仗的钢铁队伍。而对这样的士兵，则免除其一家徭役，奖给田地房屋，实行激励制度。此外，他还按照士兵的体质和特长编制特种部队，以便根据战情分遣使用，发挥特长，以长克短，以少胜多。同时，他仍坚持与战士同甘苦、共患难的工作作风，培养了一支死战队伍，能够冲锋陷阵，勇往直前。

后来魏文侯去世，武侯继位，吴起曾想利用这个机会爬上国相的要位，引起了新国相公孙痤的嫉恨，老在武侯面前说他的坏话。吴起知道，在魏国已没有自己的好日子过，便不得不离开西河投奔楚国而去。临行前，他“止车而望西河，泣数下”，并预言“西河之为秦取不久矣，魏从此削矣”。第二年，秦果然发兵攻下西河。

楚悼王尸骨未寒，反对派就追杀吴起，吴起被他们乱箭射死。

楚悼王素闻吴起的才干，先让他干了一段宛（今河南省南阳市）令，不久就拜他为令尹（即国相），主持改革。吴起终于大权在握，有了一个充分施展才华的机会。

吴起改革的目标就是富国强兵。他对悼王说：“楚国土地辽阔，方圆五千里，甲兵过百万，兵源充足。而由于政治、经济落后，国力衰败，竟不敢与中原诸国抗衡。只有建立一支强大的军队，才能无往不胜。而想建立起一支百战百胜的军队，必须提高士兵待遇；而提高士兵待遇，则必须整顿财务；要想整顿财务，必须进行政治制度和经济制度的改革。官吏过多，贵族游手好闲，白拿国家俸禄，耗费国家资财；而士兵则无以养家，连肚皮也填不饱，怎么能叫他们不贪生怕死？如果大王令官吏大夫、贵族世家躬耕田亩，自己养活自己，省下大批资财优待将士，军队的作战能力一定有很大的提高。”说得悼王连连称是。

吴起的变法主要有以下几项内容：

一是废除奴隶制的世卿世禄制度。奴隶主贵族向来拥有世袭特权，成为寄生阶级，拖垮了国家财政。吴起规定，“使封君之子孙三世而收爵禄”，即凡是传了三代的奴隶主贵族，一律收回其爵禄，将原封地归回国家所有；“收公族疏远者，以抚养战斗之士”，即收回公族远亲的一切特权和王室待遇，并将这些三代以后的奴隶主贵族和王室远亲，迁移到地广人稀的地方开垦荒地，自种自收，自己养活自己。

二是“明法申令，捐不急之官”，以法治国，淘汰冗官。吴起规定，严禁私门请托，严禁奴隶主贵族干预国家政治，不允许奴隶主贵族以非法手段损害新兴地主阶级的利益，“使私不害公”。并且采用十分严厉的手段，裁减冗余官员，削减留用官员俸禄，建立起比较精干的高效的封建官僚机构。

三是重点加强军事力量的壮大。吴起用改革节约下的钱投入到军队建设之中。他提高士兵待遇，鼓励人民参加军队，以便挑选精练壮丁强化训练；他立足于战，而摒弃纵横术客，集中精力训练精兵。以此走出一条武装兼并的强国之路。

四是“一楚国之俗”，即统一全国风俗。吴起通过各种法令、政策改变奴隶制的旧风俗、旧习惯，形成新的社会风气，使人们在思想上、舆论上与变法保持高度的一致。

吴起的变法，力度大，有深度，旨在建立封建社会的政治、经济制度和文化。所以，短短的几年便大见成效，楚国一跃而成为强国。它南平百越，西败秦国，北并陈、蔡，国威大震。前381年，魏国进攻赵国，赵向楚求救。楚国派兵攻魏救赵，大败魏军，威震中原诸国。这时，楚国的势力已北抵黄河，南至苍梧（今广西北部），达到全盛时期。

但是，吴起的变法严重地侵犯了王公贵族的利益，充当变法牺牲品的贵族大臣对吴起恨之入骨，咬牙切齿。他们咒骂吴起太歹毒，是个毫无道德的“祸人”，必欲置吴起于死地而后快。

吴起的支点太脆弱了，他全靠楚悼王的支持。前381年，楚悼王病逝，没等到装殓，贵族大臣们便造起反来，一拥而上把吴起围了起来。吴起大惊，回头向王宫里跑去，抱住楚悼王的尸体，想以此抵挡众人的攻击。王公贵族们便乱箭射去，吴起边躲边说：“我死了不要紧，你们竟连大王的尸体都射伤了，难道没有王法了吗?”但众人不退，直到把吴起射死。王公贵族们还不甘心，又将吴起的尸体绑在几辆马车上，车裂肢解，以泄其恨。

其后，悼王儿子熊臧即位，是为楚肃王。他借箭射悼王这件事，捉拿了所有叛党，彻底消灭了这帮王公贵族，计七十余家，并夷宗灭族。但是，新王放弃了吴起的改革，停止了变法，楚国的改革终于以失败而告终。

3. 商鞅：改革的祭品

商鞅是卫国君主的宗亲，以国为姓，叫卫鞅，又名公孙鞅。后仕于秦，帮助秦孝公推行新法，成为战国中期杰出的改革家，对秦的富强做出了巨大贡献，被秦国封为商君。后秦惠文王即位，将其五马分尸，车裂而死。

公孙痤知道商鞅志向远大，将其推荐给魏惠王，但未得重用。

战国中期，小国逐渐被大国所吞灭，中华大地形成七雄并立之势。其中秦国称雄西方，齐、楚、魏、赵、燕、韩割据中原。中原诸雄一直视秦国为“西戎”，很少与其发生政治、经济、文化方面的交往，亦不允许秦参加会盟，甚至向秦发动进攻，夺其西河。这种情况，逼迫秦孝公进行改革，以富民强国，向中原扩张势力。于是，他就颁布了一道求贤令：不论国内国外，谁有办法让秦国富强起来，就重用他，封给他土地。

商鞅出身于卫国公室，文化水平较高，喜好刑名法术之学，出侍魏国宰相公孙痤，为中庶子（高级家臣），管理公族事务。公孙痤知道商鞅志向远大，能干出一番大业，就打算将商鞅推荐给魏惠王。正巧公孙痤病重，魏惠王前来探视，并向他求教：“万一你有不测，该把国事托付给谁呢?”公孙痤就借机进言：“痤之中庶子公孙鞅，虽然年轻，但有奇才，希望您把国家大事托付给他。”魏惠王不置可否。公孙痤又屏退左右，说：“您如果不重用他，便一定将他杀死，别让他跑到其他国去。”魏惠王点了点头，走了。

魏惠王一走，公孙痤马上叫进商鞅，说：“魏王不肯重用你，一定会杀死你，你快逃走吧!”商鞅不以为然地说：“既然您推荐我的话他不听，您要他杀我的意见他肯定也不听。”公孙痤死后，魏惠王没有杀他，可也没重用他。于是商鞅不得不为自己的仕途进行筹谋了。

西行入秦，商鞅以“霸道”说服了秦孝公，被委以改革大任。

适逢秦孝公下求贤令，重金征召有识之士，这与商鞅建功立业的志向不谋而合，他立即起程奔向秦国。通过秦孝公的亲信景监的推荐，商鞅谒见孝公，说了一大套仁义道德、尧舜禹汤这些帝王之学，听得身处“父子无别、同室而居”、“贵族身亡，以人殉葬”、“一人犯罪，诛及三族”文化背景下的秦孝公云山雾罩，不知所云，听到半路竟打起了瞌睡。事后秦孝公埋怨景监：“你怎么把一个神智不清的人弄到我这儿来了？”景监也埋怨商鞅：“你看你都说了些什么！”商鞅说：“我说的是帝王之学，看来他不能接受。再烦你去替我说一下，我这次去说，保证他喜欢听。”

过了几天，孝公又召见商鞅，商鞅说得仍是滔滔不绝，孝公听得仍是昏昏欲睡，结果仍是孝公怨景监，景监怨商鞅。商鞅说：“我讲的是王者之学，看样子还不对他的胃口。烦你再通报一次，我保证他听得津津有味。”

又过了几天，孝公再次召见。商鞅说：“我上两次说帝王之学，是王道，您不感兴趣，今天我就说说霸道。”孝公点了点头：“倒不是我反对王道，只是实现王道太费劲儿了，得努力奋斗一百多年，至少也得几十年才有些成效，我哪儿等得了呢？你有什么富国强兵的简单法子赶紧说出来吧！”商鞅说：“王道在于顺乎民情，教化人民；霸道则不一定顺着民意，而是让他们改变习气。老百姓习惯了过苦日子，如果叫他们改变一下，就能过上幸福的生活，他们准会反对。如果实行霸道，就得有决心，百姓喜欢的事不一定马上就做，百姓不喜欢的事该做要坚决去做。等到见到成效，百姓得到好处了，他们也就明白过来了。”孝公有了兴趣，插话说：“只要你的法子能使秦国强大起来，我有法子叫他们服从。”商鞅说：“要想富，就要重视农业；要想强兵，就得奖励将士。有了重赏，百姓就能拼命；有了严惩，百姓就不敢犯法。赏罚分明，朝廷就有了权威，改革也就容易进行了。”说得孝公点头称是。商鞅又特别加上了几句话：“不过，要想富国强兵，进行改革，就得信任人，能叫他一心一意去干；要是一听到有人反对就改变主意，不光白费劲，朝廷也没了威望，只能给小人作乱留下机会。您可要拿定主意，下定决心啊！”

正当孝公听得入神之际，商鞅戛然而止，起身告辞。孝公急了："我正听得起劲，你往下说啊！"商鞅说："您把我说的这些想好了，三天以后我再来往下说。"

到了第三天，孝公迫不及待地请来了商鞅，商鞅就把自己具体的改革方案一一说给孝公听，君臣一问一答，忘了吃饭、睡觉。

但真正把改革事宜交贵族大臣讨论的时候，却没有这么简单了。因为商鞅改革的范围涉及到秦国政治、经济、社会、文化的方方面面，目的是建立农本、法制的中央集权国家，受到最大打击的，是那些一直支配国家政治、经济的卿、大夫等贵族阶级、封建领主。

一天，孝公主持高层会议，听取大臣们对改革这件事的看法。商鞅首先就改革的一些原则问题作了阐释："事情要当机立断，否则机会便一纵即逝。改革超越了世俗常规，肯定会受到世人说三道四的。所以在计划实施阶段不必向百姓宣告，只让他们享受成果就行了。不迎合世俗是为大德，不盲从大众是为大功。只要能富国强兵，何必拘泥于以往！只有果断行事，从旧习惯入手改造，人民才能获得利益。"

大臣甘龙驳斥商鞅："圣人不改变习俗而引导人民，不改变法令而能治好国家。从习惯上引导人民，水到渠成，会取得好的效果；驾轻就熟，更加务实。"

商鞅答辩道："凡夫俗子依赖习俗，学者只满足于知识，这两种人只知道在官吏的统治下遵守旧有法律，而不知道向前迈出一步。而自古至今，礼与法不是一成不变的。夏殷商三代礼各不同，而终成帝业；春秋五霸方法各异，而均成霸主。任何时代都是智者制定法律，愚者遵循；贤者修正礼节，愚者受它束缚。"

大臣杜挚也坚决反对改革，以为照已有的方法去做，才不会出差错，如果别出新裁，则有亡国之虞。

商鞅激烈地抨击道："汤王、武王没有依从古法而成为王者，夏桀、殷纣没有改变古礼而导致亡国。不跟古人学，才当汤、武；墨守成规，必成桀、纣。不能以为违反了习惯就遭到责难，也不能以为遵守了旧礼就得到称誉。"

这次辩论，终于使反对派理屈辞穷，使左右为难的孝公下定了改革的决心。

变法图强的功臣，作茧自缚，没能逃得性命，被五马分尸。

公元前359年，商鞅起草了第一步变法方案，秦孝公命令颁布全国施行。其主要内容是：

设立户籍，五家为“伍”，十家为“什”，实行连坐法。一家有罪，九家如不举发，连带受罚，处以腰斩；如果告发，给予杀敌人相同的奖赏。这样，使得人民互相监视、告发，以此加强法令的权威。并且施行“居民身份证”制度，投宿旅舍，必须带证明凭证；没有凭证，不能来往，不能住店。

家庭管理，实施分家居住制度，一家有两个以上成年男子，必须分家独立，否则课以两倍税金。以此来增加人口，促进生产力的发展。

奖励军功，按功劳大小决定官职大小和爵位的高低。功劳以获得敌人首级多少为标准，斩一首级为一功，升一级。功劳大的田宅车马、奴婢衣服任其享受；有钱而没有功劳一律不得享受。贵族、宗室也以此论。而私斗者双方都课以刑罚。以此鼓励与敌作战，达到强兵的目的。

奖励耕织。只要谷物与布匹上缴到一定数量，便可免除赋税和劳役，这叫“务本”；凡是经营“末业”做买卖生意，连同妻儿一概没入官府为奴。以此来刺激农业生产。

从此，贵族领主失去了特权，秦国成为地主制度的国家。极力反对变法的大夫甘龙、杜挚等人被削职为民，一批反对新法的人被处以腰斩、抽筋、下油锅、车裂分尸等酷刑。几年以后，粮食增加了，生活富裕了，人民的思想意识也发生了很大的变化。前354年，秦发兵攻魏，占领了魏国少梁（今陕西韩城县南），打了一个大胜仗，后又夺回西河，逼得魏国求和。魏惠王非常后悔，没听信公孙痤，杀了商鞅。商鞅也因其赫赫大功，被封为商于（今河南淅县西）侯，称为商君。

公元前350年，商鞅又实行了第二步的变法。这次变法的主要内容是：

迁都咸阳，大造宫殿，使秦宫焕然一新；将原来的乡、邑、聚等合并为县，全国共设四十余个县，每县设令、丞，负责政务，由国王直接任命。中央集权制正式建立。

废止井田制，推行税亩制。旧时为备车战，田间辟有南北、东西通车大道，叫阡、陌，成为“井”字，后因少用兵车而多用步骑，故颁令开垦阡陌，破除以此为标志的封建领主的“封疆”标志和制度，谁开垦的荒地归谁所有，并且可以自由买卖，大大提高了农业生产力。按亩征税，也大大增加了国库收入。

商鞅仍用严厉手段推行这次改革，据说有一天竟杀了七百多人，将渭河的水都染红了。

但是，这时作为太子的驷也批评起新法来了。商鞅也知道自己终究要在他手下称臣，但他更知道，这是对改革的严峻考验。他以为，国家法令必须人人遵守，才有威望；太子犯法，师傅担当责任。于是，将太子驷的两个老师，一个割了鼻子，一个脸上刺了字。

据说，在变法之初，商鞅为了取信于民，曾将一根柱子竖在南门上，然后发出命令：“谁要把这根柱子扛到北门，赏银十两。”围观的人根本不相信，以为是开玩笑。商鞅一看，没一个去扛的，又加到五十两。人们怂恿一个傻乎乎的人去扛，果然，得到了赏银。从这件事的反面，我们也看出商鞅变法的力度和严刑峻法之烈，也预料到他得罪人之多，结冤仇之深。“作法自毙”是其必然结局。

实行变法十多年后，秦国国力大为增强，内政清明，生活安定，逢战必胜。这时的商鞅应该急流勇退了。但是，他没有这么做。他曾骄傲地把自己比作五羊皮大夫百里奚。家臣赵良忠言相劝：“百里奚是秦穆公想尽法子请他出山当国相的，您是觍着脸皮托景监介绍给孝公的；百里奚得到穆公信任后，就积极推荐蹇叔，自己情愿给他当助手，您却独揽大权，从不想办法推荐别人；百里奚当政六七年间，多次平定晋国内乱，中原诸侯个个敬佩，而您则只讲武功，不讲信义，夺了河西；百里奚处处替百姓着想，轻赋减役，不用刑罚，百姓安居乐业，您把百姓当奴隶，用酷刑管制百姓；百里奚生活节俭，不用车马不打伞，您却一出行便几十辆车马，一大队卫士，前呼后拥，吓得百姓躲闪不及。百里奚一死，举国痛悲，如丧考妣；您把太子的师傅割去鼻子、脸上刺字，一天之内杀几百人，上下结怨，谁不恨您？说句不好听的话，人们巴不得您早点死呢！您还不早为自己准备退路，反而被左右小人谄谀逢迎，沾沾自喜，自比五羊皮大夫，我真为您担忧哪！”

面对当头棒喝，聪明一世、糊涂一时的商鞅竟感到不可理解：“我为秦国尽心尽力，人们怎么都怨恨我？”赵良将他“霸道”的血淋淋的实质揭示给他听：“您推行新法有两大毛病。一是只说服了国君，只得到了他一个人的支持，而没有别的人来帮助您，您是一意孤行；二是您虽然是替老百姓打算，但不管人家愿意不愿意，强制推行，不许百姓替他们自己打算，老百姓就是得到了好处，照样恨您。自古以来，没有一位贤圣只凭自己的威力，而违反百姓意志取得成功的。顺天者昌，逆天者亡，百姓就是天，违反了百姓意愿，就是违背天意，没有不失败的。您要想有个好结局，摆在您面前的只有一条路，您快点推荐一个替代您执政的人，自己赶快隐居起来，安分守己耕种几亩田地，或许还能保全您的性命。”

可惜商鞅舍不得锦绣富贵和一人之下万人之上的炙手可热的权势，错过了功成身退的机会。

公元前338年，孝公45岁，忽然得了一场重病，竟遽然而逝。据《战国策》载，临终前，孝公曾想将君位传给商鞅，商鞅坚辞不受，又错过了一个保命的机会。所以，等待这位政治家、军事家的，只能是一个悲惨的结局。

太子驷即位，是为秦惠文王，他的师傅和那一群反对变法的顽固派，重新登上了历史舞台。他们以谋叛的罪名，下令逮捕商鞅。

商鞅仓皇失措，如丧家之犬，扮成百姓摸样，想逃往魏国。到了函谷关（今河南灵宝县南），天黑了，他便投店住宿，而店主人非要凭证不可：“商君命令谁敢不遵？我要留您住下，我的脑袋就没了。”他只好连夜奔逃出关，到了魏国。

魏国人恨死他了。这要从他夺西河那一仗说起。他带领秦兵围住西河，魏国大夫公子卬对魏惠王说：“我与商鞅是旧交，让我带兵，或许能与他讲和。”于是，公子卬带五万大军救援西河。刚到吴城，就接到商鞅的一封信：“我与公子像亲兄弟，哪能对阵？但国君给我下命令，我总得有个交待。这样吧，您我退兵，到玉泉山订盟约，既避免了百姓战乱之苦，又成全了咱俩的交情。”第三天，两人在玉泉山会面，正在饮酒之际，商鞅背信弃义，叫手下拿住了公子卬，押送到了秦国，又叫手下人化妆成公子卬的模样，骗开魏营军门，奇袭了吴城，逼得魏国只好以让出西河求和。今天，商鞅落难至此，魏人怎肯收留他？

于是，商鞅只好回到他的封地商于。秦惠文王发兵围住商于，将其逮捕，用最残酷的刑罚将他处死，并杀尽他的全家。有的说，他是被五牛分尸的；有的说，他是被五马分尸的；有的说，他是被车裂而死的……

4．张仪：成败系乎秦

楚都郢城，令尹（相当于中原诸国的丞相）昭阳府第，高朋满座，觥筹交错。席终人散，昭阳发现自己的一块玉璧不见了。谁窃去了呢？赴宴的人不是达官贵人，便是公子王孙，有谁能干此种勾当？令尹的门客反复推敲，觉得那个姓张名仪者最为可疑。

这张仪乃魏国王室的远房子弟，然而到他这一代已经破落了。张仪伶牙俐齿，工于心计，拜在鬼谷子门下，学习游说之术。据传鬼谷子姓平，楚国人，隐居于鬼谷，人称鬼谷子。此人多奇计异谋，能言善辩，乃战国纵横家之鼻祖。今传《鬼谷子》一书，系后人伪托。鬼谷子先生门徒颇众，张仪最得其真传。出师之后，张仪周游列国，游说诸侯。谁知，他初出茅庐，没有什么名气，没有哪个国君能够看上他。此番来楚，是来碰碰运气的。

张仪穷困，穷困便会行窃，昭阳令尹的门客如此推理，把他列为嫌疑对象。

张仪被诬陷为窃贼，惨遭毒打，皮开肉绽。他死里逃生，最担心的是舌头还在不在。

张仪很快被捉拿归案，接受审讯。他一口咬定决没拿过什么玉璧。门客们见他嘴硬，便动用刑罚，直打得他皮开肉绽，他还是不承认。门客们无计可施，只得把他放了。劫后余生，张仪急忙离开这是非之地，跌跌撞撞奔向魏国老家。

妻子见了遍体鳞伤的夫君，惊呆了，忙问何故，张仪如实相告。妻子悲叹道：“唉！你若不醉心于读书、游说，哪会遭此污辱？”张仪倒不在乎，只是急切地问：“你瞧瞧我的舌头还在否？”说完，张开嘴让妻子瞧。

妻子觉得好笑，瞧了一瞧，道："还好端端的呢！"张仪这才放心，对妻子说："舌在，足矣！"在他看来，舌头还在，便能继续游说，皮肉之苦，人格之辱，大可不必在意。

休养了一段时日，张仪又干起了老行当。这次，他没东去齐，也没北去燕，更没南至楚，而是一路向西，过了崤山上的函谷关，到了秦国。

他此番西行，据说是苏秦激将的。

苏秦，洛阳人，与张仪有同窗之谊，然才干不及张仪。出师后，苏秦北去燕国，受到燕王重用，又去韩、赵、魏、齐、楚诸国游说，谋划合纵抗秦。他担心秦国出兵东进，打乱合纵，想找一个人去秦国游说，迷惑秦王，使其暂缓出兵。谁去合适呢？在左思右想，唯张仪可担此重任。但他深知张仪的脾性，不受他人指使，遂使用激将法。苏秦让人告诉张仪："你的好朋友苏秦，现在位高权重，你何不到他那里看看，或许能实现你的理想。"张仪欣然前往。苏秦在赵国，张仪风尘仆仆赶去，要求晋见苏秦。苏秦闻讯，吩咐门人挡驾，又不放他走，干耗他几天时间。数日后，苏秦接见张仪，命他坐在堂下，赐给他奴仆吃的粗粝饭菜，还冷言冷语地说："凭你的才能不该沦落到这般地步吧？我并非不想荐引你，而是你不堪重用！"说完傲慢地走了。张仪本想同窗能提携一下，谁知，非但毫无所得，反而空遭一番羞辱。他怒火中烧，发誓要报复。但苏秦受赵国庇护，他拿苏秦没办法，遂决定西去强大的秦国，游说秦王，以秦制赵，到时再找苏秦算帐。

张仪愤愤然，离赵西去。苏秦对手下一个舍人（亲近的门客）说："张仪，天下之英俊，我自愧不如。日后能握秦国权柄者，必此人。可是，张仪贫寒，到了秦国难以栖身，我担心他贪图小利而不能有大成就，故特意叫他来，羞辱他一番，以激励他的意志。你随他入秦，助他一臂之力。"苏秦又奏请赵王，赐给张仪一笔黄金及车马等物。舍人乔装改扮，与张仪套上近乎，然后慷慨地资助张仪，张仪的一切花费都由他开支。张仪经过一番不懈的努力，终于得见秦惠文王。惠文王十分赏识张仪，赐他卿位，因他是外国人而为卿，故曰"客卿"。

舍人向张仪辞行，张仪道："我靠你才有今天，正要报答你的恩德，何故匆匆离去？"舍人亮出了底："我并不了解先生，了解你的是苏先生。苏先生担心秦国进攻赵国，破坏了他的合纵，他觉得只有你能驾驭秦国，故激你入秦，又让我暗中供给你费用，这都是苏先生的安排。现在你在秦国已经显贵，请让我回去向苏先生汇报吧。”张仪叹道：“唉！这些做法本来都是鄙人素所研习的计谋，怎么没觉察呢？我比不上苏先生高明，是明摆着的！我新掌权，怎能谋算赵国呢？况且只要苏先生在，我能跳出他的手心吗？请替我拜谢苏先生。”

这则苏秦激将张仪入秦的故事，见于司马迁的《史记·苏秦张仪列传》。司马迁是位很严谨的史学大家，他的记载基本上是可信的，遗憾的是司马迁在这里却出了差错。

张仪死后 2283 年，即公元 1973 年，考古工作者在长沙马王堆三号汉墓中发现了大批帛书，其中一部是关于战国纵横家的，整理者将其命名为《战国纵横家书》。帛书证明，苏秦的辈份要比张仪晚得多，张仪在秦国当权时，苏秦还是个年纪轻轻、没有名气的游说者。而司马迁笔下的苏秦却比张仪年岁大，且死在张仪之前，这显然是错了。

那么，苏秦激将张仪入秦是子虚乌有之事吗？有人认为事还是有的，只不过当事人不是苏秦，而是其兄苏代。苏代成名较早，在《史记》中也确有苏代、苏秦事迹混淆之处，但说苏代激将张仪西行，也只是推测，并无真凭实据。究竟谁人激将张仪入秦，或张仪是否为人激将而西行？现在都还是打不清的笔墨官司。

有一点是真实无疑的：张仪在受了挫折后看中了强大的秦国，毅然西行，于惠文王九年（前 329 年）年抵达秦国。

秦国历史上第一颗相国的金印落入了张仪手中。不过，张仪矢志以求的连横却失败了。

张仪取得了惠文王的信任，惠文王罢免了大良造公孙衍，代之以张仪。大良造是秦国最高的军政长官。公孙衍逃奔魏国。

魏国刚刚大败于秦，割让了除少梁（今陕西韩城南）以外的西河（今陕西东部、黄河以西一带）之地。张仪建议乘胜进击，再给魏国以致命打击，夺取河西之地。惠文王诏准。翌年，即惠文王十年（前 328 年），公子华和张仪麾兵东向，直扑魏国，一举攻占蒲阳（今山西永济北）。魏军节节败退，为了求和，便将上郡（郡治今陕西榆林东南）15 县之地以及河西仅存的一个据点少梁，全部割让给秦国。

至此，黄河以西地区全部纳入秦国版图。囊括河西之地，使秦国在战略上处于极其有利的地位。秦的西面、北面没有强敌，南有秦岭作为天然屏障，东依黄河、函谷关天险，进可攻，退可守。秦可以出击别国，而别国对秦却无可奈何。

河西归秦，是秦国发展史上的一件大事。张仪入秦不到两年，便建此不朽功勋。为奖赏张仪，惠文王设立相国一职，以张仪任之。张仪成为秦国历史上第一个相国。

上任伊始，张仪致函楚国令尹昭阳："当初在贵府吃酒，我不曾偷你的玉璧，你却拷打我；现在你可要好好地守住你的国家，我可要偷你的城邑了！"直把昭阳令尹吓得魂不附体。

在军国大政上，张仪做相国后第一件大事，是进一步稳定、巩固内部。他暂时停止了对东方诸侯的军事行动，调转矛头对付秦国后方的义渠戎。义渠戎是个人数不多的部族，对秦时降时叛，秦国强大时就归顺，衰弱时便作乱，虽非秦的心腹之患，然颇让秦分散精力。为了稳定后方，张仪命秦军进击义渠戎，将其降服后，在义渠戎的地盘上置县管理。

经过整治内政，秦国国力更盛，君臣雄心勃勃，视天下为己物。

惠文王十三年（前325年），在张仪等人的劝进下，惠文王正式称王，要做天下之主了。

内部稳定后，秦的对外扩张又开始了。

惠文王称王的第二年，秦便对魏宣战，相国张仪统兵攻魏，占领陕邑（今河南陕县）。

魏国在秦的进逼下，无力自保，不得不寻求外援。韩、赵两国也受到秦的威胁。位居东方的齐国，国力强盛，魏便求助于齐，想依靠齐国抗秦图存。

魏国的动向引起秦的注意，为了粉粹东方诸侯间的联合，秦国展开了外交攻势，张仪在啮桑（今江苏沛县西南）会晤齐、楚两国代表，企图拉拢齐、楚两大国。

一旦齐、楚被秦国拉去，魏国后果不堪设想。魏国公孙衍发动韩、赵、燕、中山与魏五国共同称王，时称"五国相王"，试图联合起来，抗击秦、齐、楚的联合。

这样一来，便出现了“合纵”与“连横”。

所谓合纵、连横，从地域上说，以韩、赵、魏为主，北连燕，南连楚，南北相连为纵；东连齐或西连秦，东西相连为横。从策略上讲，合纵是“合众弱以攻一强”，即六国联合抗秦；连横乃“事一强以攻众弱”，即六国中部分国家跟随秦国进攻其他国家。从事合纵、连横外交活动的政治家，被称为“纵横家”。

张仪为纵横家中的佼佼者，他不遗余力地破坏东方列国的合纵，构建对秦有利的连横体系。为了粉碎公孙衍的合纵，他让秦惠文王借故免去他的相职，装作愤愤不平的样子投奔魏国。魏惠王在张仪的游说下，起用他为相。张仪出任相国后，便放手实行他既定的连横策略，要魏国充当投靠秦国的领头羊。然而，魏惠王却不肯照他说的去做。为了向魏国施加压力，在张仪的指使下，秦国出兵伐魏，占领了魏国曲沃（今山西闻喜东）、东平（今山西介休西）两地。魏国在军事上的失利，却使魏惠王认清了张仪的真面目，遂下令驱逐张仪，重新起用公孙衍为相。张仪的连横未能实现，狼狈逃回秦国。这是惠文王更元六年（前319年）的事。

秦国的外交活动未能奏效，又转而诉诸武力，出兵东进，攻占了韩国的鄢（今河南鄢陵西北）。

秦的军事进攻，促成了东方五国的联合。惠文王更元七年，在魏相国公孙衍的奔走游说下，韩、赵、魏、燕、楚五国合纵缔盟，共推楚怀王为纵长，联兵攻秦，推进到函谷关，被嬴疾指挥的秦军击溃，秦军乘胜追击，在修鱼大败韩、赵、魏联军，斩首八万余。东方的齐国也趁火打劫，出兵攻魏。公孙衍苦心经营的合纵也以失败告终。惠文王更元八年（前317年），秦国重新任命张仪为相国。

在东方战线取得胜利后，秦国君主掉转矛头，对付南边的巴蜀。

巴、蜀是位于今四川盆地的两个小国，物产富饶，秦垂涎已久。碰巧，蜀王讨伐亲巴的苴侯，苴侯奔巴，巴、蜀交战，双方俱向秦告急。此乃吞并巴、蜀的大好时机，惠文王打算用兵。但是，蜀道难，难于上青天，进军巴、蜀颇为不易，一旦秦国陷在巴、蜀战场上，东方的韩国会乘机来攻。鉴于此，惠文王又想先彻底击垮韩国，解除后顾之忧，再挥师南下。然而，要解决韩国亦非易事。到底先打哪一个，惠文王一时拿不定主意，便找张仪和司马错来商议。

司马错乃秦国名将，他力主先打巴、蜀，张仪则说先打韩国为好，两人相持不下，在惠文王面前争辩起来。

从秦国的实际情况和天下的局势来看，用兵巴、蜀实为上策。在列国诸侯中，秦国力量最盛，但在惠文王时要吞灭韩国，尚无此实力。出兵巴、蜀，以秦国之兵力，则有如泰山压顶。惠文王从张仪与司马错的论辩中进一步认识到了这一点，遂决定兵进巴、蜀。

惠文王更元九年（前316年），秦军誓师出征。

张仪奉诏与司马错、都尉墨为统兵官，三人指挥秦军从石井道攻入蜀地。蜀王急忙调集军队把守葭萌关（今四川广元西南），据险抵抗。秦军破关而入，俘杀蜀王，蜀亡。秦军乘胜进击，吞灭巴、苴。巴、蜀之地归秦，秦国国力更为强盛。

张仪两次入楚，玩楚怀王于股掌之上，把他的“舌功”发挥得淋漓尽致。

南方战事了结，秦又把注意力转到东方战线。

此时，天下大局是：秦国国力更加强大，足以对付任何一国；南面的楚国地广人众，能够征集百万大军；东海之滨的齐国兵强马壮，实力极强；北方的燕国不比齐国逊色多少；韩、赵、魏三国烽烟不断，元气大伤。相比之下，三晋势弱，地毗秦国，遂被秦国定为近期进攻的目标；齐、楚凭各自的国力便可与秦周旋，现在两国是盟友，彼此倚重，对秦国形成巨大威胁。故此，对齐、楚施以离间之计，拆散两国联盟，是秦国下一步外交活动的中心。

对三晋的军事行动首先付诸实施。

惠文王更元十一年（前314年），秦将嬴疾统兵攻魏，占领曲沃（今河南三门峡西南）。魏国损失惨重，不得不听从秦的摆布，连国君继承人都立了秦相中的公子政。

就在这年，秦军对韩的用兵也大获全胜，韩送太子仓去秦国做人质，向秦求和。

翌年，秦军攻赵，在蔺邑（今山西离石西）大败赵军，生俘赵将赵庄。

对三晋的军事行动基本上达到了预期的目的。

离间齐、楚的外交活动也在紧锣密鼓进行。

在这场没有硝烟的战争中，张仪担任了导演的角色。他故技重演，让惠文王免掉自己的相国一职，假装委屈地跑到楚国。楚怀王听说天下才士张仪来到楚国，诏令腾出最好的府第，亲自送他去下榻。“这里是偏僻鄙陋的国度，先生有什么指教?”怀王急切地问。张仪道：“大王若能听取臣的意见，废止与齐的盟约，断绝往来，臣便请求秦王割让商于一带六百里的土地，让秦国美女侍奉大王，秦、楚联姻，结为兄弟盟邦。如此，楚得到了实惠，削弱了齐国，也有益于秦国，没有比这更好的计策了！”贪图小利的怀王高兴地应允。

群臣都为获地六百里向楚王庆贺，而陈轸却来吊唁。此人也是游说之士，与张仪共过事，皆被惠文王重用。有道是一山不容二虎，张、陈争宠，互相贬斥。结果，张仪占了上风，陈轸愤懑难抑，南走楚国。对张仪其人，陈轸是再了解不过的了，他看穿了张仪此番来楚的目的，正当怀王兴头上，当头浇了怀王一盆冷水。怀王火了，道：“寡人不兴师动众便能得到六百里土地。大臣都来庆贺，你却来吊唁，这是为什么?”陈轸说：“不是这样。据臣看，商于一带的土地是得不到的，且秦、齐会联合起来。一旦秦、齐携手，楚国就将大祸临头了。”怀王有点懵了，问：“能说说理由吗?”陈轸道：“秦国之所以看重楚国，是因为楚、齐联盟。若大王与齐废约断交，楚国就孤立了。秦国会看重孤立无援的楚国，还给楚六百里的土地吗? 张仪一回秦国，肯定背弃大王。楚北面与齐断交，西面便会从秦国招来横祸，两国军队一定会同时进攻楚国。为大王计，不如与齐国暗地合作而表面上断交，派人跟张仪到秦国去，如果秦割让土地，再跟齐国真的断交不迟；若不给我们土地，正好中了我们的计谋。”昏庸的怀王听得不耐烦了，大声斥道：“希望陈先生闭上嘴，等着看朕接受土地吧！”当即把相印授给张仪，厚加馈赠，与齐断交，派一员将军随同张仪去秦接收商于之地。

张仪大功告成，返回秦国。到了国都，当着楚将的面，假装没拉住绳索，从车上摔了下来，伤了腿，闭门养伤，一呆便是三个月。

楚怀王闻讯，自忖：“大概张仪认为我与齐断交还不够坚决吧?”遂派勇士前往齐国，当廷辱骂齐宣王。宣王大怒，遣使去秦，联秦攻楚。

秦、齐建交，张仪出山了，他对等了三个月、心烦意乱的楚将说："鄙人有六里封地，愿献楚王陛下。"楚将一听急了，道："我奉国王之命，是来接受商于六百里土地的，而不是六里。"张仪顺嘴胡诌，称当初说的是六里，而非六百里。楚将悻悻地回国通报，怀王大怒，出兵攻秦，秦、齐联手进攻楚国，斩杀楚军八万余人，楚国大败，割让了两个城邑给秦国，秦才罢手。

秦国又得寸进尺要挟楚国，以秦国武关之外的土地换楚国黔中之地，楚怀王恨恨地说："寡人不想做土地生意，只要得到张仪就献出黔中！"惠文王一听，一个人可换取大片土地，岂不是桩便宜买卖？他想交出张仪，只是不好意思开口。

张仪瞧出了惠文王的心意，请求把他交给楚人。惠文王惊讶不已，道："楚王恼恨你背弃诺言，定会拿你出气。"张仪毫不在乎地说："秦强楚弱，臣与楚国大臣靳尚要好，靳尚侍奉楚怀王夫人郑袖，郑袖的话怀王奉若神明。况且臣乃奉大王之命出使楚国，谅楚国也不敢杀臣。即使楚王杀了臣，但此行能替秦国取得黔中，臣死也值得！"聪明的张仪明白，与其让秦王交出自己，还不如自己主动些，以显示自己对秦的一片赤诚之心。惠文王很受感动，但为了得到黔中之地，还是忍痛割爱，打发张仪上路了。

一到楚国，张仪就被囚禁了，怀王准备择日杀了这个欺骗自己的家伙，以泄心头之恨。正像张仪预料的那样，好友靳尚为他活动开了。靳尚故弄玄虚地对郑袖说："您知道您也会被大王轻视吗？"一向颐指气使的郑袖大惑不解，问，"此话怎讲？"靳尚道："秦王宠爱张仪，定会救他出去。听说秦王打算割让上庸（今湖北竹溪东南）等六县，再把秦国最漂亮的美女嫁给大王，还以王宫中能歌善舞的女子为陪嫁。大王看重土地，定会接受秦国的条件。以后秦国女子受宠，夫人的地位难保。为夫人计，不如替张仪说句话，无条件地释放了他吧。"郑袖被靳尚煞有介事的话蒙住了，遂央求怀王放了张仪。怀王不敢不从，放出张仪，以礼相待。

张仪化险为夷，乘机劝说怀王亲近秦国，他软硬兼施，夸说秦国地半天下，雄兵百万，战车万乘，粮积如山，君主英明，将帅勇智。搞合纵，与秦斗，无异于驱羊攻虎。另一方面，又极力描绘楚、秦合作，缔盟友好，互不攻伐，永为兄弟之邦的美好蓝图。张仪巧舌如簧，一席话把楚怀王说得神魂颠倒，欣然听从。

楚臣屈原闻讯，深为怀王的昏庸而痛愤。屈原闻听张仪又在欺弄怀王，遂进谒怀王，道："上次大夫被张仪那小人欺骗了，这次张仪来，臣认为大王定会煮死他。大王既不忍心杀了他，也不应听他胡说八道！"怀王却以君子言而有信，既已答应，岂可反悔为由，拒绝屈原的忠告。

张仪因祸得福，大摇大摆地离楚而去。

韩、齐、赵、燕四国君主，也被张仪的三寸不烂之舌所征服。

出了楚国，张仪径直去了韩国。

车子驰入了韩都新郑，在韩国官员的引见下，张仪谒见襄王，指点道：

韩国地势险恶，位处山区，生产的粮食不是麦而是豆，百姓吃的大都是豆子饭，豆叶汤。一年不收，百姓连糟糠都吃不饱。土地不到九百里，不能积储两年的粮食。估计大王的士兵，全部动员不过三十万，且勤杂兵、搬运夫都包括在内。除去保卫边疆和驻守要塞的士兵，可供调遣的士兵不过二十万罢了。秦国有甲士一百多万，战车千辆，战马万匹。秦国的士卒勇猛前进，不戴头盔，双手举着武器，愤怒地冲入敌阵的，不可胜数。山东各国的射手披着铁甲，戴着头盔参战，秦国人丢下甲衣，光着膀子，打着赤脚冲向敌人，左手提着人头，右手捉拿俘虏。秦国的士兵跟山东各国的士兵相比，好比大力士孟贲对付胆小鬼，大力士乌获对付婴儿一样。在战斗中，让孟贲、乌获式的勇士去攻打不服从的弱国，无异于把千钧的重量压在鸡蛋上，一定没有幸存的了。大王和大臣们不估量本国土地少，而听信合纵鼓吹者的甜言蜜语，他们密切勾结，互相掩饰，都振振有辞地说："听信我的计策可以在天下称霸。"不考虑国家的长远利益而听信一面之词，贻误国君，没有比这更厉害了。大王如果不归顺秦国，秦国将出兵占据宜阳，隔断韩国的土地，东进夺取成皋、荥阳，那么鸿台的宫殿、桑林的苑囿都将不属大王所有了。秦军阻塞成皋，隔断上地，大王的国土就被分割。先归顺秦国就安全，不归顺秦国就危险。那种制造灾祸而求好报，计谋浅陋而结怨很深，违背秦国而去顺从楚国的做法，要想免于灭亡，是不可能的。所以我替大王策划，不如帮助秦国。秦国所希望的莫过于削弱楚国，而能够削弱楚国的莫过于韩国。这不是因为韩国比楚国强，而是它的地势是这样。如果大王西归秦国，攻打楚国，秦王一定高兴。攻打楚国，利用它的土地，转嫁祸害而使秦国高兴，没有比这更适宜的计策了。

韩襄王欣然应允。

张仪回到秦国，惠文王对他的游说十分赞赏，赏赐他城邑五座，号曰“武信君”。

接着张仪又奉命去齐，游说齐宣王。

宣王是个有作为的圣明君主，张仪面谒宣王，侃侃而谈。宣王高兴地说：“齐地偏远，僻处东海之滨，未曾听过关于国家长远利益的高见，多谢先生指点。”

离开齐国，张仪去了赵国，谒见武灵王。

武灵王是位有进取精神的君主，非一般守成之君可比。张仪进言：

敝国派我向大王进谏不成熟的意见。大王领导各国抵制秦国已有十五年。大王的声威传遍山东各国，我国恐惧畏服，修造武器装备，整顿战车战马，练习骑马射箭，努力耕种，储积粮食，守卫四周疆界，小心谨慎，不敢轻举妄动，唯恐大王存心挑毛病，找茬子。现在凭借大王的力量，秦国攻占了巴蜀，并吞了汉中，取得了东周和西周，迁走了九鼎，守卫着白马渡口。秦国虽然地处偏远，可心中积愤已久。现在秦国有披着破甲的疲惫之师驻扎在渑池，准备渡过黄河，跨过漳河，占领番吾，同贵国军队在邯郸城下相遇，希望在甲子日会战，仿效周武王讨伐商纣的故事。特派我事先传达给大王。

张仪软硬兼施，武灵王妥协了，道：“先王之时，奉阳君独揽权势，蒙蔽欺骗先王，处理政务，独断专行。寡人从师学习，不参与国家大事的谋划。先王离开人世时，寡人年纪轻，登位的时间不长，心里本来怀疑那种做法，认为合纵不归顺秦国，不是国家的长远利益。于是准备改变主意，割让土地，承认以前的过错，以归顺秦国。正要收拾车马，迅速出发，正好您来了，听到了您高明的教诲。”

出了赵都邯郸，张仪北上，来到了燕国。

燕昭王接见张仪，张仪游说道：

大王亲近的国家莫过于赵国，从前赵襄子曾经把他的姐姐做代王的妻子，后来想吞并代国，跟代王约定在句注要塞会晤。他命令工匠制造铜匙子，加长匙柄，使其可以击杀人。赵襄子跟代王喝酒时，暗中告诉厨工说："趁喝酒喝得高兴时，你送上热汤，反手用匙柄击杀他。"当时喝得正高兴，厨工送上热汤，并送上汤匙，乘机反过匙柄去击代王，把他杀死了。代王的脑浆流了一地。赵襄子的姐姐听到这件事，随即磨快笄子，用来自杀了。所以到今天还有磨笄山的名称。代王之死，天下谁人不知，赵王的暴戾凶狠，不认六亲，大王明明看到了：还认为赵王是可亲近的吗？赵国曾经发兵攻打燕国，两次围困燕都威逼大王，大王割让十个城邑去谢罪。现在赵王已经在渑池朝见秦王，献出河间而归顺秦国。如果大王不归顺秦国，秦国将出兵云中、九原，驱使赵国攻打燕国，那么易水、长城就不属于大王所有了。况且当时赵国对于秦国如同郡县一般，不敢发兵去攻伐别国。如果大王归顺秦国，秦王一定高兴，赵王也不敢轻举妄动。这样，燕国就西面有强秦的援助，而没有齐、赵两国的侵犯。所以希望大王仔细地考虑这个问题。

燕昭王说："我处在偏远的地区，这里人们虽是大男子，才能却如同婴儿，他们的言论不能产生正确决策。今天幸蒙贵客指点，寡人愿意投向西方归顺秦国，献出恒山脚下的五个城邑。"

张仪威逼利诱，成功地完成了游说使命，踏上归途。

他还没到京城，噩耗传来了：惠文王驾崩。

秦武王即位，张仪只有设计逃跑的份了。他又做了魏国的丞相，不过，他的人生也走到了尽头。

惠文王死后，太子嬴荡继位，是为武王。

武王一身蛮力，力能扛鼎，逞强好勇。他做太子时，便对以游说为事的张仪瞧不起。登基后，一些嫉恨张仪的大臣乘机诽谤张仪，说什么张仪这人不诚实，反复无常，出卖国家以谋私利，秦国若继续任用他，势必被天下人笑话云云。那些听从了张仪游说而与秦交好的诸侯，闻知武王不喜欢张仪，遂纷纷违背盟约。齐宣王更觉得自己受了张仪的愚弄，发誓要杀死他。张仪的连横宣告失败，这使得武王更瞧不起张仪。

张仪深知自己处境危难，有杀身之祸，便设计逃离秦国，他对武王说："臣有一个愚蠢的计谋，愿献给大王。"武王一听，来了兴趣，忙问："是什么?"张仪道："为秦国计，东方诸侯动乱，大王才能夺取更多的土地。现在听说齐王很恨臣，臣到哪个国家，齐便会出兵攻打。故臣希望让臣这个不成器的人去魏国，引齐兵攻魏。当魏、齐两国鏖兵城下，打得难解难分之时，大王乘机出兵韩国，进逼周都，周天子定会献出祭器。如此，大王便能挟制天子，掌握地图和户籍，此乃帝王之业!"武王信以为真，遂派兵车三十乘，送张仪去了魏国。

齐国果真出兵攻魏，魏襄王惊恐。张仪道："大王不必担心，臣让齐人停止进攻。"遂派他的家臣冯喜去楚，征得楚王同意，以楚使的身份前往齐国，谓齐宣王曰："大王十分憎恨张仪，虽然如此，大王为了让张仪在秦国安身，做得够周到的了。"宣王道："寡人憎恨张仪，张仪到哪里，寡人就打到哪里，怎能说让他有安身之地呢?"冯喜说："这就是大王让张仪有安身之处呢！张仪从秦国出来时，本来就跟秦王相约说：'为大王考虑，东方各国有大变乱，大王才可以多割得土地。现在齐王很恨我，我到哪个国家，他一定会出兵去攻打它。所以我希望让我这个不成才的人到魏国去，齐国一定会发兵进攻它。当齐、魏两国的军队在城下交战打得难解难分之时，大王就乘胜进攻韩国，进入三川，出兵函谷而不进攻，以进逼周京，周朝的祭器一定会交出来。大王就能够挟持天子，掌握地图和户籍，这是帝王的事业啊!'秦王以为然，所以准备三十乘兵车送他到魏国。现在张仪到了魏国，大王果然进攻它，这是大王内耗国力，外攻盟邦，广树敌人包围自己，而使张仪得到秦王的信任。这就是我所说的'让张仪安身'的道理。"宣王被说服了，撤回了军队。

张仪在魏国安身，且又做了魏的丞相。

任魏相一年，张仪罹病，不治而死。

第三章

贤臣明君，相得益彰

唐人吴兢的《贞观政要》，是一部唐太宗君臣对话录，其中“君臣鉴戒”一章写道：“贞观三年，太宗谓侍臣曰：‘君臣本同治乱、共安危，若主纳忠谏，臣进直言，斯故君臣合契，古来所重。’”的确，君臣之间如鱼得水、相辅相成，是封建时代最理想的一种政治局面。这种政治局面常出现在王朝初期或上升时期，君主有威而不作威，臣下有权而不专权，君明臣贤，配合默契。

管仲曾箭射齐桓公，但齐桓公仍任用他为上卿，管仲亦勤政忠君，“九合诸侯，一匡天下”，使齐桓公成为春秋第一霸，君臣二人俱名垂青史。公孙弘年近六十才出仕，幸遇雄才大略的汉武帝，成为第一个儒学宰相。王猛生逢五胡十六国乱世，为前秦国王苻坚所重用，比之诸葛亮，执政统一了北方。唐代的房玄龄、姚崇，一个辅佐唐太宗开创“贞观之治”，一个帮助唐玄宗迎来“开元盛世”。六代的刘秉忠和明代的姚广孝，都是僧侣出身，却胸怀大志，遭遇明主，建功立业。

他们是权臣中最幸运的一类，既把权力发挥得淋漓尽致，又没有弄权谋私的骂名。

1．管仲：春秋第一霸的总设计师

春秋五霸，首推齐桓公；而管仲则是其霸业的总设计师。正如孔子所说："桓公九合诸侯，不以兵车，管仲之力也。"

管仲（？—前645年），名夷吾，字仲，一称敬仲，被齐桓公尊称为仲父，后人尊称为管子，颍上（今安徽省颍上县南部）人。

仲为姬姓后代，其父管庄为齐国大夫。父死后，家道中落，为奉养老母，摆脱困境，他与好友鲍叔牙曾一起做过商贩。他出本钱少，而鲍叔牙出本钱多，但在分红利的时候，管仲总是千方百计寻找理由多分一份，这就是史称的"管鲍分金"。而鲍叔牙面对他的狡诈，毫不在意，从不计较，更不说他贪心，因为知道他家贫困。这弄得管仲心里不好意思，于是就想谋划一件事，使鲍叔牙一举成名，以此作为报答。谁知道他却弄巧成拙，使鲍叔牙陷入了莫大的困境之中。即使这样，鲍叔牙也不嗤笑他的蠢笨，不怀疑他居心叵测。因为鲍叔牙知道，眼前这位穷困潦倒的密友会不甘贫困，发奋图强，将来终成大器。其实管仲后来能成大器，仍然是鲍叔牙鼎力相助的结果。

管仲一箭射中姜小白。姜小白做了国君，发兵攻鲁，要他们交出管仲。

时值齐襄王执政，他荒淫残暴，与妹妹文姜私通乱伦，并勒杀了妹夫鲁桓公。而管仲和鲍叔牙则分别为襄王的两个弟弟姜纠和姜小白的师傅。姜纠和姜小白对其哥哥的无道非常失望，怕祸及自身，在管仲和鲍叔牙的护卫下，分别避难于鲁国和莒国。

这一年，齐襄王派大夫连称为大将，管至父为副将，带兵去守葵丘。因为是个苦差事，两将请求襄王给个期限。襄王掂着手里的甜瓜说："好吧，明年吃瓜的时候我派人去接防！"而到了第二年瓜期，襄公食言，二将大怒，与襄公的堂弟公孙无知里应外合，包围了在贝丘游猎的襄王。连称抓住襄王，历数其罪恶："你这个昏君，连年征战杀人，此为不仁；不听先君命令，不用公孙无知，此为不孝；拿自己的妹妹当媳妇，此为无礼；瓜期已到而不派人去换防，此为无信！”遂杀之。公孙无知即位不到半年，又被仇人刺杀，大臣们决定到莒国接回公子小白就王位。

这样一来，鲁国和躲在鲁国的公子纠、管仲不干了，他们一方面采取行动，准备把公子纠送回齐国，一边派管仲带领一队人马前去截击公子小白。

管仲带领几十辆兵车赶到即墨，与公子纠和鲍叔牙相遇。管仲跑到公子小白的车前，问：“公子去哪儿?”小白说：“回国办丧事去。”管仲说：“有您哥在，您就别去了，省得让人说闲话。”鲍叔牙与管仲虽是好友，但也得护着自己的主子，于是睁大了眼睛喝道：“管仲，各人有各人的事，你管得着吗?”旁边的将士也持刀怒视。管仲不敢多说，退到后边，搭箭上弦，偷射了公子小白一箭。小白大叫一声，口吐鲜血，仆倒车中，鲍叔牙们赶紧抢救，管仲趁机带车马逃跑。

其实这一箭只是射中了小白的带钩，小白故意咬破舌尖，诈死车中，以麻痹管仲。果然，管仲以为小白已死，不慌不忙地护送公子纠回齐时，小白早已抢先一步即位，是为桓公。

桓公上台，勒令鲁国杀了公子纠，拿管仲到齐国欲报一箭之仇。管仲自以为死期已到，谁知到齐后，却受到了桓公隆重的郊迎仪式接待，并封为国相。原来，鲍叔牙向桓公力陈管仲之才，唯恐鲁国留住管仲，才为他用，便假托报一箭之仇，使管仲顺利回齐。从此，管仲走上了齐国的政治舞台，齐桓公对管仲言听计从，使齐国很快强大起来，把齐桓公推上了中原五霸之首。

当然，要齐桓公听话，开始时并不容易。管仲的意思是，先进行改革，推行富民强国的路线，把经济搞上去，把军队治理好，然后再开始征讨鲁国。但桓公不这样想，新王即位三把火，想靠武力令鲁国就范，令大臣们佩服。于是，他不顾管仲谏言，令鲍叔牙带领大军，一直打到鲁国的长勺。鲁庄公起用曹刿，两军对阵，齐军三鼓而气衰，鲁军一鼓作气，齐军大败。齐桓公更加气恼，叫人去宋国借兵。管仲有意不理他，想让他碰几回钉子，吃尽苦头，自然心甘情愿俯首帖耳。齐桓公又一次出兵伐鲁，大败而归，连宋国派去的大将也被抓了去成了俘虏。两次大败，桓公认输了，遂心服口服地按照管仲的发展战略去做。

中国历史上第一次成功的改革，轰轰烈烈地在齐国展开。

管仲的治国思想是："治国必先富民，民富则易治，民穷则难治。"这包含着两个方面的内容：治国之本，在于君顺民心；治国之道，在于必先富民。他说："仓廪实而知礼节，衣食足而知荣辱。"生活安定富足，是政治的根本。于是，他做的第一件事，便是推行经济发展政策。这项政策包括几个方面的内容：一是积极保护奖励农业；二是将盐、铁、金等重要产业收归国营；三是维持财政上的收支平衡；四是保持物资的畅通和物价的稳定；五是整顿税制，重新颁定兵役制度；六是鼓励对外贸易和对外商业战争；七是使职业世袭化，"四民分业"，以提高生产技能。

在具体落实措施上，管仲根据土地占有的数量和肥瘠，征收农业税，使土地所有者对国家的负担趋于合理，减轻对无地、少地、瘠地农民的剥削，提高农民生产积极性。

在发展农业的基础上，管仲提出以商富民的方针，大力发展工商业，把工商业跟农、士并列为"四民"，不重农轻商。具体措施是：鼓励私人开矿冶铁、煮海晒盐、缝衣制鞋、对外贸易。齐地铁矿丰富，其滨海又盛产食盐水产，充分利用国家资源，大做山海文章，通过商贸增值，实行"官山海"政策，即官府不垄断盐铁生产和流通的全过程，只垄断流通环节，实行盐铁官府统购统销，把生产环节交给民间私营。管仲以为，如果生产官营，就势必调集官奴或自由民去从事生产，官奴可以逃亡，自由民将怨恨国君，一旦有战事，他们便不会尽忠报国；官府专营购销，既省事，又可通过寓税于产和寓税于销获得巨额收入，还可避免民怨，提高生产积极性。例如，每月人均食盐三升，每升加价二钱，齐国万乘之国就可获利六千万钱；农夫工匠都使用上针剪斧锯锄耒耜，又会大大提高农业和手工业的生产率。

在外贸这一方面，管仲更加擅长和精明。一是利用产盐大国的特点，将盐的外贸出口作为大宗买卖，甚至看成是对外商业战的称霸工具，统一由国家管理；二是优惠关税，出口时"关市讥而不征"，进口时则"征于关者不征于市"，对入境的外国人"虚车勿索，徒负不入"，免收一切费税，以吸引外国人；四是跟中原各诸侯国达成"毋忘宾旅"和"毋遏籴"

的国际贸易条约。在具体经营措施上，更是灵活多样：需要进口某种商品便“天下下，我高”，提高国内市场价格，使其大量流入；需要出口某种商品时，便“天下高，我下”，冲击国际市场，吸引外商前来购买。有一年，鲁、滕两国丰收，粮食价格便宜，一釜仅百钱，管仲便将齐国粮价提至千钱，大量吸引两国粮食流入；待别国饥荒之年，再高价出售。

管仲还善于以经济手段达到政治目的。他曾经诱使鲁、梁等国发展单一经济而致使它们丧失国力，不得不向齐国称臣。鲁国生产一种厚实的丝织品，叫绨，管仲让桓公穿上绨衣，并令群臣效仿，马上绨衣风靡齐国，成为时装，需求量猛增。管仲许诺鲁国，以千匹绨换青铜三百斤，鲁国遂弃农织绨。这时，管仲又让桓公穿帛衣，齐国上下又风行帛衣，鲁绨顿时滞销，饥荒难熬，国民纷纷跑到齐国乞食，鲁国只好称臣。

在进行经济建设的同时，管仲还主张对行政、军事组织进行改革，实行不拘一格的选贤任能机制和全民服从政令军令制度，建设一支强大的常备军。

最有特点的要数管仲推行的“三国伍鄙”制。所谓“国”，指国都及近郊，所谓“鄙”，指国都以外的其他地区。三国五鄙制，就是把国与鄙的居民按职业全部编入到一个组织结构中去，逐级设立行政和军事长官，实行军政合一。具体来讲，把首都及近郊士工商三大类居民按行业编成 21 个乡，每乡 2000 户，其中士乡 15 个，工、商乡各 3 个；又将士乡编成 3 个军，每军隶 5 个乡，兵额万人，由桓公亲率中军，上卿各率左右军，形成齐国庞大的军事力量。乡以下设连、里、轨三级行政机构，军以下设旅、卒、小戎、伍四级军事单位。并规定：士工商在编定的基层行政组织中不得擅自迁徙、转业，士在军事编制中不得移居，专心习武，一旦有战事，便按建制开赴战场。这种全民皆兵、军政合一的制度，既解决了兵源问题，又防止军官拥兵自重，真正实现了富国强兵。“伍鄙”则把国都以外的广大地区划为五属，每属 9 万户，属下设县、乡、卒、邑行政组织，各配五级行政长官，中央设五正，领导各属。其中士农工商编定户籍，不得杂处、迁徙，世袭本行业，不许转业。

管仲的“以武器赎罪”也很有特点。过去，人犯了罪一律处以肉刑。至管仲，可以武器装备赎罪。用一副犀甲加一支戟，可以赎死罪，一副革盾加一支戟，可以赎肉刑；凡打官司，先交 12 支箭作为诉讼费，真可谓

“一切向钱看”，一切服从强兵国策。

管仲在外交方面，推行的是“信义外交”政策。国王一般性情傲慢，强国国王更是恃强凌弱，以武力震慑小国。管仲总是及时纠正桓公的这些表现，始终本着平等、互助、自愿的原则，积极开展信义外交活动。

九合诸侯，一匡天下，齐桓公成为春秋第一霸，名垂青史。

公元前681年，桓公对管仲说：“我们现在兵精粮足，能不能会合各国诸侯?”管仲说：“咱们没权力会诸侯。周朝是各诸侯国的主子，只有奉周天子的命令，才能大会诸侯，订立盟约，推举盟主，共同抵抗外侮，保卫中原。诸侯有了难处，我们去帮他；谁不讲理，我们去管他。只有这样，别人才推举您为盟主。”

正巧宋国内乱，齐国便派使臣朝见周僖王，周僖王便请齐桓公去规定宋国君位。桓公得令，便通告宋、鲁、陈、蔡、卫、郑、曹、邾，约三月初一到北杏召开大会，共同决定宋国君位。这是桓公第一次会合诸侯。桓公问：“这次赴会，需带多少兵车?”管仲说：“您是奉周天子的命令开会，带兵马干什么?”二月底，宋、陈、蔡、邾国诸侯带着兵车赴会，见桓公不带兵车，都挺不好意思，撤兵车至二十里之外。日期到了，8个诸侯国还有4个未到，桓公想推迟日期，管仲说：“改了日期，难以取信。”大会如期进行。因为桓公是受周天子托付会合诸侯的，自然推他做了盟主，相约一心扶助王室，抵御外族，帮助弱小和有困难的诸侯。这就是“北杏大会”。

会后，为惩罚不去加盟的鲁国，管仲主张出兵伐鲁。鲁庄公求和，带大将曹沫至柯订立盟约。鲁庄公被齐千军万马和桓公的尊严吓得胆战心惊，正待齐国大臣捧着装满牛血的铜盘请两位君主歃血而盟的时候，曹沫快步上前，一手举剑，一手拉住齐桓公的袖子，数说齐国不帮鲁国，反而欺负鲁国，并索要被齐国占领的汶阳土地。齐桓公被迫答应了。散了会，齐国的大臣感到很窝囊，想杀掉鲁庄公和曹沫，桓公也后悔答应给他们汶阳。管仲变了脸，气愤地说：“你们这算什么呢？答应人家，就不能反悔。有了汶阳，失掉了天下人的信任；给他们汶阳，我们能得到天下人的信服。你们考虑一下，哪样值呢?”于是，桓公礼待鲁国客人，赢得了诸侯信任，卫、曹两国也先后来赔不是，订立盟约。

后来，管仲又举荐卫国人宁戚，利用他招降了宋国。

当时的情形是，中原南有楚蛮，西有西戎，北有北狄和山戎，他们都看中了中原这块肥肉，不断侵略中原。公元前663年，齐桓公带兵为救助被山戎侵入的燕国，北伐山戎，收服了他们，而其首领密卢却到孤竹国借兵去了。桓公决定拿下孤竹，谁知中了孤竹大将黄花之计，被引入到瀚海沙滩，迷了路。多亏管仲用老马识途之法，领齐军走出困境，灭了孤竹，彻底平定了北方。

南方的楚国也跟中原争夺地盘，逐渐发展成大国，而郑国夹在楚、中原之间，成为楚首先入侵的目标。公元前657年，郑文公向齐国求救。管仲出主意，会合八国诸侯攻打楚国以解宋围。谁知楚国得到了消息，派屈完在国界上等候。管仲见状，便先跟他讲理说："贵国为周朝一个子爵国，理应年年进贡包茅，供天王祭祀时滤酒使用。这几年你们不进贡，天子派我们来责问你们。另一件事，二百年前昭王至楚国，楚王让他坐破船，翻船淹死了。"屈完说："没进贡是我们的不对。至于昭王死在水里，是汉水的罪过！"管仲见其态度强硬，便想用兵马逼之，于是将中原兵马开到汉水，但不过河。楚成王只好再派屈完过汉水见管仲和桓公，打探消息。屈完说："你们以武力吓人行不通。如果退兵三十里，我帮助楚国服从天王。"管仲于是退兵三十里。楚成王只好备了八份礼物送给中原部队，以为和礼，第二天，便在召陵订立盟约。管仲下令退兵。

鲍叔牙问管仲："楚国自称为王，这是大罪名，您为什么不责备，反而要些包茅。"管仲说："正因为它罪过大，我才不提。您想，这么大的罪名，他承认吗？不认，便打起仗来，一打没个完，百姓就遭了殃。我借不进包茅跟他们讲理，他们容易承认错误，服了咱们就行了，对天王和各国诸侯也说得过去，比没完没了的打仗好得多啊！"

就凭着管仲的政治、经济、军事、外交才干，齐桓公稳坐了诸侯首霸交椅，怪不得尊称管仲为"仲父"。

为了选定桓公的接班人，管仲从长计议，对桓公说："周室为了王位，频起内乱，您年纪也老了，该早点有个打算，免得诸位公子将来争夺。"齐桓公说："我六个儿子全不是正夫人生的，论年岁，无亏为长，论才干，昭儿最好。"管仲说："既然都不是正夫人生的，就不一定立长子，再说齐国要继续称霸，非有个贤明的君主不可，就立公子昭为太子吧!”齐桓公担心无亏以长子身份与昭儿争夺，管仲说：“您可以在会盟的诸侯中找一个可靠的人，把公子昭托付给他，将来也有个帮手。”

公元前 645 年，任国相四十多年的管仲病入膏肓，临终，桓公问：“谁可任宰相?”管仲说：“您心中应该早有个人选了。”桓公说：“易牙可以担当这个重任吗?”管仲说：“易牙为了巴结您，听说您想吃婴儿的烤肉，便把儿子杀了烤给您吃，这种没人道的人，万万不可让他位居要职。”“那么开方呢?”“开方为了侍奉您，十五年的时间不去看望他的父母，也是不讲人道的。”“那么竖刁呢?”“竖刁为了讨您喜欢，自阉为太监，连自己也不爱护的人，他能爱护您吗?”并且谆谆告诫桓公：“行事虚伪的人包藏祸心，您最好早早将他们三人逐去，免得滋生祸患。”

管仲谢世后，桓公遵嘱将易牙、开方、竖刁放逐。可是，易牙一走，宫中伙食变得难以下咽；放逐开方，朝廷政务停滞不顺；少了竖刁，宫中风纪混乱不堪。桓公以为：“罢了，贤明的管仲也有判断错误的时候啊!”于是，桓公召回了这三个人。

后来，这三个人纷纷拥立自己看中的太子，桓公禁不住易牙、竖刁的劝说，放弃了管仲所提的公子昭，立长子无亏为太子。两年之后，桓公去世，宫中为争夺君位同室操戈，刀光剑影，致使桓公暴尸六十七天，蛆虫爬到屋外。

桓公倚重管仲，终成霸业，只可惜未能贯彻始终，两人相继辞世后，齐国逐渐丧失了霸主地位。

2. 公孙弘：第一个儒学宰相

汉文帝君临天下的第十七年（前 164 年）四月，分齐郡（郡治临淄，今属山东）东部置菑川国，都治剧县（今山东寿光南），封齐王刘肥的后代刘贤为王。菑川后来出了位名人，叫公孙弘。公孙一姓，来源于王公的子孙，如公孙鞅（即商鞅）是卫国君主的后代，故称“公孙”。公孙弘这一支，是何国君主的后裔，今已难以考定。就他的籍贯属于先秦齐国故地来看，是齐国后裔的可能性大些。不过，到公孙弘时，他的家族早已衰落了。他家里很穷，一贫如洗。公孙弘自幼好学，长大后在官府谋了份差事，做了狱吏——一个管理监狱的小官。后来因渎职被免。公孙弘无以谋生，便去放猪。

公孙弘不甘心做个猪倌，已是四十多岁的人了，又去学习《春秋》，一份答卷，使他平步青云。

然而，公孙弘不想碌碌无为，终老乡间，他渴望获取功名富贵。于是，已是四十多岁的公孙弘苦读起《公羊春秋》。《公羊春秋》或名《春秋公羊传》，是齐人公羊高著的一部解释《春秋》的书，有时仅称《公羊传》，其特点是崇尚权变，多神秘性。齐人胡母生精于此书，汉景帝时被征为博士。胡母生年老后，回到齐地，收徒授业。四十有余的公孙弘投奔到胡母生门下，潜心钻研，学问日进，成为一名颇有名气的《公羊春秋》学者，就连当朝天子汉武帝也知道有公孙弘这么一个学者，征他为博士。这时，公孙弘已是六旬老翁了。不久，武帝派他出使匈奴——塞外草原上的一个游牧部族。出使回来，公孙弘汇报了出使经过，武帝很不满意，觉得他是个无能之辈。公孙弘很知趣，托言有病，辞官回了老家。

公孙弘又成了一介平民。

但是，几年后，机遇再次降临，那是元光五年（前130年），汉武帝下诏征召天下著名的文人学士去长安，接受武帝的策问。菑川国推荐公孙弘去，公孙弘辞谢道："从前已西去过一趟，因无能而罢归，请另选贤明吧。"但国人觉得没有比公孙弘更合适的人选了，遂竭力推举他。公孙弘无奈，打点行装上路。

到了长安，公孙弘去太常（掌宗庙礼仪及考选博士的衙门）接受汉武帝的策问。武帝提出的问题是：

1. 天人之道，本乎什么？
2. 吉凶之兆，怎样才能验看？
3. 禹水汤旱，都是出于什么祸咎？
4. 仁义礼智，应怎样设置？
5. 皇统传嗣，功业传承，物变鬼化，天命符端，废兴如何？

公孙弘针对皇上提出的问题，挥毫写道：

臣听说上古尧舜时，不贵官爵封赏而民人向善，不重刑罚而民人不犯罪，这是因为以身作则而信任民众；到了末世，虽重官爵封赏而民不善，酷刑重罚而奸盗不止，是因为君主不正，对民众不信任。厚赏重刑不足以劝善而禁恶，唯有忠信才能办到这一点。因此，根据每个人的才能而任命官职，工作就能干好；摒弃无用的言论，事情就能办成；不造无用的器物，赋役就会节省；不夺民时，不妨民工，百姓就会富足；亲贤人远小人，朝廷的威望就能提高；有功者奖，无功者罚，群臣就会努力进取；处罚得当，奸邪就会禁止；赏赐得当，臣子就会效力。这八条，是治理民众的根本……

公孙弘对其他问题，也提出了精辟的见解。

参加对策的有一百多人，太常评定每人的答卷，公孙弘的卷子被评个末等。他们的卷子被呈上武帝审阅，年方26岁的汉武帝特别欣赏公孙弘的卷子，擢为第一，又拜他为博士。公孙弘终于得到了武帝的重视。

鲠直的汲黯讥斥公孙弘是个阿谀奉承的小人，然而当朝天子汉武帝却更加赏识公孙弘。

汉武帝年轻气盛，好大喜功，雄才大略，乃一代英主。公孙弘是个很有心计的人，他奏言政事，把事情摆开，谈看法却从不下结论，让皇上自己选择；尽管他的口才极佳，能言善辩，但当着皇上的面，他从不谏诤。公孙弘几次做官，娴于理政；他饱读经书，满口仁义道德。汉武帝对公孙弘极为赏识，不到一年，便把他从博士位上提拔为左内史。左内史是京畿北部的地方长官，职权颇重。

公孙弘更加小心谨慎地侍奉武帝，然而，他的圆滑也遭到了一些公卿大臣的指斥。

有个叫汲黯的，濮阳人，为人刚正不阿，粗犷少礼，嫉恶如仇，连武帝也怕他三分。大将军卫青侍从武帝，武帝常蹲在厕所中召见他。但接见汲黯，武帝必衣冠整齐。公孙弘做左内史时，汲黯是主爵都尉，负责列侯事务，两人官秩相同。起初，两人合作得很好，商量妥一桩事，奏告武帝，都由公孙弘先说，汲黯再加以补充、解释，他们奏言的建议多被武帝采纳。公孙弘、汲黯成为好友。一次，公孙弘、汲黯与其他大臣约好一同向皇上奏白一事，届时，公孙弘见武帝龙颜不悦，不赞成他们的建议，遂背约而顺从武帝的旨意。汲黯火了，当堂指斥公孙弘："齐人多诈而无实话！当初公孙内史与臣等一起议定此事，如今他却全部背叛了。公孙弘是个奸臣！"武帝问公孙弘有这等事吗？公孙弘道："了解臣的会认为臣是忠臣，不了解臣的就以为臣是奸臣。"武帝对公孙弘的回答极为满意。

还有一些大臣不时诋毁、指斥公孙弘，其中有些是武帝的宠臣。但武帝不为所动，更加信任公孙弘。

公孙弘做了四年左内史，到元朔三年（前126年），武帝擢他为御史大夫。御史大夫是副相，佐丞相掌司法，与丞相、太尉并为"三公"。

汉武帝正在实施他的征伐匈奴的军事计划，为了军事进攻，武帝采取了一系列措施，其中之一，是在朝鲜半岛的北部设立苍海郡，在河套地区设置朔方郡，以加强边防力量。对此，公孙弘认为是耗费巨资、疲惫中国而去经营无用之地，奏请罢止。武帝让朱买臣与公孙弘辩论。

朱买臣是吴县人，家里很穷，好读书，不治产业，砍柴卖薪为生。他与妻子砍了柴，挑到集市上去卖。他肩上担着柴禾，边走边诵读诗书。妻子让他不要在路上诵读，他的嗓门却更高了。妻子要求离婚，他说："我五十岁当富贵，今已四十多岁了。你苦了很长时间，待我富贵了报答你。"妻子骂道："像你这样，早晚要饿死沟中，还能富贵？"朱买臣无奈，由她去了。数年后，朱买臣随会稽郡去长安汇报工作的官员到了京师，他乘机上书武帝，武帝召见，与语大悦，拜为中大夫，侍从于左右。

朱买臣奉诏，与公孙弘论辩，他指出置苍海、朔方有十条好处，公孙弘连一条也驳不倒。识时务的公孙弘装作彻底折服的样子，对武帝说："山东粗鄙之人，不知道竟有这么多好处，请罢西南夷、苍海，全力营建朔方。"西南夷是西南的少数民族，武帝试图打通至西南夷的通道。巴蜀一带百姓负担过重，怨气满腹，公孙弘曾奉诏巡视，回奏说西南夷没有什么好处，武帝没听他的。这次，他提了个折中方案，罢西南夷、苍海，仅经营朔方。武帝对他的折中方案颇为赞许。

汲黯越来越看不起公孙弘的为人，常常公开指斥他。一天，他当着公孙弘的面对武帝说："公孙弘位列三公，俸禄甚多。然而，公孙弘却盖布被。这大概是欺世盗名。"武帝问公孙弘，公孙弘道："有这回事。九卿与臣要好的，就数汲黯了。今汲黯当面指斥臣，确实击中要害。身列三公而盖布被，的确是沽名钓誉。臣听说管仲相齐桓公，娶三姓女，奢侈超过了国君，齐桓公在他的辅佐下称霸天下。晏婴相齐景公，食不兼味，妾不衣丝，齐景公在他的辅佐下也把齐国治理得很好。今臣位居御史大夫，盖布被，从九卿直到小吏都没有差异，的确是在沽名钓誉。况且，没有汲黯，陛下怎能听到这些话?”武帝觉得公孙弘受了冤枉，还在谦让，替汲黯说话，更加器重公孙弘。

公孙弘成为第一个儒学宰相，对他的所作所为，有人指斥，有人赞誉。

任御史大夫的第三年十一月，公孙弘被擢为丞相。

自萧何以来，做丞相的都是先封侯再拜相，也就是说贵族才能做丞相。公孙弘无爵位而破天荒地拜相。后来武帝颁诏，特封公孙弘为平津侯。先拜相而后封侯，公孙弘为汉代第一人。

公孙弘青云直上，位极人臣，矢志尽职，报效皇上知遇之恩。他礼贤下士，广延贤人才士，让他们在相府东阁谋议军国大政。他自己更加节俭，饭桌上仅有一盘肉，一碗米饭，剩下的俸禄都拿出来养宾客，家无所余。

公孙弘俨然一代贤明宰相。其实，他表面上礼贤下士，谦逊大度，但对自己的政敌却睚眦必报，毫不留情。主父偃即是遭他报复的人中的一个。

主父偃是临淄人，距公孙弘的老家不远，算得上同乡。他家里很穷，通过自己的刻苦学习、艰苦奋斗而成为中大夫，颇受武帝信任。设置朔方郡，便是他出的主意。公孙弘是反对派，结果被朱买臣驳倒。他表面上折服，心中却十分怨恨主父偃，伺机报复。不久，主父偃出任齐相。齐王刘次昌与其姐纪翁主通奸。主父偃曾想以女充齐王后宫，被刘次昌的母后拒绝，故怀怨恨。他到齐国后，追究刘次昌乱伦一事，刘次昌惶恐自杀。有人上书揭发主父偃收受贿赂，武帝也觉得齐王自杀可能是主父偃挟迫所致，遂把主父偃投进监狱。主父偃承认收受贿赂确有其事，但未曾胁迫齐王。武帝想宽赦主父偃，很少谏诤的公孙弘这次却谏道：“齐王自杀，没有后嗣；国除为郡，划归朝廷。主父偃是使齐王自杀、齐国被废的首恶。

不杀主父偃，无以谢天下！”武帝遂诛杀主父偃。

大儒董仲舒也横遭公孙弘的陷害。

董仲舒是广川人，自小研读《公羊春秋》，造诣极高。在他的建议下，汉武帝罢黜百家，独尊儒术。儒学是在他的建言下登上中国思想的统治舞台的。

公孙弘也是《公羊春秋》学者，但学问不如董仲舒，因此心存嫉妒；董仲舒也瞧不起公孙弘的为人，骂他阿谀奉承，对其不屑一顾。公孙弘便伺机报复、排挤、陷害董仲舒。

辽东的高庙（汉高祖刘邦的祠庙）、长陵高原（汉高祖刘邦的陵园）两地宫殿先后失火，董仲舒在家中推论失火的原因，说是天降灾异。他的草稿打好，还未奏上，被来拜访的公孙弘瞧见偷走了，拿去交给汉武帝。汉武帝让群臣讨论，有个叫吕步舒的，是董仲舒的弟子，不知此文出自师傅之手，斥为胡说八道。武帝遂把董仲舒投进死牢，后来又赦免了他。

公孙弘的阴谋未能得逞，但他不肯善罢甘休。

胶西王刘端系景帝程姬所生，是武帝的异母兄，骄恣不法，朝廷派去的国相或被他诬陷，或被他杀害。公孙弘打算把董仲舒派到胶西国去，对汉武帝说：“只有董仲舒可以做胶西王的国相。”武帝遂任命董仲舒为胶西相。胶西王听说董仲舒是位大儒，很是礼敬。

公孙弘的阴谋再次失败了。

元狩元年（前 122 年）十一月，淮南王刘安、衡山王刘赐谋反被诛，同党被杀者达数万人。

这时，丞相公孙弘却病倒了，他自以为无功而封侯，位居丞相，应辅佐明主镇抚国家，如今诸侯反叛，是自己失职，死了也推卸不了责任，遂上疏说：

> 臣听说天下的光明大道有五，通向光明大道的途径有三。君臣、父子、夫妇、长幼、朋友之交，这是五条光明大道；仁、智、勇，这是通向光明大道的三个途径。《礼记·中庸》说：“好问接近智，力行接近仁，知耻接近勇。知道这三点，就懂得怎样自治；懂得怎样自治，然后才知道怎样治人。”没有不能自治而能治人的。陛下躬行孝悌，取法三王，重建周代的昌明世道，具备文王、武王的德才，招徕四方之士，依才授职，量能任官，以激励百姓，鼓励贤人。臣愚驽，

无汗马之功，陛下误擢臣于卒伍之中，封为列侯，跻身三公。臣品行实在不配，而身又患病，恐先像狗马一样填入沟壑了，最终也难报答龙恩。臣乞请归还侯爵，辞去相位，把这把老骨头还给臣，让臣回家，给贤人让路。

武帝下诏慰藉，赐他牛、酒、布帛。数月后，公孙弘身体好了些，便起身处理政务。

第二年三月，公孙弘再度病重，终告不起，死在相任上。终年八十整。

3．王猛：难圆的苦梦

最后的一丝阳光也被铅灰色的流云吞没了，苍茫的寒烟笼罩着新平县境内起伏的山峦；凛冽的劲风裹挟起冰雪的碎屑吹打着无助的枯草；光秃秃的树枝在寒风中呻吟着，一只孤雁突然从一座佛寺的顶上惊恐地飞起，悠长的悲鸣掠过荒野。此刻，阴森森的寺院里站满了披甲执锐的武士。

“把苻坚带上来！”随着后秦王姚苌（羌人）一声令下，几个高大的武士把苻坚和他的妻子张氏、小儿子苻诜推了上来。

苻坚见到得意的姚苌，禁不住破口大骂：“我真后悔没听王猛的话，才使你猖狂到这个地步！”他看一看即将死别的妻儿，无尽的内疚与悔恨涌上心头，再想一想淝水的惨败，故国的沦落，禁不住心如刀割，泪如泉涌，在晶莹的泪光中，他又看到了那个躺在病床上头发斑白、气息奄奄的王猛。王猛临终时的叮咛又萦绕在他的耳畔：“晋朝虽然僻处江南，但为华夏正统，而且上下安和，臣死之后，陛下千万不可图灭晋朝。鲜卑、西羌降服的贵族贼心不死，是我国的仇敌，迟早要成为祸害，大王应逐渐铲除他们，以使秦国安宁。”

王猛生于乱世，年少时以卖箕畚为业，两次拒官不做，在桓温面前扪虱论天下。

王猛，字景略，325年生于青州北海郡剧县。这时，中国北方已陷入十六国纷争的泥淖，而南方立足未稳的东晋政权也处于风雨飘摇的险境。就在王猛出生前二年，青州被羯人石勒建立的后赵政权攻破，东晋三万降卒死于非命。后赵军兵锋南指，席卷中原，与东晋夹淮水对峙。继石勒称帝的石虎，是个穷兵黩武、嗜杀成性的暴君，后赵国无宁日，民不聊生。年幼的王猛，随家人颠沛流离辗转来到魏郡住下。

王猛家贫如洗，为了糊口，他年纪不大，便以贩卖箕畚为业，但性格坚毅的他没有被烽火硝烟吞噬，没有被生活的重担压垮，在兵荒马乱中，他观察风云变幻；在凄风苦雨中，他矻矻终日，手不释卷。在艰苦生活的砥砺中，王猛渐渐成长为一个英姿勃发的青年。他胸怀大志，气度非凡，不关心生活中的细枝末节，不与碌碌无为的人来往，因此他常常受到浅薄浮华的富家子弟的嘲笑，但王猛悠然自得，毫不介意。他出游赵国时，被徐统召为功曹，但王猛因厌恶石虎的残暴统治，辞官出逃，归隐于华山，磨砺佐世之志，期待有为名主。

王猛25岁后的数年间，北方的战乱愈演愈烈，政局瞬息万变。349年，石虎死后，他的后代为争夺帝位，相互攻伐。大将冉闵乘机攻入邺城，他下令全国“汉人砍下一个胡人的头，送到凤阳门，查验属实者文官升三等，武官全升营门官”，命令发出的第一天，被杀的“胡人”就有二十万。后来冉闵围攻襄国失败，忠于羯族石氏的人在邺城杀死了十多万汉族人进行报复。三年后，冉闵建立的政权，又被从关外南下的前燕（鲜卑族慕容氏）帝国所代替。民族间的攻伐，连绵的战火，在王猛的心中留下了不可磨灭的印象。

东晋永和十年（354年）二月，大将桓温率步骑四万大军北伐，进取关中，在陕西蓝田一带连败前秦苻健的军队，兵锋直抵秦都长安东面的灞上。王猛闻桓温入关，前往谒见，扪虱而谈天下大事，言行放达，旁若无人。桓温对他的远见卓识惊叹不已，便向他问及三秦豪杰未积极响应北伐的原因。王猛说：“公不远千里深入敌境，长安近在咫尺而不渡灞水，百姓不知公心，所以都不来。”桓温北伐，虽名义是收复关陇失地，实乃借此提高个人政治威望，故此见好就收，长安近在咫尺，却不进攻。王猛话中有话，一语道破桓温北伐的真正动机。桓温嘿嘿一笑，无言以对，过了一会儿才说：“长江以南无人能与你相比！”桓温知道王猛是个不可多得的人才，想把他笼络麾下，为己所用，就任命王猛为军谋祭酒。王猛回去请教老师，老师说："你怎能和桓温这号人共事？你在这里照样可以博取荣华富贵，何必远去江东！"王猛听了老师的话，继续留在山中攻读。

王猛出山辅英主，明法用刑，鞭杀恶吏，用妙计智平叛乱。

前秦王苻坚雄才大略，素有气度，雅好儒学，在即位之前，就听说王猛是世间的奇士，于是通过吕婆楼引见王猛。王猛见到苻坚后，一谈如故，"语及时事，坚大悦，自谓如刘玄德之遇诸葛孔明也"。357 年六月，苻坚称大秦王，立即任命王猛为中书侍郎。从此明主贤臣恢弘儒学，修整兵革，推举贤才，劝课农桑，革除弊政，把前秦推向了鼎盛时期。

王猛参政后，首先帮助苻坚抑制氐族顽固贵族，强化王权。始平县是京师的西北门户，也是氐族政权的发祥地，地主豪强横行霸道。苻坚派王猛去治理始平，他深知杂草不除，良苗不秀；乱暴不禁，善政不行。于是下车伊始，就雷厉风行，明法严刑，禁暴锄奸。有个树大根深的奸吏，作恶多端，王猛把他当众鞭死，奸吏的爪牙就起哄上告。上司将王猛打入囚车，押送到长安。苻坚听说后亲自审问王猛："治理天下应当用道德去感化人，而你上任没几天就杀了人，这是何等的残暴啊！"王猛回答说："我听说治安定之国可以用礼，理混乱之邦必须用法。陛下不嫌弃我无才，让我治理这个城邑，因此我一心要为明君铲除凶暴奸滑之徒。现在才杀掉一个奸贼，还有成千上万人尚未伏法。如果陛下因我不能除尽残暴、肃清枉法者而要惩罚我，臣岂敢不甘受严惩，以谢辜负陛下之罪？但就现在的情况而论，加给我'为政残酷'的罪名而要惩罚我，臣实在不敢接受。"苻坚听罢，立即释放了王猛，并钦佩地对群臣说："王猛原来是与管仲、子产一样的人物啊！"

王猛治绩卓著，被提升为中书令、京兆尹。王猛就任京兆尹后，大力整顿京城长安的秩序，前秦开国皇帝苻健的内弟、光禄大夫强德在京城为非作歹，成为百姓的祸患。王猛没有请示苻坚，就把强德抓起来杀掉了。王猛因治理京城有功，被升为尚书左仆射、辅国将军、司隶校尉，权倾朝野，那些皇亲国戚和元老重臣无不妒火中烧，恨得咬牙切齿。氐族豪帅出身的姑臧侯樊世依仗自己辅佐苻健打天下的汗马功劳，最先跳了出来，当众侮辱王猛，并扬言不把王猛的人头挂在长安城门上，就不活在世上。苻坚听说后勃然大怒，下令刀斩樊世。这样一来，公卿以下没有不害怕王猛的，在打击顽固贵族的同时，王猛也注意团结主张强化王权的氐族贵族，如李威、吕婆楼等，以共同对付顽固不化的豪族。

不过苻坚建立的前秦同样是一个以氐族为主体，民族性相当强烈的政权，氐族人不但在州刺史中占据绝对优势，而且苻坚对其深信不疑。王猛出于加强中央集权、巩固统一的需要，借汝南公苻腾谋反的契机，向苻坚提出剪除王公的建议，但苻坚执意不允，遂酿成建元三年（367 年）十月的叛乱。第二年正月，苻坚命王猛征讨占据蒲阪的苻柳。王猛进至蒲阪地区后，根据叛军兵精气盛的情况，采取了示弱骄敌、诱敌出城、再出奇兵突袭的策略。苻柳多次向王猛挑战，王猛均闭垒不应。苻柳以为王猛畏惧，于五月间，率主力西攻长安。行进百余里，突遭王猛七千骑兵的夜袭，苻柳仓皇回撤，途中再遭伏击，苻柳仅带数百骑入城，王猛抓住叛军实力消耗、士气低落的战机，主动出击。九月攻克蒲阪，全歼苻柳的叛军。接着，王猛又出兵讨伐陕城的苻廋。十二月，平定陕城的叛乱。

王猛在打击地方豪强和割据势力的基础上，帮助苻坚创立了一套荐举、赏罚制度和考核官吏的新标准。其主要内容是：地方长官分科荐举名为孝悌、廉直、政事、文学的人才，上报中央，朝廷对被荐举者加以考核，分授官职，凡年禄百石以上的官吏，必须学通一经，才成一艺。那些不通一经一艺的人统统罢官为民。这也就否定了胡族军阀统治者崇尚武力、蔑视文化知识的观念，有效地提高了秦国各级官吏的行政效率。河北人麻思请假回故里葬母，王猛说："您可以立刻收拾行李上路，今晚我就通知沿途各县。"待到麻思刚出潼关，就发现沿途官府均已接到通知，并照章验看行路护照，安排食宿。

在整顿吏治的同时，王猛还在秦国境内兴修水利，奖励农桑，发展农业生产，他的革新措施带来了一派崭新的气象。史载，当时秦境安定清平，家给人足，百姓歌唱道："长安大街杨槐葱茏；下驰华车，上栖鸾凤；英才云集，诲我百姓。"

王猛兵不血刃占洛阳，统兵六万灭前燕，立下赫赫战功。

369年，桓温北伐前燕，连败燕军。燕主慕容暐自觉难以抵挡晋军，派人出使前秦，以割让虎牢以西之地为条件，请求援兵。苻坚召群臣商议，众人都认为，以前桓温伐秦，燕坐视不救，如今秦也不必出兵救燕。只有王猛暗中建议苻坚，桓温若伐燕成功，必将对秦不利，不如先与燕合兵击退桓温，然后乘燕之弊而灭之。苻坚接受王猛的建议，派兵援燕。桓温在秦燕联军的压力下被迫撤兵。

燕王慕容暐后悔割地赂秦换取援兵。苻坚闻知大怒，任命王猛为主帅，建威将军梁成、洛州刺史邓羌为副帅，率步骑兵三万人伐燕。令前燕降将慕容垂之子慕容令为参军，以做向导。王猛一向认为慕容垂是前秦的心腹之患，必欲除之。他将军务布置完毕后，特意去见慕容垂。慕容垂设宴为他饯行，王猛遂以"请老友赐我一物，让我睹物思人"为由，从慕容垂处骗得一把金刀，然后告辞。

王猛出兵函谷，370年正月兵至洛阳城下。他认为城内守军兵少势弱，外援遥远，对秦大军围攻必然畏惧。为不战而屈人之兵，王猛致书城中守将慕容筑："我围城部队威武雄壮，无坚不摧，无险不克，军威声势，将军可在城上亲眼目睹。如此虎贲之师，岂是将军麾下三百疲惫之卒所能抵挡?"慕容筑见信惊恐，举城投降，王猛兵不血刃，一信破敌城，顺利进占洛阳，燕王慕容暐得知秦军攻洛阳，即命大将慕容臧率军十万前往援救。王猛派邓羌、梁成率精锐万人，迎头痛击，大破慕容臧于荥阳，臧退守河北。

攻占洛阳后，王猛把原来慕容垂手下的一个亲信找来，要他拿着慕容垂赠送的佩刀去见慕容令，传达慕容垂的密言："我们父子降秦，只为保家全身，可王猛对我恨之入骨，挑拨陷害，日甚一日。你我恐有性命之忧，我听说前燕王已开始醒悟，主上（慕容暐）与太后互相埋怨，后悔不该逼我父子逃亡。所以我决定重返故国，你要尽快离开。"慕容令不知是计，带着旧部骑兵侍卫借口到洛阳郊外打猎，向燕国逃去。王猛得到消息，立即把这件事报告给苻坚。出乎王猛意料的是苻坚并未因此处死慕容垂，这就为日后前秦的分裂埋下了祸根。

这年四月，王猛为统帅，率杨安等十位大将二次攻燕，苻坚亲至灞上为他饯行：“我把灭燕的重任委托给你，你可统领六万精兵从壶关上党出潞川进攻，这是一条捷径，可达到迅雷不及掩耳的功效。我将亲率大军为你断后。”王猛辞谢说：“荡平残胡，如风扫叶，不劳陛下亲受风尘之苦，只请敕命有关部门，给燕国被俘君臣预先造好住房就行了。”

七月，王猛兵至壶关，派杨安北攻晋阳，八月，王猛攻克壶关，擒燕南安王慕容越。所过郡县，皆望风而降，燕国上下震惊。杨安攻晋阳，因城中兵多粮足，至九月未能攻下。王猛遂亲自前往协助杨安攻城。九月十日，王猛使秦兵挖掘地道，派猛将张蚝率壮士数百人由地道入城，劈开城门。秦军涌入城中，擒东海王慕容庄。这时前燕太傅慕容评率三十万大军进至潞川，欲以潞川阻挡秦军。十月初十，王猛进逼潞川。慕容评见王猛孤军深入，欲以持久战抵御秦军。为争取速战速决，王猛采取了奇兵突袭敌后，配合正面猛攻的战略。他派将军郭庆率骑兵乘夜绕行至燕军背后，一举烧毁敌人辎重。燕都邺城都可看到熊熊火光。燕主慕容暐急忙派人斥责慕容评，并催促他向秦军出击，慕容评只得出战。

决战那天傍晚，大将徐成侦察敌营归来误期，王猛要以军法从事。邓羌替徐成求情，未被允许，邓羌便回营整队要攻打王猛。王猛出人意料地“枉法”赦免了徐成，并赞扬邓羌说：“将军对同郡部将尚且如此仗义，何况对国家呢?”开战前，王猛令邓羌冲闯敌人密集处，邓羌又讨价还价说：“如果答应升迁我为司隶校尉，那么您就放心吧!”王猛感到为难，邓羌便跑回营帐蒙头大睡。王猛驰马径入邓营，答应了条件。邓羌乐得折身跳起，捧起酒坛子大喝一顿，然后跃马横枪，与猛将徐成、张蚝等直扑敌阵，往来冲杀，如入无人之境。战到中午，燕军大败，损失五万余人。王猛指挥部队乘胜追击，又歼灭敌军十万余人，慕容评单人匹马逃回邺城。

秦军长驱而东包围了邺城。王猛向苻坚报捷并请示下一步的行动。苻坚的命令很快传来：休养将士，待他亲临，再部署攻城。十一月，李威受命辅佐太子苻宏留居长安，处理军国政务；苻融镇守洛阳；苻坚亲统十万精锐，急如星火，七天之内赶到安阳。王猛思忖再三，轻车简从来到安阳迎接苻坚。苻坚见到王猛十分高兴，装着生气地责备王猛说：“昔日，周亚夫屯兵细柳营，不亲自迎接汉文帝，传为佳话；而今两军对垒，战事未息，你却抛开部队跑到我这里来，这是为什么?”王猛叩首道：“周亚夫不惜用拒绝见皇上的手段，为自己赢得名将的声誉，这种做法，我不敢赞成。现在，微臣在陛下的领导下攻击敌寇，敌人已如锅中之鱼，瓮中之鳖，用不着担心他会跑掉了，微臣所担心的是监国的年龄太小，陛下远离首都，万一发生变故，怕是后悔也来不及啊。在灞上辞别陛下时，微臣曾讲过这个意见，陛下也曾表示同意，陛下也许忘记了。”苻坚微笑道：“难得爱卿一片忠心，为国家社稷考虑得这样周全。太子虽幼，但有李威辅佐，爱卿可无忧也。朕将亲率大军，生擒贼首，与爱卿共享胜利喜悦，岂不快哉！”

第二天，王猛陪苻坚到达邺城前线，当众把兵权交给苻坚，不久，前秦军攻克邺城，俘获燕主慕容暐及燕军统帅慕容评，前燕灭亡。

王猛临终告诫：晋不可伐，内患必须铲除。但苻坚一意孤行，终至亡国殒身。

前秦建元八年，王猛入朝任丞相、都督中外诸军事，与苻坚举兵灭仇池，迫降前凉王张天锡，陕西鲜卑乞伏部、甘青之间的吐谷浑等也都臣服于秦。建元九年，秦定巴蜀及其以南地区。苻坚把各族的上层人士迁往都城及关中，史称“四夷宾服，凑集关中，四方种人，皆奇貌异色”。许多人被委以要职，鲜卑、羌、羯的权贵们更是“执权履职，势倾劳旧，贵盛莫二”。王猛对此忧心忡忡，前后进言十五次，劝苻坚杀掉鲜卑贵族，但苻坚充耳不闻。

建元十年六月，由于王猛日夜为前秦的军国大事操劳，积劳成疾，一病不起。苻坚见王猛病重，十分难过，亲自为他到京城的南北郊、宗庙等地祈祷，他还把侍臣们分遣到黄河、华岳等处为王猛祷告。王猛的病情稍稍好转，苻坚就为他大赦天下。王猛激动地上疏说：

想不到陛下因贱臣微命而亏损天地之德，自开天辟地以来绝无此事，这真使臣既感激又不安！臣听说报答恩德最好的办法是尽言直谏，请让我谨以垂危之命，敬献遗诫。陛下威烈震慑八方荒远之地，声望德化光照六合之内；九州百郡，十居其七；平燕定蜀，如拾草芥。然而善作者未必善成，善始者未必善终。所以古来明君圣王深知创业守成之不易，无不战战兢兢，如临深渊。恳请陛下以他们为榜样，则天下幸甚！

七月，王猛病危，临终时告诫苻坚："晋不可伐，鲜卑、西羌降服贵族必须铲除。"王猛去世后，苻坚三次临棺祭奠恸哭，并对太子苻宏说："老天是不想让我统一天下啊！怎么这么快就夺去了我的王景略呢?"苻坚按照汉朝安葬大将军霍光那样的最高规格，隆重地安葬了王猛。并追谥王猛为武侯。秦国上下，哭声震野，三日不绝。

春华未必秋实，王猛苦心经营的前秦未能传之久远，怀有统一全国雄心的苻坚并没有领悟王猛这位政治军事家遗嘱的深刻寓意。建元十九年，他不顾群臣的普遍反对，悍然调集九十余万大军进攻东晋，结果在淝水之战中一败涂地。而王猛叮嘱再三要苻坚除掉的鲜卑、羌族上层阴谋分子，如慕容垂、姚苌之流，乘机举兵造反，割据自立。建元二十一年，苻坚被姚苌所杀。又过了九年，王猛用心血铸就的前秦也灰飞烟灭了。

4. 房玄龄：唐太宗的两只手

唐太宗李世民君临天下二十三年，共擢用宰相二十八位，屡屡被司马光称赞的房玄龄、杜如晦，即是这二十八位宰相的杰出代表，史有"房谋杜断"的美誉，意为房玄龄善于运筹，杜如晦长于判断，这对好搭档可以说是李世民的左右手。而房玄龄在李世民为君的二十三年中竟有十八年为相，而且中间未曾中断，这在有唐一代是独一无二的，就连深受玄宗宠幸的李林甫也只做到第十七个年头，而且他的人品、政绩根本不能与房玄龄同日而语。

良好的家庭教育，使房玄龄对政治有敏锐的洞察力。隋末大乱，他弃暗投明，不远千里投奔到李世民麾下。

房玄龄，生于北周武帝建德八年（579 年），卒于唐太宗贞观二十二年（648 年），原名乔，齐州临淄（今山东淄博东）人。其曾祖房翼，历任后魏镇远将军，宋安郡守，袭壮武伯。祖父房熊，字子威，北齐时曾做过州主簿。房玄龄的父亲房彦谦，聪明好学，通涉五经，曾在隋朝做过隰县令，当地人民号为“慈父”。不过，他闻名于乡里，不是因为他的官职和政绩，而是他的学问、人品。他是当时山东（崤山以东）的著名学者，以自己的人品博得了许多著名人物的敬仰。像当时擅名一时的雅澹之士王邵、李纲、柳彧等等。他和隋代文学的著名代表人物薛道衡关系十分密切，两人经常有书信来往，共同探讨文学等领域的问题。每当经过房彦谦处，薛道衡都要在他那儿停留数十日，最后总是依依不舍，挥泪而别。面对北方长期动乱，君主走马灯似地换姓，房彦谦十分厌倦，决定辞官，隐居乡里，埋头于学问。尽管这样，他并不是闭口不谈国事。相反，经常在家中议论朝政得失，充分显示了他清醒的政治头脑和敏锐的判断力。

在他父亲的悉心教导下，房玄龄自小就十分聪明好学，博闻强记，广泛涉猎各种书籍。特别是对经史类更有兴趣，而且能写诗作文，草书隶书学得也相当好，是一位小有名气的多才多艺的人物。

也许是家庭长期熏陶的结果，小小的房玄龄对当时的局势有着十分清醒的判断和独特的看法，这一点和他的父亲房彦谦十分相似。隋炀帝大业年间，房氏父子一起来到京师长安。此时的隋朝尚处于上升时期，表面上歌舞升平，到处呈现出一种太平无事的安宁景象，一般的人都认为隋朝国运长久，而小小的房玄龄却看出了统治阶级致命的弱点和国家由此而即将覆灭的凶兆。一天，他避开左右的人，偷偷对父亲讲：“隋朝的皇帝本来就没有功德，只不过是欺骗天下百姓而已。他们不为后代做长远打算，混淆了嫡长与庶子的身份，兄弟之间（隋炀帝与其兄杨勇、其弟杨谅）为争夺皇位互相仇视。而那些后妃们则互相攀比，竞相淫侈，这样下去很快就会矛盾百出，不足以保全家国。今天看起来海内清平，实际上国家灭亡指日可待。”房彦谦见稚气未脱的儿子有如此深刻的见解，大为吃惊，心中暗喜，并为之自豪。后来父亲患病卧床达一百多天，房玄龄始终尽心尽力地侍奉，端汤喂药，每天都和衣而卧，侍候病中的父亲。父亲逝世后，他伤心得接连五天粒米未沾。他对母亲也是恭谨有加，每当母亲生病时，他都垂泣迎接医生。后来继母不幸病死，他竟然伤心到不思饭食。由此可见房玄龄是一个谨守孝道、知书达理的人。

十八岁那年，本州荐举人才，房玄龄以其文才和品德授羽骑尉。隋朝当时主管人事的吏部侍郎高孝基对他赞口不绝，逢人便说：“我见过的人多了，可从未见过像他这样杰出的人，日后必成大器。只可惜，我怕是看不到他一冲云霄的那一天了。”并以此遗恨不已。

父亲逝世后，房玄龄守孝三年，后补隰城尉。此时的隋炀帝更是荒淫无度，劳民伤财，激起天下人的强烈不满。有志之士，摩拳擦掌，全国正酝酿着一场大规模的起义。

隋炀帝大业十三年（617 年），李渊在太原毅然起兵反隋。他的儿子李世民被派到渭北对付来自京师的隋军。李世民义旗入关，得到当地老百姓和下层官吏的热烈响应。长安附近的老百姓以及下层豪绅扶老携幼，纷纷投到李世民麾下效力，每天达千余人。李世民的部队迅速扩大，很快攻占了洛阳、云阳、武功一带，这一带距房玄龄任职的隰城有近千里之遥。房玄龄看到隋炀帝为政暴虐，天怒人怨，隋朝已是日暮途穷；而李世民率领的唐军所到之处，人们倾城而出，夹道欢迎。两相比较，房玄龄毅然抛却官职俸禄，脱离了隋王朝，拄着一根拐杖，不远千里，徒步追随李世民。经过一个多月的长途跋涉，终于来到渭北，“杖策谒于军门”。而此时，著名的文学家温彦博正在李世民军中，温彦博也是山东的著名文人，素闻房玄龄的盛名，遂竭力向李世民推荐，李世民一见如故，立刻予以重用，辟为渭北道行军记室参军，主管军事机要文书的起草和参谋工作。从此以后，房玄龄一直跟随在李世民左右，出谋划策，屡建奇功，辅佐李世民登上了皇位。

王道士告诉秦王李世民：“你不久将做太平天子，愿你多加保重。”从那时起，房玄龄萌发了辅佐李世民登基的愿望，终于策动了“玄武门之变”。

古人云：“女为悦己者容，士为知己者死。”自从炀帝大业十三年投到李世民帐下时起，李世民就视房玄龄为心腹参谋，而房玄龄也对这种知遇之恩投桃报李，因此尽心竭力，知无不言。房玄龄比一般的文臣武将更有政治眼光。每次打了胜仗后，众人就争先恐后地争抢敌人遗下的金银珠宝，只有房玄龄冷静地思考如何招揽人才，特别是敌军中的杰出人才。平时行军打仗，每到一地，他都特意和谋臣猛将结交，为李世民罗网了一大批文武人才。例如，太宗时期的另一良相杜如晦，就是房玄龄发现并竭力向李世民推荐的，后来成为股肱大臣。杜如晦，字克明，京兆杜陵人。其曾祖、祖父和父亲在北周、隋朝任职，隋吏部侍郎高孝基称他有应变之才，当为栋梁之用。看到隋朝将亡，他弃官归乡，隐居不仕。后来唐太宗攻城，引杜如晦为秦王府兵曹参军（训练士兵的军事参谋），不久就迁为陕州总管府长史。当时府中人才济济，被外调的人很多，太宗不是太在意。听说杜如晦也将被调走，房玄龄再也忍不住，对李世民说："府中被调走的人虽然很多，但大多不值得惋惜，而杜如晦英明识大体，有全局观念，考虑问题很周全，是一位辅佐君主的贤才。假若你仅仅满足于做一个地方霸主镇守一方的话，那么用不用无所谓。但你若想经营天下，则非此人相助不可！"李世民听后，大吃一惊，十分感激地对房玄龄说："要不是你提醒，我差点失去了这个优秀人才。"于是奏请留在自己身边。后来，在李世民征讨薛仁杲、刘武周、王世充、窦建德的战斗中，杜如晦运筹帷幄，为胜利立下了赫赫战功，而且在文书的处理上，他剖析如流，深为同僚所佩服，这充分证明了房玄龄知人善用的敏锐眼光。

隋炀帝大业十四年五月，李渊在长安代隋炀帝，是为唐高祖。李世民被封为秦王。房玄龄为秦王府记室，相当于秦王府的大总管，事无巨细，都要亲自过问，任务十分繁重。在秦王府十余年中，有很多军事文书和上奏给高祖李渊的表章，都是他在马背上完成的。尽管是急就之作，没有推敲修改，但文从字顺，辞采华美。他这种敏捷的才思和深邃的谋略很得唐高祖李渊的赏识，每当看到他上奏的表章，就感叹地对周围的侍臣说："此人深识机宜，足以担当大任。每次代我儿写奏书，总是很合我意。虽然他人在千里之外，可是看着他的奏书就像在和他当面交谈一样。"

唐王朝虽然宣告成立，可是各路豪杰包括农民起义军和隋朝旧部，依然在割据称雄，还有山东（崤山以东）世族，根本不把以军功起家的李氏父子放在眼里。因此李渊登基后，由他自己坐镇京师，任命他的几个儿子为行军元帅，四处征讨。高祖武德四年（621 年），在征讨王世充的过程中，李世民听说当地有一个名叫王远知的著名道士，他上知天文，下通地理，而且能预测未来。于是房玄龄陪同李世民乔装打扮微服私访。王道士见李世民面相不凡，便对他说："你不久将做太平天子，愿你多加保重。"说者无心，听者有意，从那时起，房玄龄便暗下决心，一定要辅佐这位胸有大志的皇子登上皇位。

但是这谈何容易！此时的唐王朝不仅面临外部的巨大的军事压力，而且几个皇子之间争权夺利的斗争也愈演愈烈。李世民的哥哥李建成身为长子，理所当然地被李渊立为皇太子。其弟李元吉（李渊四子）紧跟李建成，成为太子党中的骨干。而李世民虽为次子，但在讨伐薛仁杲、刘武周、王世充、窦建德等战役中立下了汗马功劳，为李渊登基和巩固皇位铺平了道路，因此李渊曾许诺："若事成得天下，都是你的功劳，应该立你为太子。"而太子李建成喜酒色，好游冶，齐王李元吉多过失，众大臣均寄希望于李世民，这引起了李建成的极大不安，于是与李元吉勾结，树立太子党。

李世民封为"天策上将"后，他的天策府享有不上报朝廷而自辟官吏的权力，这实际上为李世民招揽人才、培植自己的私人势力提供了一个很好的机会。"天策府"在房玄龄、杜如晦等人的苦心经营下，实际上成了一个小朝廷，至少在人才的储备上已经完全可以把握朝政，除了房、杜外，还有虞世南、褚亮、姚思廉、李玄道、蔡允恭、颜相时、苏勖、于志宁、苏世长、薛收、李守素、陆德明、孔颖达、盖文达、许敬宗、薛元敬，都是当时一流的饱学之士。秦王李世民给他们极高的礼遇，让阎立本给他们画像，褚亮题赞，号称"秦府十八学士"，在士人中影响极大，以入选此行列为极大荣誉，称为"登瀛州"。

李建成看到李世民因为功勋卓著而威望超过自己，心中隐隐不安，害怕有朝一日自己会失去太子地位，于是想给李世民一个警告。高祖武德九年（626 年）某天，李建成以兄长的身分邀请诸兄弟以及少数心腹大臣到府中饮酒。事后李世民感到胸口不适，继而腹中暴痛，大口吐血数升。李建成如此阴狠，引起天策府的极大恐慌，一时手足无措，李世民急忙召来房玄龄商议对策。

房玄龄分析这次中毒事件，认为李建成和李世民的矛盾已经激化，于是立刻找到李世民的妻兄长孙无忌商量，说："现在两人的嫌怨已经形成，危机如箭在弦，一触即发。现在天下百姓感到不安，而人怀异志，一旦变乱，则天下必定大乱，这不仅仅祸及天策府，而且将殃及社会和老百姓啊！我有一个计谋，不如先发制人，像周公除掉管、蔡那样，铲除李建成及其同党，这样才能外安社稷，内保唐室！"长孙无忌一听，正合心意，其实他从甥舅的角度考虑，早就想除掉李建成，立李世民为皇太子，只不过未敢向任何人透露罢了。

两人立刻去见李世民。李世民虽然征战沙场所向披靡，英勇果断，可是这次对手是自己的骨肉兄弟，因此有些茫然不知所措。房玄龄激励他说："国家内乱，古今没有什么区别。假若不是睿智清明之王，是不能安定社稷的。大王功勋盖世，已足以证明你的能力是胜任作为一国之君的，这也是众望所归的。"于是把自己密谋铲除太子党的计划告诉给李世民。但李世民仍迟疑不决，不忍心同胞兄弟骨肉相残。房玄龄看透了李世民的心思，进一步说："为国家前途考虑应该抛开小节，难道一定要等到国家沦亡，身名俱灭时再去后悔吗？"在房玄龄的一再鼓动下，李世民终于下定决心除掉李建成，并把这个重任委托给房玄龄。于是房玄龄和长孙无忌积极筹划，并召集杜如晦、高士廉以及尉迟敬德等人参与这件事，形成了秦王府策动玄武门之变的核心。

以太子李建成为首的东宫知道了房玄龄在秦王府的活动后，对他特别忌恨和害怕，于是李建成上奏唐高祖李渊，说房玄龄、杜如晦等暗中捣鬼，挑拨离间，破坏他们兄弟之间的关系。唐高祖偏听谗言，下令把房玄龄和杜如晦驱逐出秦王府。但玄武门之变在房、杜的暗中安排下，依然在有条不紊地进行着。

而太子李建成那边也在紧锣密鼓地活动，准备一举消灭李世民。李元吉不停地在李渊面前诬告李世民，请求杀掉他，而且想方设法用重金收买秦王府大将尉迟敬德。而秦王府中的李靖、李世勣均持中立态度，只有长孙无忌、侯君集坚决站在李世民这一边。房玄龄通过人传来口信，一再催促李世民动手："事情已经十分紧迫，为了大唐江山和黎民百姓，应下定决心大义灭亲，否则就会轮到自己被杀！"于是李世民让长孙无忌协助房玄龄、杜如晦化装成道士，秘密潜回秦王府，共同指挥政变。

武德九年（626年）六月四日，李世民借口李建成以及李元吉淫乱后宫，发动了历史上著名的"玄武门之变"。在这次武装政变中，李世民、尉迟敬德射杀了李建成和李元吉，一举铲除了太子党。不久，唐高祖李渊在李世民的胁迫下自动退位，李世民登基，改元贞观，是为唐太宗。

出任宰相，知人善任；监修史书，成绩斐然。房玄龄因功绩卓著而列凌烟阁功臣之首。

贞观元年（627 年），太宗召集大臣，论功行赏，认为房玄龄、杜如晦、长孙无忌、尉迟敬德和侯君集在玄武门之变中起到了关键作用，功劳最大。不过，太宗又怕自己量定封赏不能完全恰当，遂让大臣发表自己的意见。果然，太宗的叔父淮安王李神通对房玄龄所受封赏不满："当初陛下起兵之时，我第一个起兵相应。而房玄龄和杜如晦，只不过摇摇笔杆而已，竟然评功第一，在我等之上，我不服。"唐太宗反驳说："当初人人都有起兵反隋之心，叔父您虽然率兵支援我，可是您未曾亲自冲锋陷阵。窦建德南侵，您全军陷没；刘黑闼反叛，您望风而逃。现在论功行赏，房玄龄等人有筹谋帷幄、安定社稷之大功，就像汉代的萧何一样，虽然没有征战疆场，但同样功居第一。"接着，太宗又比较委婉地批评了李神通："您于国是至亲，不能因为私情而滥与功赏啊！"开始的时候，将军丘师利等人都自矜其功，等见到李神通从唐太宗那儿碰了一个不软不硬的钉子后，才彻底服气，不敢再对房玄龄的功劳有什么异议。

贞观三年，唐太宗拜房玄龄为太子少师，但他坚辞不受，后摄太子詹事，兼礼部尚书，太宗把教育太子的重担托付房玄龄，这是对他极大的信任和尊重。贞观四年，房玄龄代长孙无忌为尚书左仆射，行宰相之职，改封魏国公。此后的十八年内，连续任宰相，直到逝世，而且在他做宰相的同时，还监修国史。唐初的置官制度仍带有极其浓厚的门阀等级意识。唐太宗君临天下二十三年，共擢用二十八位宰相，其中关中籍的有：长孙无忌、杨师道等十位，他们全是西魏、北周、隋朝的勋贵名门望族之后，这些人都出自李唐王朝的发源地，自然深得太宗信任和倚重，所占比重最大。南朝名臣之后有：岑文本、刘洎、王珪、褚遂良、许敬宗、萧王禹、陈叔达，占四分之一。剩下的五分之一是山东人士。而山东望族一直是唐太宗所忌怕的一族，可是他还是十分信任房玄龄。比如让他监修国史，这不仅是他才学深厚所致，从中更可以看出唐太宗对他的重视。因为这在当时是一份极高的荣誉，同时代的宰相薛元超就曾对人说："我虽位极人臣，一人之下，万人之上，可是我平生有三恨，一是未与王姓女通婚，二是不是由进士出身，三是未曾监修国史。"

房玄龄拜为宰相后，继续为太宗招揽人才。根据"量才授取"、"任人唯贤"、"务省官员"的原则，房玄龄对中央机构进行了大规模的调整和裁减，整个中央任职人员只有六百四十名，精干有序，工作效率大大提高。在考察人才上，他十分珍惜每一个人的长处，对别人并不求全责备，不以己之长要求别人，所以他能做到知人善用。李大亮，原是太子晋王李治的右卫率（负责太子宫的保卫工作），为人耿直，一次偶然的机会被房玄龄发现，认为他有汉朝忠臣王陵、周勃的气节，可以担当大任。于是唐太宗任命他为房玄龄的副手，供职相府。再如天策兵参军杜淹，最初被高祖李渊以离间诸皇子的罪名流放到巂州。后来，唐军攻克洛阳，杜淹仍久不得升调，就想投靠太子李建成。房玄龄知道杜淹这个人多计谋，一旦入太子府，将对李世民十分不利，于是与李世民商量，引为天策府谋士，后成为李世民二十八宰相之一。房玄龄的另一个老搭档杜如晦，长于判断，军国之事再多，他也能做到有条不紊，深为同僚所叹服，所以房玄龄和唐太宗对许多大事仔细谋划，然后交给杜如晦作出判断，君臣之间配合默契。史家称“房知杜能断大事，杜知房善建嘉谋”，彼此相辅相成。当然，房玄龄并不是无原则地滥选官员，像财政这种涉及国家命脉的部门，求人未得，他宁愿自己辛苦一些，亲自担任也不选用庸才。

贞观十一年，房玄龄与司空长孙无忌等十四人并代领刺史，以本官为宋州刺史，改封梁国公，房玄龄坚辞不受。贞观十三年，太宗拜其为太子少师，房玄龄频频上表，要求解除仆射之职。太宗下诏批评他说：“这样选贤任能，并不是凭私人关系。你忠肃恭懿，明允笃诚，辅佐东宫，成绩有目共睹，是众望所归的人选，希望你不要为了谦虚而忘了为国效劳的大体!”这样房玄龄才以本官就职。当时皇太子正准备行拜师礼，礼部礼仪官把一切程序都准备好了，可是房玄龄却偷偷地溜回家了。正因为房玄龄不居功自傲，因而深受太宗的信任，他们结成了儿女亲家，房玄龄的女儿为韩王妃，儿子房遗爱娶高阳公主为妻。高阳公主原为合浦公主，最受太宗宠爱，太宗常以殊礼善待房遗爱，房家一门俱为显贵。

贞观十六年，房玄龄与高士廉等同撰《文思博要》，成书后太宗大喜，赏赐甚多，进拜司空，后加太子太傅，仍然监修国史，总揽朝政。面对如此殊荣，房玄龄头脑并没有发热，上表力辞。太宗就派人对他说：“从前留侯让位，窦融辞功，害怕荣耀达到顶点，知进知退，前代人赞扬这种美德。你一心要学他们，也是一种好品德。然而国家长久任您为相，一旦辞职，我就像失去了两手一样。你若有精力，就请不要辞让。”房玄龄为了顾全大局，才没有辞去相位。

贞观十七年，唐太宗命阎立本将房玄龄、长孙无忌等二十四位开国元勋的肖像画在太极宫三清殿附近的凌烟阁上，以表彰他们的功勋，永为后世楷模。房玄龄像画在第一位，唐太宗亲自题辞赞曰："才兼藻翰，思人机神。当官励节，奉上忘身。"这一年，房玄龄撰《高祖实录》成书，再次受到太宗的重赏，赐帛一千五百段。同年，房玄龄继母病逝，太宗闻讯，特赐献陵附近下葬。献陵是高祖李渊的墓地，陪葬献陵是大臣及皇亲国戚极大的荣誉。

房玄龄不同意远征高丽，临终前仍口授表章劝阻。唐太宗看望病危的房玄龄，二人似乎不再是君臣关系，而是饱经沧桑、推心置腹的老友。

唐太宗晚年，亦有弊政。

弊政之一，便是好战不已，远征高丽。

贞观十六年，太宗开始东征高丽，把后方一切事务全交给房玄龄，令他留守后方，并亲自写诏书曰："公当萧何之任，朕无西顾之忧矣。"后勤工作，诸如士兵的补充、粮草战马的供给等都在房玄龄的调度下有条不紊地进行着。但房玄龄最担心的是这场需经过长途跋涉的战争是否能够取胜，因此他屡次上书，告诫太宗要谨慎小心，绝不能骄矜轻敌。事实证明房玄龄的担心是正确的。在多次战争中，唐军几乎没有占到任何便宜。贞观十九年的一次战役中，因为水土不服和天气等原因，光战马就死掉十之七八，连一直主张征战的唐太宗也后悔莫及。尽管房玄龄屡屡上表告诫唐太宗要小心谨慎，并有劝其放弃征讨高丽的意思，但唐太宗并不恼火，依然十分信任他。在他留守京师时，有一个男子上书说有重大变故，房玄龄问重大变故是什么，那人说将有人谋反，房玄龄问是谁，回答说："就是你。"房听后大惊，立刻派快马押解此人去追赶已经出征的太宗。因为唐太宗事先告诉过房玄龄，一切事均由他全权处理，不必禀告，所以听说京师留守有表送上，太宗大怒，令人持长刀站在自己身边，而后才召见那告密之人。太宗问将要谋反的是谁，那人洋洋得意地说是房玄龄，以为用这种办法定能离间他们二人关系，谁知太宗连问都不问，喝令立斩此人，并诏书责备房玄龄：以后凡有此类事，均可以自己处理！太宗不但没有因谗言猜忌房玄龄，反而进一步把生杀的大权交给他，这令房玄龄十分感动。

唐太宗为了维护唐王朝的统治，特别重视修史书，希望以史为鉴。他说："以史为镜，可以见兴替。"贞观三年别置史馆于禁中，特令房玄龄以宰相身份监修国史。贞观二十年，唐太宗命令房玄龄与中书侍郎褚遂良重修《晋书》。在此之前，《晋书》有二十三家之多，到唐代尚存十九家，但唐太宗认为这些《晋书》不能彰善贬恶，劝诫后世。房玄龄深知唐太宗对此书的重视，因此精心组织，特别在挑选编撰人员上，再次表现了他知人善任的良相之材。他选用参编此书的先后共有二十一人，如许敬宗、来济、李义府、薛元超、上官仪、杨仁卿、令狐德棻等等，他们都是唐初的饱学之士和著名文史学家。许敬宗幼善属文；来济和李义府俱以文翰见知，时称"来李"；褚遂良更是唐代著名的政治家和知名的书法家；其余的人均是兼通文史的学者名流。在房玄龄的领导下，《晋书》成为我国二十四正史中具有代表性的官修史书之一。

当然唐太宗的明智并不是永恒的，有时也会错怪房玄龄。贞观末，房玄龄因为一件很小的事被遣回家，褚遂良痛心疾首，急忙上书唐太宗，把房玄龄自举义而起，平寇乱、策划玄武门之变、辅佐他登上皇位以及贞观之始组建台阁的功劳一一讲来，把房玄龄比作晋代的名相王导。唐太宗经他这一提醒，恍然大悟，急忙下诏，想把他从家中召回，房玄龄却避居不出。但是，房玄龄并没有下定决心永远退出政坛，他知道太宗对他的信任，一定会再次征召的。毕竟君臣二人相处几十年，感情是十分深厚的。不久，唐太宗到芙蓉园赏花，这儿离房玄龄府上很近。房玄龄忙让儿子和仆人们打扫庭堂，大家都很奇怪，问他："为什么今天突然要打扫庭堂呢?"房玄龄胸有成竹，微笑着说："等会儿，皇上肯定会驾到。"果然，不一会儿，唐太宗就亲自来拜访房玄龄，态度诚恳地请他回朝复职。其实，唐太宗外出赏花是假，请房玄龄出山是真。君臣二人真是心有灵犀！

这次事件后，唐太宗对房玄龄不但不心生嫌怨，相反，还是一如既往地信任他。贞观二十一年，唐太宗来到翠微宫，准备授司农卿李纬为吏部尚书。他想询问一下左右的意见，可是此时房玄龄在京城留守。恰好有一臣下从京师来到翠微宫，太宗忙问："房玄龄闻说我要拜李纬为尚书，他有何意见?"臣下回答说："房玄龄仅仅夸赞李纬的胡须很好，再也没说别的什么。”太宗知道这是房玄龄委婉地表示反对，便什么也没说，马上改授李纬为洛州刺史。

贞观二十二年，唐太宗幸临玉华宫。恰在这时，七十高龄的房玄龄旧病复发。唐太宗下诏，让房玄龄不必面示，只需在家中卧榻上办公即可。待病稍稍好一点，便命人用轿子抬着上朝入殿，一直到御座前才让他下来。看到他那憔悴苍老的病容，太宗禁不住泪流满面，房玄龄也呜咽不已。在满朝文武眼中，他们不再是威严的君王和唯唯喏喏的大臣，而是两位饱经沧桑、共同跋涉过许多人生苦难的老友！

为了治疗房玄龄的病，唐太宗派最好的太医住在房玄龄府上，并每天派人按御膳的标准供给他饮食。若是听到病势稍微好转，太宗总是禁不住喜形于色；而听到病势稍微加重，便又满脸愁容，担心不已。此时病危中的房玄龄心中依然牵挂着军国大事。他躺在病榻上，把诸子叫到床前说：“现在国家各项方针政策都很正确，唯有东征高丽是国家的灾祸。但主上坚持征战，听不进劝谏，大臣们也没有敢犯颜直谏的，我深受太宗的信任，若知而不言，则深负君望，恐怕死也不能瞑目啊！”于是口授表章劝阻。太宗见表，对房玄龄的儿媳高阳公主说：“房玄龄病到这种程度，依然为国家担忧，实在是难得啊！”

其实，房玄龄曾多次当面讽谏过唐太宗。贞观十七年，唐太宗曾经问群臣为什么自古以来草创之主到其子孙就多动乱呢？大臣们深知这是自古以来帝王家的通病，涉及到他们的短处，大家面面相觑，没有一个人发言。唯独房玄龄一个人站出来，侃侃而谈：“那是因幼主长在深宫，从小就过着锦衣玉食的生活，未识人情真伪和国家安危的缘故！”以此来警告唐太宗不要过分溺爱子孙，任其为所欲为。

后来，房玄龄的病情加剧，唐太宗命人在宫墙下凿开一个小门，以便随时派宦官问候。临终时，唐太宗亲自来到床前与之诀别，握着老臣的手，太宗悲不自胜，泪如雨下，左右大臣一个个掩面而泣。在房玄龄临终前，唐太宗亲授其子房遗爱为右卫中郎将，房遗则为中散大夫，使他亲眼看到后代子孙的显达，以安慰他那颗为国为君尽忠竭力的耿耿忠心。

不久，房玄龄逝世，享年七十一岁。唐太宗特废朝三日，册赠太尉、并州都督，谥曰文昭。赐绢布二千段，粟二千斛，陪葬昭陵。高宗即位，诏配享太宗神庙。

有唐一代，国祚二百八十六年，其中两个时期最令人称道，一是唐初的“贞观之治”，一是盛唐之“开元盛世”。从贞观四年开始，房玄龄就担任宰相，尽心竭力辅佐太宗，终十八年未曾间断，鞠躬尽瘁，死而后已，使唐初经济发展，社会安定，特别是君臣和睦给唐代建立良好的君臣关系树立了楷模。房玄龄获誉后世，号为贤相，当之无愧。

5. 姚崇：救时宰相

忆昔开元全盛日，
小邑犹藏万家室。
稻米流脂粟米白，
公私仓廪俱丰实。

这是唐代伟大诗人杜甫对唐玄宗开元年间（713～741年）社会繁荣富庶景象的形象描绘。杜诗被称为“诗史”，这个描绘并非是夸大之辞。李唐王朝经过李世民二十多年的苦心经营，历经高宗，特别是武则天的励精图治，为达到封建社会的巅峰奠定了坚实的基础。到了玄宗开元年间，唐代的社会、经济、文化、人口、思想、军事呈现出中国封建社会前所未有的繁荣，史称“开元盛世”。

“开元盛世”的出现固然与唐玄宗前期励精图治有直接关系，但关键还是他的知人善用，其中著名人物之一就是“首佐玄宗起中兴业”的姚崇。唐代的宰相，据《新唐书·宰相世系表》记载，共三百六十九人。其中，最令司马光推崇的贤相中就有姚崇：“唐世贤相，前称房（玄龄）、杜（如晦），后有姚（崇）、宋（璟），他人莫得比焉。”而宋璟又是在姚崇的推荐下入相的。

“男儿有泪不轻弹，只是未到伤心时”。武则天被迫退位，还政中宗，百官弹冠相庆，唯独姚崇呜咽流泪。

姚崇（650～721年），原名元崇，字元之。武后时期，因为突厥族一叛将比利元崇经常骚扰边境，武则天命令他称字而不称名。开元元年（713 年），因避年号讳，又改名崇。唐高宗永徽元年（650 年），姚崇出生于陕州硖石一个官僚家庭，其父曾做过嶲明都督。少年时期的姚崇并不喜欢读书，成人后才发愤攻读。高宗仪凤二年（677 年），已经二十七岁的姚崇应下笔成章制举，授濮州司仓参军，从此步入仕途。

武则天以周代唐后，为了巩固自己的统治地位，任用酷吏，实行恐怖统治，大肆杀戮李氏家族和一些大臣，弄得朝官人人自危，如履薄冰。晚年更是宠幸薛怀义、张易之、张昌宗等佞臣，朝政日乱。神龙元年（705 年）正月，宰相张柬之、桓彦范等朝官联络禁军大将李多祚，乘武则天患病之机，发动宫廷政变。李多祚指挥士兵以迅雷不及掩耳之势冲进内宫，杀掉了张氏兄弟，迫使武则天徙居上阳宫，还位于唐中宗。

这场血雨腥风的政变过后没几天，中宗便率领百官前往上阳宫向武则天问安，大家抑制不住心中的高兴，互相祝贺，弹冠相庆，唯独姚崇却呜咽流泪，唏嘘不已。张柬之和桓彦范等人见其当着中宗的面哭泣，很是吃惊，就警告他说："今天可不是哭的时候，应该高兴才对，你难道不怕招祸吗?"张柬之的宰相之职是姚崇向武则天推荐的，心中多少对姚崇有感激之情，所以他有些替姚崇担心。可是姚崇很坦然地回答："我侍奉则天皇帝很久了，现在突然离开她，心中的悲伤实在是控制不住啊!"其实姚崇也参与了这场政变，当时他正任灵武道大总管，恰好在政变的时候回到了洛阳，张柬之就把这场政变的计划告诉了他，而且姚崇还立了大功，被封为梁县侯。姚崇作为政变的参与者，应该高兴才对，反正武则天已经退出了政治舞台，作为一个政治家，似乎不应该这么感情用事。可是姚崇却说："我参与你们的行动诛杀奸臣，是尽臣子应尽之道；而今天与旧主告辞而悲泣，也是一个忠臣应有的节操，哪怕因此而获罪，也是心甘情愿的。"果然，当天姚崇就被调离朝廷，贬为亳州刺史。

有人认为姚崇此举只不过是瞒天过海，玩了一个脱身之计。此言差矣。事实上他不可能未卜先知，预见到张柬之等"五臣"日后的悲惨下场。试想他这种举动表现在中宗面前意味着什么呢？谁会拿生命同未来打赌呢？中宗没有杀他已是万幸了。其实，他真的是不忍心看到年迈的武则天被幽禁。为什么姚崇对武则天有如此深厚的感情呢？

古人云："士为知己者死。"姚崇的政治生命正是武则天给的。可以说没有武则天的知遇之恩，就没有政治家的姚崇。姚崇科举入仕，始任濮州司仓参军，由于他明于吏道，“奏决若流”，很受武则天赏识。则天登基后，姚崇被调入神都洛阳任司刑丞。他为人豪放，崇尚气节，秉公执法，不畏权贵，反对酷吏滥杀无辜，深受武后赏识，不久又升为夏官（兵部）郎中。万岁通天元年（696 年）十月，东北的契丹族挥师南下，大举进兵中原，攻陷冀州，威逼瀛州，告急文书如雪片般飞来，可是姚崇镇定自若，处理有方。尽管远离前线，他对战局却了如指掌，武后问起来，他“剖析若流，皆有条理”，武则天十分高兴，破格提拔他为夏官侍郎（兵部尚书副官）。这种知遇之恩，姚崇焉能不感激？于是就更加勤勉。

由于武后称帝遭到很多人的反对，为了维护自己的统治，她大兴告密之风，任用酷吏周兴、来俊臣、索元礼等大肆杀戮异己，弄得朝廷人人自危。慑于武则天和她亲近佞臣的淫威，朝臣都敢怒不敢言。武氏晚年，政权已相当稳固，便开始着手平反冤案。神功元年（697 年）九月，武则天问侍臣：“以前周兴、来俊臣主持刑狱时，动辄牵连到朝廷大臣，我也有些怀疑。自从周、来死后，再也没有朝臣涉及谋反了。以前被控谋反而被处死的人，是不是有冤案呢?”满朝文武面面相觑，没一个人敢发言。只有姚崇挺身而出：“自从垂拱（685～688 年）以来，被告身死家破的，都是酷刑逼迫的。那些诬告的人因此而立功受赏，天下都在罗织罪名，简直比东汉的党锢之祸还厉害!”姚崇还以自己的身家性命担保，说没人会谋反。武后虽闻此逆耳之言，却很佩服他的耿介正直，不仅没有发怒，反而赐白银千两。第二年，即圣历元年（698 年）十月，擢升姚崇为同凤阁鸾台平章事（相当于中书门下平章事，实即宰相）兼任兵部尚书，这是姚崇政治生涯的第一个高峰。

长安四年（704 年）九月，姚崇因拒绝武后的宠臣张易之的私人请托，遭到谗毁，改任司仆卿，充任灵武道大总管。尽管如此，武后还是十分信任他，让他推荐宰相人选。姚崇于是推荐了沉勇有谋、能断大事的张柬之。十月份，武后任命张柬之宰辅之职。而此前，另一位颇受武后信任的宰相狄仁杰已经推荐过张柬之两次，每次都是略有升迁，但始终未当上宰相。不过那时的姚崇没有想到就是他推荐的这个能断大事的张柬之，最终断送了武后的皇帝梦。

君主暗弱，贤臣也难有作为。睿宗朝，姚崇由堂堂宰相沦为李氏姑侄争斗的牺牲品。

也许是上阳宫的哭泣给中宗太深的印象，终中宗一朝，姚崇始终没有机会回朝，自贬亳州后，又于宣州、常州、越州、许州任上辗转飘零，如同一只折断了翅膀的雄鹰，只能望着蓝天叹息不已。

景云元年（710 年）六月，在李隆基帮助下刚刚即位的唐睿宗，由于深知姚崇的才能，立即将他从许州召回京城，任命为宰相兼兵命尚书。这是姚崇结束了五年多的贬窜生涯后第二次登上一人之下万人之上的高位。心怀凌云之志的姚崇好不容易从沉沦潦倒的低谷中走出来，自然想借此东风拼搏一番，以期在历史上留下浓墨重彩的一笔！

睿宗初期，姚崇和他的黄金搭档宋璟积极推进改革，决心革除中宗和韦后留下的弊政，诸如整顿吏治、精简行政人员、奏罢“斜封官”等。因为当时民间流传有“补阙连车载，拾遗平斗量”的歌谣，讽刺官僚机构臃肿，百官泛滥，铨官制度混乱。姚崇这些措施既节约了国库开支，又减轻了人民的负担。这年十一月，姚崇就任中书令。

可是事情并不是如此简单。在姚崇外任期间，朝中政局变幻无常。武周政权寿终正寝后，中宗李显复位，但是此时韦皇后和武则天的侄儿、司空武三思私通，专擅朝政。朝中要官宗楚客、宗晋卿、纪处讷、甘元柬、周利用、冉祖雍等都是武三思的党羽，韦后欲借武则天的余孽图谋东山再起，走武则天的老路。李显的儿子李重俊矫诏杀死武三思，但韦后却逼李显处死这次兵变的主谋、自己的儿子李重俊，使兵变的成果化为乌有。后来韦后和自己的女儿安乐公主合谋毒死了中宗。在这种情况下，睿宗的妹妹太平公主和儿子李隆基联合起来，发动御林军，杀死韦后和安乐公主，立李旦为帝，是为睿宗。

李隆基虽为太子，但太平公主在剿灭武韦集团中立了大功，而且又是睿宗的亲妹妹，所以经常干预朝政。她的禀性和她的母亲武则天差不多，野心很大，当朝宰相七人，五出其门。另外在铲平武韦集团时，李隆基的几个兄弟也功勋卓著，这些对李隆基皇太子的地位都是潜在的威胁。

为了巩固皇权，稳定大局，防患于未然，景云二年正月，姚崇和宋璟商量后，密奏睿宗，请求罢去岐王李范、薛王李业的左、右羽林军职务，改为太子左右侍奉，以剥夺他们执掌禁兵的大权；将皇长子宋王李成器，高宗的长孙豳王出为地方刺史；同时将太平公主和其夫武攸暨安置到东都洛阳，这样可以减少干预朝政，避免她们挑拨离间，弄得东宫很不安稳。谁知姚崇的密奏竟走漏了消息，太平公主知道后，怒斥太子李隆基。而此时李隆基羽翼尚未丰满，不足以与太平公主抗衡，为了摆脱困境，争取主动，只能丢车保帅，上奏姚、宋“离间姑侄、兄弟”，应加惩处。昏庸的睿宗竟然不解其中奥妙，这年二月，真的下诏贬姚崇为申州刺史，宋璟为楚州刺史，而外任诸王及东都安置太平公主的事却不了了之。其后两年的时间内，姚崇历任徐州、潞州刺史，扬州长史，淮南按察使，同州刺史等职。

聪明的李隆基自小最受武则天的喜爱，雄才大略的祖孙俩不约而同地看中姚崇，这决不是偶然的。

开元元年（713 年）七月，李隆基审时度势，在宰相张说等人的鼓动下，一举剪除了太平公主集团，消灭了自己最强有力的对手。十月，玄宗率领百官到新丰讲武（军事检阅）。看惯了宫柳红墙、朱门大户的百官们公务之余在玄宗的带领下来到野外，策马驰骋，弯弓射猎。玄宗一人立马高岗望着兴高采烈、尽情挥洒野性的王公大臣，脸上却没有一丝笑意，显得心事重重。按照惯例，方圆三百里之内的地方州郡长官都须到皇帝行营谒见、述职。此刻，玄宗正急切地期待着同州刺史姚崇的到来。

玄宗与姚崇相见的一刻极富戏剧性：没有宦官的带领，也不是在威严的朝堂上，而是在一群官僚围猎撒野的吆喝声中！谁也没有注意到马背上行色匆匆的姚崇。君臣相见，四目互对，彼此心照不宣。也许是对两年前自己为了丢车保帅而“出卖”姚崇一事感到内疚吧，玄宗特意让姚崇走在前面。可是姚崇没有遵命，只是依依跟在玄宗身侧后，君臣俩默默无声，信马由缰。此时的玄宗，虽然登基做了皇帝，但面临的形势依然严峻：几个手握兵权的兄弟还卧在他的睡榻旁边；北部边疆也处在突厥兵的威胁下。虽然有张说的得力相助，可他推行的那一套文儒之法却不能迅速改变严重的内忧外患的局面。终于，玄宗打破了沉默，表示希望姚崇出来担任宰相兼兵部尚书。面对这极高的礼遇，姚崇却没有马上下跪谢恩，他知道玄宗锐意进取，希望有所作为，所以想故意激他一下。果然，玄宗按捺不住，再三追问。姚崇见玄宗是真心实意地想起用自己，遂说道："我向皇上进言十事，如果您认为有一事不行，那么就请原谅，这个宰相我不能当。"玄宗没想到姚崇还未上任就提条件，但还是十分大度地说："你全都说出来让我听听，我将量力而行。"

于是姚崇侃侃而谈，向玄宗提出十条治国方略，归纳起来大致是：不贪边功；防止宦官和贵戚专权；精简政府机构和官吏；对大臣要以礼相待，允许他们直言进谏；除了田租赋税以外，废止一切苛捐杂税，减轻人民负担，同时防止地方官进贡求媚，防止腐败滋生；停造一切道观寺庙等等。这些改革措施，都是姚崇根据国家的现状有针对性地提出来的，也正是玄宗急于想解决的问题。君臣一问一答，情投意合，不知不觉，他们的坐骑已经远离那些喧闹的大臣们。君臣二人虽然没有射获一只猎物，可是他们的收获却大大超出了意料。似乎正拉着泱泱大唐这驾马车奔向明天的太阳！

开元初年，政坛混乱不堪。从武后末年以来，皇亲国戚多跻身要位，诸王又手握兵权，这让他们那颗窥权之心更加骚动不安，于是诸王与大臣交结，外戚与宦臣串通发动政变的事接连不断。从神龙元年（705 年）正月张柬之联络禁军诛杀张易之兄弟，迫使武后还政于李氏起，到开元元年七月，短短的八年时间内，就发生了五次流血政变。李隆基即位之初，这种隐患并没有消除。他的长兄宋王李成器为闲厩使（掌管皇帝的车马、仪仗）、左卫大将军，申王李成义为右卫大将军，其弟岐王李隆范掌管左御林军，薛王李隆业掌握右御林军，玄宗基本上处在他们的武力包围之中。姚崇所要做的第一件事，就是实施他早在睿宗朝时就提出的解除诸王兵权的方针，设法将他们外调出京城。开元二年六日，宋王出为岐州刺史，申王出为豳州刺史，岐王出为绛州刺史，薛王出为同州刺史，而且规定他们只做名义上的长官，生活上给予优厚的待遇，实际政务由各州长史、司马负责；除此之外，他们还不得擅自回京。这样就失去了同朝官勾结的条件，以此防止他们搞政变颠覆皇位。

鉴于两汉外戚吕禄、吕产、王莽、阎显、梁冀等外戚专擅朝政，搞垮了刘氏天下，更鉴于自中宗以来韦氏、太平公主作乱的事实，姚崇坚决反对戚属任台省要职。玄宗自己以身作则，自己的岳父王仁皎历仕将作大匠、太仆卿、开府仪同三司，但这都是为了他“厚自奉养，积子孙财货”，而不参予朝政。妻兄王守一，协助隆基平定太平公主立下了汗马功劳，也只是升为殿中少监。自己的手指烧红了就可以烫别人，从此玄宗就可以名正言顺地惩治其他不法皇亲国戚了。同样作为长辈，薛王的舅舅王仙童欺压百姓，强占民产，受到御史弹劾。薛王去求情，玄宗下令重新审理，姚崇和另一个宰相卢怀慎上奏：“王仙童的罪状已经很明白，御史所说没错，不可借重审之机放纵他！”玄宗听后很是惭愧，采纳了姚崇的意见，从此贵戚束手，再也不敢为所欲为了。

历朝历代，朝臣功高震主，威胁皇上地位是一个普遍存在的问题。唐太宗李世民知道自己的儿子李治（高宗）生性懦弱，而且又是在和平时代长大的，没有什么功勋。自己死后，恐怕难以驾驭朝政，于是在临终之前故意把德高望重、手握兵权的李勣贬官，然后密嘱李治登基后再将其提拔上来，目的是使李勣对高宗心存感激，再也不会因为功高而不把高宗放在眼里。可是睿宗并不睿智，他既没有这样的政治头脑，也没有这样的机会。于是，摆平这些官高势盛、桀骜不驯的功臣的重任，就落到了姚崇身上。

首先是第一功臣张说。他曾劝睿宗让太子（玄宗）监国，为玄宗夺取政权迈出了重要的一步，接着暗示玄宗抓住时机铲除太平公主，可以说没有他，玄宗绝对登不上皇位。可是他力图阻挠姚崇入相，为达此目的又与岐王串通，刚好犯了不得与诸王交结的大忌，姚崇就抓住这个机会，劝玄宗将他外放为相州刺史。而与张说同声相应的刘幽求被罢知政事，贬为陆州刺史；户部尚书王琚，时称内相，出为泽州刺史；太子詹事钟绍京，贬为果州刺史。而这些人都在平定太平公主中立下了汗马功劳。史家评论说，这些人都是雄迈之才，混乱之时可以济危纾难，但在和平时期是不能重用的。由此可见，姚崇的处理十分恰当。

姚崇以他早年锻炼出的干练吏才，快刀斩乱麻，干脆利落地解决了诸王、皇亲国戚和功臣的问题，如同釜底抽薪一样，彻底消除了中央动乱的隐患，也消除了玄宗的心病。从此，唐玄宗更加信任倚重姚崇了，每次有事都要征询一下他的意见。

整肃吏治，灭蝗抗灾，抑制佛教，姚崇“独当重任，明于吏

道”，获得了“救时宰相”的美名。

解决了压倒一切的政治稳定这个问题后，姚崇在玄宗的授意下，开始放手解决吏治问题。开元二年，申王李成义私自把本府中的录事阎楚珪破格提拔为府中参军。姚崇以此为突破口，上奏要大力整肃吏治，要做到任人唯贤，量材授职，严格铨选制度，罢免前朝的“斜封官”。玄宗遂下令禁止依靠权贵请托而任官的歪风。

这年五月，玄宗以“岁饥”为由，大量淘汰冗官，将中宗以来的“斜封官”全部裁减，既减少了中央府库的消耗，又减轻了人民的负担，“台寺之内，朱紫（三品以上官服的颜色）盈满”的不正常局面得以消除。姚崇还从理论上总结这些经验教训，作成《五诫》，即《冰壶》、《对镜》、《持衡》等，要求各级官吏要像冰壶那样洁白，镜子那样清明，秤那样公平。

开元三四年间，山东（崤山以东，大致包括今河南、河北、山东等地）连续发生了严重的蝗灾。在封建社会，落后和愚昧往往使人们在巨大的自然灾害面前束手无策，失去与灾害抗争的勇气和力量。加上当时佛教盛行，人们好生恶杀，认为蝗虫是神虫，不敢捕杀，只是在田头地边设祭坛，焚香膜拜，祈求上天显灵攘灾。眼睁睁地看着蝗虫吃光了一片又一片庄稼，满朝文武也只能长吁短叹，一筹莫展。

在严重的蝗灾面前，玄宗也不知所措，再次把目光投向了他信任的姚崇。姚崇立即上奏，坚决主张灭蝗：“河北、河南无多贮积，倘不收获，岂负流离，事系安危，不可胶柱。纵使除之不尽，犹胜养以成灾。”为了消除玄宗心中的疑虑，坚定灭蝗的决心，姚崇又奋不顾身地说：“若除不得，臣在身官爵，并请削除。”姚崇的一席话，打消了玄宗的疑虑，于是对那些反对灭蝗的人说：“吾与贤相讨论已定，扑蝗之事，敢议者死。”尽管灭蝗过程中，还断断续续地有人提出异议，包括宰相卢怀慎在内，但姚崇始终坚持不动摇，并总结地方灭蝗经验，迅速推广到各地，最终取得了胜利，在一定程度上减轻了灾区百姓的苦难，有利于社会的稳定。

和灭蝗这种讲究实际、反对迷信思想相一致的是，姚崇主张抑制佛教、道教的发展。在武则天时，他就因为在这个问题上和武后的宠臣张易之意见不合而从宰相任上贬到灵武道大总管的。到玄宗时，他依然不改灭佛之志。玄宗不愧是一代明君，从国家利益出发，听从了姚崇的建议。开元二年正月下令清查天下冒充和滥度的僧尼，一次就查出一万二千多人，勒令还俗，禁止滥建佛寺等等，抑制了武后、中宗时发展起来的寺院地主势力，增加了国家税收。

姚崇不仅以自己的耿耿忠心赢得了玄宗的信任，而且他的才干在开元初期几位宰相中也是最令玄宗欣赏的。

姚崇“独当重任，明于吏道，断割不滞”，因而玄宗就军国庶务多访于崇，同时宰相卢怀慎、源乾曜等，但唯诺而已。开元三年正月，姚崇因丧子而请假十天，卢怀慎一个人处理政务，可是能力有限，不能及时处理，积压甚多，他诚惶诚恐地向玄宗请罪。谁知玄宗早就料到，轻松地对卢怀慎说：“我把天下的事交给姚崇办，你只需坐着就行！”十天以后，姚崇料理完家事回到宰相府，看到那么多待处理的积压文件，迅速裁决，不一会儿就处置完毕，此时的姚崇已经是六十四岁的老人了。对自己的工作效率，姚崇十分得意，对中书舍人齐澣说：“我这个宰相，可比何人？能否比得上历史上的齐相管仲、晏婴？”齐擀犹豫了一会儿，说：“管、晏之法虽不能施于后代，但一生都一以贯之；而你的施政思想却随时更改，好像跟不上。”不过，齐澣又说：“公可谓救时之相。”姚崇十分得意，在齐澣面前的稿纸上写下：“救时宰相，亦不易矣！”从此，姚崇就获得了“救时宰相”的称号。而卢怀慎与之共事，自以为才不及姚崇，每常推让，时人讥之为“伴食宰相”，形同摆设。

还有一件事足以说明玄宗对姚崇的信任。开元四年十一月，宰相卢怀慎病逝，而姚崇也在家休养。玄宗索性让姚崇从家中搬到罔极寺居住，那儿离皇宫近些，以便随时垂询。另一位宰相源乾曜来往于罔极寺与禁宫之间，每次奏事，凡是合玄宗旨意的，玄宗就说：“这一定是姚崇的主意。”若不合意，就很不高兴地对源乾曜说：“你怎么不跟姚崇商量一下呢？”即使姚崇因事自求隐退以后，玄宗仍然很信任他，让他不必每日上朝，五天来一次就行；给予的待遇更加优厚，每当有重大政治事件，玄宗都要亲自到姚崇府上征询他的意见。

“死姚崇犹能算计活张说”。在明察秋毫的玄宗眼皮底下，贤而智的姚崇也耍些小伎俩，但他见好就收，使明君贤臣的好戏续上了一个圆满的尾声。

玄宗倚重的宰相当中，张说也是一位出类拔萃的人物。可是姚崇与他始终不协。临终，姚崇把自己的两个儿子叫到病榻前，不无担心地对他们说：“我死后，恐怕张说会诬陷我，也会连累你们。我走后，出于礼节，他会来吊唁。到时你们将我平生最珍贵的玉器等物摆出来，如果他看也不看，那你们就要做好大难临头的准备。如果他注意这些东西，或许你们还有救。务必迅速把这些东西送给他，并请他为我作碑文，作好后立刻请玄宗批准并刻写在石碑上。数日之后，张说必定会反悔追讨碑文，到时，你们拿出玄宗的朱批，他就没有办法了，你们才可能得以全身。”果不其然，姚崇死后，张说得到姚崇诸子的贿赂，受其所请写了姚崇的许多好话，十几天后，张说醒过神来，想追回，可是玄宗已批，并且已刻在石碑上，不可能再改了。张说想诬陷姚崇，可是又和自己对他的评价相矛盾，若出尔反尔，否定自己，必将招致天下人耻笑。张说心中恨恨不已，可又无可奈何，更无从加害姚崇的子孙了。

大臣魏知古的功劳可以与姚崇并列，但他是姚崇一手提拔起来的。看到他如此能干，姚崇心里有些妒嫉，于是想办法把他贬到东都做一个闲职。姚崇的两个儿子当时正在东都，知道魏知古是自己父亲一手提拔的，于是就走他的门路谋取私利。有人把这报告给了玄宗。有一天，玄宗与姚崇闲谈，假装十分关心的样子问起他的两个儿子的近况。看着玄宗那不动声色的样子，聪明的姚崇知道一定是那两个又贪鄙又不谨慎的儿子捅了漏子。于是他采取主动：“我那两个在东都的儿子又贪又傻，肯定在魏知古的纵容下干了非法的勾当。”玄宗原以为姚崇要庇护其子，听他这么一说，十分高兴，很赞赏他的无私。玄宗又问他怎么知道，姚崇正忌恨魏知古，便乘机对其进行构陷说：“我也不知道，只是估计罢了。因为魏知古以前地位、官阶都很低，但他才干很好，我就把他提拔起来，他一定以为我希图他的报答，就损害国家利益来满足我的两个儿子，纵容他们的谋私行为。但这是我教子无方，魏知古是可以谅解的。”玄宗闻此，认为姚崇胸怀坦荡，而魏知古假公济私。其实魏知古不但没有徇私枉法，反而痛斥了姚崇之子一顿。姚崇想出这一石双鸟的妙计，既中伤了魏知古，又救了自己的儿子，而且还显得自己大公无私。他假惺惺地说：“陛下赦免犬子，我已感万幸，若为此罢了魏知古的官，天下人一定以为陛下偏袒我，会坏了您的名声的。”姚崇越这样说，玄宗越觉得魏知古有负于姚崇，于是把魏知古贬为工部尚书。

但玄宗毕竟很聪明，姚崇的这种小手段不能常用。姚崇的一个亲信叫赵诲，身为中书省主书，竟接受胡人贿赂。事情败露后，玄宗亲自审问，判定当斩，可是姚崇竟设法营救。玄宗心中不满，但没有表现出来，当时京城赦免罪犯，玄宗特地点出赵诲，杖责一百，流放岭南，以此来试探姚崇的态度。聪明的姚崇知道玄宗特意点出赵诲的用意，有些忧惧，便以年老多病为由，提出辞相，并推荐广州都督宋璟代替自己。玄宗见姚崇不再坚持救赵诲，也就给他一个台阶下，明君贤臣之间总算是没有撕破脸皮。玄宗依然信任姚崇，立即召宋璟入朝做相。

荐宋璟以自代，可以说是姚崇最后的精彩一笔。宋璟继续贯彻他的治国方略。“（开元）六七年间，天下大理，河清海宴，物殷俗阜。左右藏库，财物山积，不可胜较。四方丰稔，百姓殷富。户计一千余万，米一斗三四文。丁壮之人，不识兵器。路不拾遗，行者不赍粮。”这正是杜甫所怀念不已的“开元全盛日”。三十年后，“安史之乱”爆发，玄宗被安禄山撵到成都，回忆起和姚崇在一起的那些时光，常常感叹不已：“若姚崇在，贼不足灭也。”

综观姚崇一生，历仕四朝，深受皇帝信任，三任宰辅，堪称贤相，是有唐一代杰出的政治家之一。

6. 刘秉忠：谋士和隐士的人生交响曲

山西云中的南堂寺，巍峨壮观，古色古香。

1240 年，当蒙古铁骑所向无敌、征服欧亚大陆的时候，南堂寺迎来了一位非同寻常的高僧。这位高僧是燕京大庆寿寺的海云禅师，虽然嘴边常挂着“四大皆空”，但眼睛却时刻盯住政治局势的变化，他与蒙古上层贵族交往颇深，尤其与成吉思汗的孙子，当今汗王窝阔台的侄子忽必烈亲王关系至密。

海云此番云游佛寺，是忽必烈交给的一项“政治任务”，要他发现人才，招揽谋士，带至漠北共图大业。

一个偶然的机会，使刘秉忠脱下僧衣，成为忽必烈的幕僚。

海云接见了南堂寺的僧人，发现大多平平庸庸，只有一位叫“子聪”的聪明精干，堪称人才。他单独约子聪长谈了几次，见他饱读诗书，天文、地理、佛经乃至奇门遁甲之术无所不通，尤其精通《易经》和宋人邵雍的《皇极经世书》。

海云如获至宝，当即邀子聪一同去谒见藩王忽必烈。

子聪当时在南堂寺职掌书记，日子过得还算可以。抛弃这份职业投奔蒙古藩王，能否得到重用？他俗姓刘，名侃，字仲晦，出生在河北邢州，父亲刘润在蒙古大将木华黎的辖区内当过小官。十七岁时，他入侍邢州节度使府中任小令史，当了个抄抄写写、收入微薄的小官吏。干了两年多，他不甘心久做这份职业，投笔叹道：“怎能当个刀笔小吏碌碌一生？大丈夫生不逢时，不为世人所识，不如出家隐居，等待时机再展宏图。”他跑到江苏天宁寺，剃度为僧，改名为子聪。随后又游历山西云中，留居南堂寺。

刘侃隐居佛寺，发愤苦读，博览群书，一直盼望得明主赏识，大显身手。听完海云禅师的介绍后，他预感到忽必烈是个可以信赖的藩王，决心出山一搏。

一个风吼沙鸣的日子，二十四岁的刘侃毅然跟着海云禅师奔赴漠北。

在漠北滦河上游开设幕府的忽必烈，急切地盼望着海云禅师的到来。当时，元太宗窝阔台定都和林，节制诸位藩王。但藩王拥兵自重，各据一方，为争权夺利而明争暗斗。忽必烈的哥哥蒙哥实力雄厚，志在继承汗位；忽必烈也素有大志，喜欢结识天下儒士和释道名流，招揽人才，以加强自己的实力。尤其在他受命经营漠南汉地之后，更注意搜罗汉族知识分子。

一个雄心勃勃的藩王和一个初出茅庐的隐士见面对话了！

二人彼此一见如故。忽必烈见刘侃谈吐不俗，才华横溢；刘侃见忽必烈胸襟开阔，虚怀若谷，有王者之气。

几番召见之后，忽必烈十分赏识刘侃。当海云禅师南归的时候，刘侃没有随行，而是留在了藩王府中。尽管没有任何官号，但能作为一个幕僚，也就心满意足了。为了表示对忽必烈的忠心，刘侃特地改名为秉忠。

从此，忽必烈身边多了一位叫刘秉忠的谋士。

他时常给忽必烈讲汉人的历史，特别好讲汉文帝、汉景帝、唐太宗等明君的业绩，鼓励忽必烈像这些中原帝王学习，成就文治武功的大业。当时蒙古人锋头正锐，迷信在马上打天下，但刘秉忠一再告诫忽必烈，“以马上取天下，不可以马上治”，要推行汉法，消除蒙古旧制度的弊端。除了当面陈述之外，他还正式上了一些长篇奏议，阐述儒家治国平天下之道。

忽必烈赞同刘秉忠的建议，但实行起来小心翼翼，因为政局扑朔迷离，不允许有唐突和闪失。

成吉思汗死后，四个儿子各有领地。三子窝阔台即汗位，1241 年病死，其妻乃马真皇后临朝称制，五年后奉皇子贵由即汗位。贵由在位只两年就病死了，皇后摄政，长期不立君主。在汗位悬而未决的形势下，忽必烈怎能贸然行动呢?

1251 年，忽必烈的兄长蒙哥召开忽里勒台（大聚会）会，夺得汗位。蒙哥为巩固地位，将关中封给忽必烈为领地，让他离开漠北，南下中原。

时机到了！忽必烈对刘秉忠说：南下中原，正好试行汉法。

刘秉忠的家乡邢州就在忽必烈的领地内。那里原有八个县，金朝时有居民八万余户，但到元太宗窝阔台时期，因战乱而减少到一万五千户。元太宗把这万余民户分赐给两个蒙古贵族，蒙古贵族以野蛮落后的方式统治那里，人民纷纷逃亡。结果，到忽必烈受封管辖这里时，百姓已锐减到六七百户。对此，刘秉忠上书说：“几年来徭役严重，加上军用调发，官吏巧取，人民无法承受重负，只好背井离乡，逃荒求生。如今这里已归王爷管辖，应采取休养生息的政策，减少一半赋役。”忽必烈批准了他的请求，他又建议：“人人都知邢州最为残破凋弊，王爷应知难而进，选派能人前往治理，限期扭转局面，以此作为四方效法的榜样，使天下都受到恩赐。”忽必烈问何人可当此任，他推荐说：“只要有像张耕、刘肃这样的良吏前去治理，就一定能治理好邢州。”

忽必烈采纳了这个建议，以邢州为推行汉法的试点，奏请朝廷批准，选派张耕、刘肃为安抚使前往邢州，不到一个月，民户就增加了十倍。

邢州治理成功后，忽必烈看到了推行汉法的巨大成效，更加信任刘秉忠，令他筹划重要政事。

刘秉忠也踌躇满志，渐次开始勾画以汉法治国的蓝图。

推行汉法，修筑开平城，刘秉忠助忽必烈建立了牢固的根据地。

按照刘秉忠的设想，开明的政治应该是修明法度，减轻刑罚，整饬赋税，招抚流民，奖励农桑，建立学校，保护儒士，广开言路。

忽必烈的“汉化”进程很快，他在河南唐、邓等州和陕西凤翔、京兆等地推行汉法，收效很大。汉族知识分子如杨惟中、姚枢、郝经等人，也纷纷加入忽必烈的幕府，人才济济。

1252 年，蒙哥命令忽必烈南下远征大理。大理国在云南地区，国主段兴智大权旁落，大臣高祥兄弟专权，内政腐败。忽必烈统军兵分三路，自领中路军经大雪山，过大渡河，抵金沙江畔。刘秉忠与姚枢等一班谋士随军出征，他们觉得这是一次好机会，借机进行“得道多助，失道寡助”的教育，改变蒙古军队嗜杀的野蛮习惯。

在漫漫南征的途中，只要有机会，刘秉忠就向忽必烈宣讲儒家爱民保民的思想。有时怕讲的多了引起忽必烈的厌烦，便改讲佛教的不杀生理论。因为蒙古人迷信宗教，建国初年既信道教，又信佛教。可蒙哥偏爱佛教，即汗位后判定佛教高于别的宗教，并将许多道观改为佛寺。忽必烈受此影响，也十分听信佛理。

忽必烈督军南下，听从刘秉忠的劝告，公开表示不妄杀无辜。1254 年，大军包围了大理城，忽必烈为避免血战，派使者去招降。大理军杀了使者，出城迎战，结果大败而归。忽必烈再次招降，段兴智等不降，与高祥兄弟率残部出逃。忽必烈进驻城里，发现了被杀的使者尸体，不禁大怒，按蒙古习惯下令要屠城。刘秉忠急忙劝道：

“王爷殿下，杀害使者的是高祥等人，并非城民之罪。姚枢先生给您讲过宋将曹彬征南唐的故事，您难道忘了吗？您不是已经答应不乱开杀戒了吗？”

宋将曹彬征南唐的事，发生在北宋开宝七年（974 年），宋太祖令大将曹彬率十万大军征伐南唐，临行前告诫诸将勿乱杀无辜，并授曹彬一佩剑，说："副将以下，不听命者斩之！"姚枢给忽必烈讲这段史实，自然别有深意。

忽必烈经刘秉忠提醒，才从盛怒中清醒过来，撤消了屠城的命令，只派兵追杀了高祥，俘获了段兴智，用比较开明的办法占领了大理。

推行汉法，重用汉儒，不乱杀无辜，使忽必烈在中原汉地赢得了人心，势力飞速增长。一些蒙古贵族和守旧势力对此颇为不满，他们散布流言蜚语，说忽必烈居心叵测，有独霸汉地、另立王国的野心。蒙哥听了，疑虑不安，担心忽必烈滋蔓难图，便派亲信大臣阿兰答儿为大钩考，在关中设立钩考局，借审查之名给忽必烈宗王府的许多官吏罗织罪名，严刑杀罚。为避免蒙哥的进一步误解，刘秉忠、姚枢劝说忽必烈放弃了漠南汉地的管理权，暂且返回和林居住，以此表示对蒙哥的忠心。

忽必烈返回和林后，刘秉忠一边示意他缓和与皇兄蒙哥的关系，一边在琢磨新的对策。当蒙哥解除了对忽必烈的戒意后，刘秉忠立即向忽必烈建议：在靠近中原的地方另建一陪都，迁王府于陪都。这样既表示无意占据中原，又可以摆脱和林势力的监控，为将来重新控制漠南汉地建立一个大本营。忽必烈在征得蒙哥允准后，授命刘秉忠负责选择地址、营建宫室。

刘秉忠自称通晓阴阳八卦和堪舆之学，善看风水。他在桓州东北、滦河北岸的龙冈选择了一块平地，营建宫室和房舍。城市布局采用中原传统样式，有宫城、皇城和外城三重。

这座城市建成后，定名为开平。忽必烈以此为根据地，设京兆宣抚司，集蓄力量。

1258 年，蒙哥可汗大举攻伐南宋，亲率主力进兵四川，命令忽必烈统领东路军，攻取湖北鄂州。

刘秉忠再一次随军南征，仍旧进言："王者之师，在德不在战，不可嗜杀。"忽必烈欣然答应："期望与卿等共守此言。"他命令将领不得妄杀百姓，不许烧杀掳掠。这一怀柔策略十分有效，忽必烈军一路顺利，很快就打到了长江边，准备渡江进围鄂州。

尽管进军顺利，刘秉忠还是提醒忽必烈说："古人领兵作战要及时赏赐，激励士气。现在我军野战行军多日，连战连捷，却没有得到奖赏犒劳。应当立即派一名近臣前往犒赏三军。"忽必烈当即采纳，派近臣忽鲁苏代表自己到前线犒赏军士。这一来，士气果然更加高涨，军队突破长江，攻陷瑞州，合围鄂州。

就在这时，传来了一个可怕的消息：蒙哥可汗病死在四川合州。蒙哥一死，窥视汗位的大有人在，忽必烈该何去何从？南宋丞相贾似道又派人来议和，愿意称臣纳币。

是立即撤军北返，还是攻下鄂州再作计议？忽必烈召集诸将和诸谋士商议决策。谋士郝经说："现在国遭大丧，神器无主，宗族诸王无不窥伺，倘或先发制人，抗阻大王，势必腹背受敌。不如与宋议和，即日北归，别遣一军迎先帝灵车，收取帝玺，召集诸王会丧，议定嗣位。那时大王应天顺人，自可坐登皇位。"

刘秉忠坚决支持郝经的建议，劝忽必烈火速班师，亟定大计。忽必烈依计而行，与南宋密约议和，迅速退兵北返，进驻开平。

在开平，刘秉忠献计：事不宜迟，立即约见末哥、哈丹、塔齐尔等诸王，不必举办忽里勒台大会，径可登基即位。

建元纪岁，定国号为"大元"，创制一代成宪。

1260 年三月，忽必烈在开平颁告天下，宣布即大汗之位。

他的弟弟阿里不哥对这种不符合祖制的做法很不服气，四月，在和林宣布自己为大汗。

蒙古帝国不可能存在两个大汗，一场兄弟之战势所难免。

好在忽必烈早有准备，迅速发兵征讨和林，轻松击败了阿里不哥，把他赶到了遥远的叶尼塞河上游，解除了威胁。

坐稳了汗位，接下来就该考虑确立国体和政体了。十几年的经营经历，使忽必烈切身感觉到中原地区经济文化发展水平远远高于蒙古，汉人的智慧是治国平天下之宝；但他毕竟是蒙古人，建立的是蒙古王国，所以自然要保持蒙古的成法。

蒙古制度为体，中原制度为用，这是需要好好协调的一个问题。

忽必烈认为刘秉忠是解决这个问题的最佳人选，下诏给刘秉忠："凡治天下之大经，养民之良法，卿其议拟以奏。"

刘秉忠担当大任，广采博取，结合现实需要，逐步建立健全了"一代成宪”。

中原汉族帝王，从汉武帝开始就有了建立年号的体制。可是蒙古自成吉思汗建国后，历经窝阔台、贵由、蒙哥几位大汗，一直没有采用过年号。

刘秉忠认为应立即弥补这一缺陷，称帝建年号。1260 年 5 月，忽必烈正式下《中统建元诏》：“建元表岁，示人君万世之传；纪时书王，见天下一家之义。法《春秋》之正始，体《大易》之乾元，炳焕皇猷，权舆治道，可自庚申年五月十九日建元为中统元年。”

这一措施，表明忽必烈将按中原王朝的模式来建立自己的王朝，进而实现“天下一家”、统一中国的意愿。

年号只是个形式，官制却直接关系到王朝的运作方式。成吉思汗暴起于漠北，部落野居，官职的设置极为简单，最重要的叫做断事官，兼掌政刑；统兵官叫万户，别的没有什么称谓和职阶。后来模仿金朝的制度设置行省，立了元帅、宣抚等官，但仍很简陋，不适合急剧扩大的帝国的需要。刘秉忠征得忽必烈的同意，酌定了细密的内外官制：中书省掌管政务，枢密院指挥军队，御史台负责官吏的升降，其次寺、监、院、司、卫、府各有职能分工。外官有行省、行台、宣抚、廉访，地方政府有路有府、有州有县。官有常职，食有常禄，大致以蒙古人为正长官，汉人南人为副。蒙古人的官制，至此才比较完备起来。

为了加强对中原地区的控制，推进统一战争的进程，刘秉忠认为开平已不适合作为蒙古立国的都城，建议在燕京另立新都。1264 年，忽必烈下诏改元为“至元”，同时下诏改燕京为中都，升开平为上都，为建新都做了舆论准备。至元三年，忽必烈命令刘秉忠在燕京选择地形，营建宗庙皇宫。

一切制度的革新和建设，进展得十分顺利，忽必烈对刘秉忠基本上言听计从。这里面也有诀窍，刘秉忠的一些建言，并不全是采用堂堂正正的方式，有时是故意用术士的手段，获得忽必烈的信任。忽必烈迷信宗教，对阴阳占卜之术很感兴趣。刘秉忠便利用这一点，把事先考虑成熟的意见，以占卜算卦的形式表现出来，往往能使忽必烈更易于接受。实际上，刘秉忠在扮演着谋士和术士的双重角色，灵活运用正、奇两种方式，建言献计屡屡奏效。

至元八年（1271年），刘秉忠又提出一个更为重大的建议：废除“蒙古”国号，取《易经》的“乾元”之义，改国号为“元”。忽必烈欣然采纳，下诏道：

既成于大业，宜早定于鸿名。在古制以当然，于朕心乎何有！可建国号曰大元，盖取《易经》乾元之义，兹大冶流形于庶品，孰名资始之功。予一人底宁于万邦，尤切体仁之要，事从因革，道协天人。于戏！称义而名，固非为之溢美；孚休惟永，尚不负于投艰。嘉与敷天，共隆大号！

国号的更改，标志着忽必烈正式认可了汉文化。

刘秉忠趁热打铁，次年又建议迁都中都，改称大都，将国家的统治重心南移。

元朝迁都大都后，实现了文化选择和战略更改的历史性转变。

元朝从草创到定型，刘秉忠出谋划策，立功很大。但他从不居功自傲，因为他知道：自古以来皇帝对功臣都心存猜忌，更何况忽必烈毕意是蒙古人的皇帝，对汉人怎能真正放心呢！

斋居素食，恬淡自保，静悄悄地长眠于南屏山小屋。

刘秉忠虽是忽必烈的“第一智囊”，但长期以来，他的身份是很独特的：无官无爵，以宾友乃至门客的身份参预政治。

或许是早年吃斋念佛的缘故吧，刘秉忠在生活上也很俭朴，繁忙的政务之余，还不时温习昔日斋居素食的生活，身着僧衣，品尝休闲的乐趣。

作为没有官爵的权臣，反倒使刘秉忠在处理与忽必烈的关系上可进可退，较为超脱。

可是随着一批又一批的儒士都做了高官，一些大臣和忽必烈也觉得不能亏待刘秉忠。翰林学士王鄂即上书说：“刘秉忠久侍藩邸，已有多年，参帷幄之谋，定国家大计，忠贞勤勉，应予褒奖。现陛下已御极天下，万物维新，而功臣刘秉忠却一仍野服散居，臣深为不安。请授以显爵，借以勉励群臣。”

中书左丞姚枢，中书右丞廉希宪，翰林侍读学士郝经，国子祭酒许衡等汉族大臣，亦向忽必烈提出类似建议。忽必烈深以为是，下诏拜刘秉忠为光禄大夫，位太保，参预中书省事。又亲自做媒，把翰林侍读学士窦默的女儿嫁给刘秉忠为妻，将豪华的奉天坊赐给刘秉忠做私宅。

面对一连串的“好事”，刘秉忠推辞再三，但忽必烈坚执不许。强硬拒绝会伤了君臣和气，刘秉忠只好接受了封赏。

尽管有了显爵、豪宅和美妻，但刘秉忠戒慎戒惧，仍时常出居佛寺，过着粗茶淡饭的清贫生活。为了表明心意，他还自号为“藏春散人”，韬光养晦。

君臣相处久了，难免会有误会和猜疑。特别是卷入复杂的人事纠葛时，更会加重君主对臣下的怀疑。刘秉忠在忽必烈身边达三十年之久，遭到的最大怀疑，是因受了中书平章王文统的牵连。

王文统，字以道，山东益都人。金末元初，统治山东的是地方军阀李全、李璮父子，李全死后，李璮承袭父职，管辖山东地区。为了发展个人势力和实现长期占据山东的目的，李璮一面在山东招揽人才，积聚力量，一面在蒙古王朝中积极活动，索要钱粮和兵权。王文统是益都的名士，李璮娶了他的女儿，并努力为他在忽必烈身边谋职。刘秉忠一向爱才，喜欢推荐人才，见王文统博学多识，尤善于理财，便向忽必烈荐举，让王文统当了平章政事，进入了蒙古的中枢机构。当时，廉希宪、张易、高挺、赵良弼等人也都荐举了王文统。

李璮的兵权不断扩大，野心也就随着膨胀。有了岳丈王文统在朝中任职，获取中央情报，李璮更加快寻找机会，谋求割据自立。中统二年（1261 年），李璮擅自发兵修筑益都城堑，谎报宋人来攻，请求节制诸道兵马，补充兵器。忽必烈不知实情，下诏拨给十万只箭。次年二月，李璮认为发动叛乱的时机已经成熟，便派人向南宋表示归顺，同时在海州发动兵变，尽杀蒙古戍兵，率五万余人自海上北归登岸，占领益都，分兵四出，攻占蒲台、淄川等地。

忽必烈闻听事变，立即将王文统逮捕处死，下诏讨伐李璮。元军南下，将李璮包围在济南府。为迅速平叛，忽必烈又派右丞相史天泽至济南督战。七月，元军攻破济南，斩杀李璮，平息了叛乱。

叛乱虽平，但对忽必烈震动很大。他看到支持李璮的既有近在身边的王文统等执政大臣，又有地方汉族武装如戴曲薛、张邦直等人，从此加重了对汉人的疑忌心理。他开始采取措施，防范汉人权力过大。

首先是清查王文统的关系网。经查，王文统是由高挺、赵良弼、刘秉忠等人推荐的，这些人自然都受到怀疑审查。忽必烈不忍处罚刘秉忠，但对高挺、赵良弼等人就不客气了。赵良弼被“械系于狱”，差点给割去舌头；高挺被赶出中枢机构，先是调任四川，后又遭诬告，被囚禁于上都。这种“杀鸡给猴看”的做法，刘秉忠怎能不心知肚明呢？

其次是解除汉人的军政大权。史天泽虽然攻灭李璮有功，但由于他是汉人，所以忽必烈对他很不放心，暗示他交出军权。史天泽只好上书，说“兵民之权，不可并于一门。行之，请自臣家始。”于是，史氏子弟十七人同时解除了兵权。史天泽这么一带头，别的汉族武装，如武卫亲军指挥使李佰祐，东平万户严氏，济南万户张氏等，也都纷纷交出了兵权。忽必烈又罢除了诸侯世袭制度，取消了汉族官员的封地，实行迁转法，官员流动升转，将官随时调遣，使兵将分离。

忽必烈的这些措施，表明汉人的地位日益下降。有降必有升，色目人趁机大举攫取权势。像色目人阿合马，就乘势而起，成为忽必烈的宠臣，自中统三年以后，连年加官晋爵，擅权日甚。后来，忽必烈干脆颁旨正式规定：“以蒙古人充各路达鲁花赤，汉人充总管，回国人充同知，永为定制。”达鲁花赤是驻各地的最高长官，由蒙古人垄断；色目人的政治地位逐渐提高，中央实权逐步落入阿合马等人手中，汉人谋士的地位在下降。

既然不需要再做谋士，那就再回到从前，当一个隐士吧！刘秉忠看到忽必烈用人态度的变化，心中萌生了退意。

他知道：民族利益是无法分享的，蒙古人和汉人之间有着不可逾越的界限。元朝是蒙古人建立的帝国，不管如何汉化，在实质上是维护蒙古人自身的利益的。他们要笼络汉人，利用汉人，但不可能真正信任汉人。

他知道：元朝的统治已基本上稳定，忽必烈对汉儒的需求，已经不再像从前那样迫切了。“送君千里，终须一别”，自己已为忽必烈出谋划策三十多年了，该知足了，该止步了！

他兼通儒、释、道，儒家说“富贵于我如浮云”，释家说“苦海无边，回头是岸”，道家说“圣人之道，为而不争”。归去来兮，择机急流勇退吧！

至元十一年（1274 年）元旦，忽必烈在大都接受文武百官的朝贺，正式把都城从和林迁到了大都。

朝贺仪式结束之后，忽必烈去昔日的发祥地上都作短暂巡察，刘秉忠要求随行。

到达上都后，刘秉忠陪忽必烈游览了南屏山，说这里风光宜人，自己愿意在山里盖一间小屋，静心修行；只要皇上不召见，他就不再返大都了。

话说得很委婉，眼光流露出的是真诚。忽必烈沉默了一会儿，批准了刘秉忠的请求。君臣二人对视了一眼，微微一笑，彼此都明白了对方的心意。

这是他们最后一次谈话。此后，忽必烈离开上都，返回大都，继续策划攻灭南宋、统一中国的大业；而刘秉忠留在了上都南屏山的一所小屋，深居简出。赫赫有名的谋士又过起了隐士的生活。

这年秋天八月，南屏山绚丽的红叶也没能挽留住刘秉忠的生命，刘秉忠静悄悄地长眠不醒了，享年五十九岁。

丧讯传到大都宫中，忽必烈十分悲哀，对群臣说："秉忠事朕三十余年，小心慎密，不避艰险，言无隐情。"下诏将刘秉忠安葬于大都，赠官太傅，封赵国公，谥号"文贞"。

7. 姚广孝：披着袈裟的权臣

在北京房山县豆各村的北边，有一座明代的墓塔。

墓塔呈八角九级密檐式，造型秀丽，挺拔高耸。塔前树立着一块御制碑，螭首龟趺，首题"明成祖御制姚少师神道碑"十一个大字。

姚少师即姚广孝，是明成祖朱棣的心腹谋士，一个披着袈裟操纵军政的权臣。

墓塔下的他，当年曾密计迭出，呼风唤雨，掀起了一次又一次的波澜。

相面先生说姚广孝三角眼，形如病虎，带着杀气，是一个刘秉忠式的奇才怪僧。

姚广孝早年的生平事迹极为简略，连他最初的名字都不清楚，“广孝”是明成祖称帝后赐给他的名。史籍只载他是江苏长洲人，祖上世代为医，但他对行医不感兴趣，而热衷于诵经参禅的僧侣生活，十四岁时出家为僧，取法名为“道衍”。

这位小和尚聪明好学，经常向一些高僧名士求教，不但念熟了佛经，还学到了许多阴阳术数之学。随着年龄的增长，他的求知欲也越来越强烈，不满足于在一个僻地野寺为僧，开始云游名山大寺，结识了许多高僧，有了更远大的抱负。

在云游中，他逐渐认识到，出家为僧只不过是一种手段，而不是终极目的；历观古来的豪杰名士，哪一个不是因在社会上轰轰烈烈干了一番事业而青史留名的呢？有一次，他游览了北固山，触景生情，即兴赋诗，诗中流露出这种建功立业的抱负，引起同行的僧人宗泐的注意。

宗泐是南京僧录司的左善世。僧录司是管理全国佛事的官署，宗泐在里面任职，结交颇广。姚广孝有意结识他，邀他一道游览北固山。北固山位于镇江北面的长江边上，是风景胜地和军事要地，当年辛弃疾在镇江任知府时，曾登山赋词，慨叹“千古江山，英雄无觅孙仲谋处”。现在姚广孝一个出家人，也写诗表达跃跃欲试的情感，宗泐觉得很惊讶，对他说：“这哪里像出家人写的诗呀！”

姚广孝笑了笑，默而不答。他心里在说：出家人和出家人可不一样，就像当年陈胜和那些佣耕，那些佣耕只知道低头拉犁，陈胜却知道“弃燕雀之小志，慕鸿鹄以高翔”。

河南嵩山寺是始建于北魏时期的古寺，鼎鼎大名。姚广孝前去游观，想不到却碰上了当时著名的相士袁珙。袁珙自称是唐代相面大师袁天纲的后代，相面从不出差错，所以当时许多达官贵人都奉他为上宾。姚广孝亦粗通骨相学，且颇为自负，所以虽然遇见了袁珙，却并未请他给自己相面。可袁珙一见到姚广孝，就觉得此人与众不同。他拦住姚广孝，反复端详了一段时间，说：

“你是哪里来的怪异僧人？三角眼，形如病虎，浑身散发着杀气，你肯定是一个刘秉忠式的人物！”

姚广孝对刘秉忠可是太熟悉了，熟悉中还带着羡慕和企盼。那刘秉忠原是一个僧人，后来出山当了忽必烈的谋士，帮助忽必烈建立了元朝，统一了中国。听袁珙说自己像刘秉忠，姚广孝虽表面上不置可否，但心里暗自高兴。同时也不由得不佩服袁珙，佩服袁珙眼力非凡，能透过人的外表看到内心志意。

他倾心与袁珙相交，结为密友。

可是，纵然自己确实像刘秉忠，那么像忽必烈那样的藩王又何从得识呢？姚广孝期盼着这种时机。

时机青睐有准备的头脑。洪武十五年（1382 年），姚广孝结识了明太祖朱元璋的第四个儿子、燕王朱棣。

这一年八月，明太祖的皇后马皇后病死了，安葬在南京钟山南麓的孝陵。母后去世了，儿子们当然要赶来南京服丧送葬，更何况马皇后生前母仪天下，在皇子和朝臣中有很高的威望。在外地做藩王的皇子们接到讣告后，都迅速赶赴南京来了，其中包括在北平做燕王的朱棣。

朱元璋共有二十六个儿子，所有儿子的名字都带“木”字旁，例如长子叫朱标，四子叫朱棣，其余如朱柏、朱桂等等。而且由于帝王迷信五行相生，所以朱元璋的子孙以后取名字，一律按五行相生的秩序排列。木生火，所以朱标的儿子叫朱允炆，朱棣的儿子叫朱高炽；火生土，所以朱高炽的儿子叫朱瞻基。依次相传，一直传到最后一个带木字旁的帝王朱由检（崇祯皇帝）。

朱棣于洪武三年被封为燕王，洪武十三年就藩北平。北平是北方重镇，镇守朔漠一带，防御元蒙残余势力，所以拥有强大的军事力量。而燕王朱棣于皇子中最称英武，富有文韬武略。

马皇后的葬礼过后，燕王等几个藩王余哀未尽，为表示孝心，请求父皇挑选几个僧人随他们回藩府，在藩府为马皇后诵经祈福。儿子们孝心可嘉，明太祖当即允准，令僧录司推荐僧人。僧录司左善世宗泐负责为燕王挑人选，他想起了在北固山赋诗言志的姚广孝，就把姚广孝推荐给了燕王。

姚广孝没有迟疑，跟着燕王去了北平。

二人结识的详细过程，已不可详考了。但是流传着一个故事，说的是：姚广孝一见到燕王，就感到他气度不凡，有帝王之相；燕王一见到姚广孝，也感到他谈吐不俗，有富贵之相。二人一见如故，姚广孝还私下对燕王说：“如果你让我跟随你，我一定奉一顶白帽子给大王戴。”这话中含有一个猜字的谜语，“王”字的上边加个“白”字，就成了皇帝的“皇”字。燕王不笨，想必清楚这话中的含意。

然而这毕竟是个野史传说，不一定可靠。其理由是：洪武十五年，皇太子朱标还健在，燕王和姚广孝在结识未深的情况下，还不敢露骨地表示夺嗣称皇。

可是这个传说亦非无风之浪，它起码可以说明燕王和姚广孝言语投机，志趣相合。

四十七岁的姚广孝跟着二十二岁的燕王奔赴北平去了。他的公开身份是诵经祈福的僧人，所以燕王不便任命他做官，而让他在北平广寿寺当主持。

姚广孝身穿僧衣，却眼观六路，耳听八方，他无心为死人诵经祈福，他要帮助活人干一番大事业。很快，他就成为燕王府的常客、熟客、密客。

洪武二十五年，皇太子朱标福薄命浅，没等到继位就死去了。六十五岁的朱元璋很伤心，也很费心：皇储是从皇子中另选呢，还是立朱标十六岁的儿子朱允炆?

姚广孝和燕王闻此变故，心中的希望顿时变得炽热起来。看来“给燕王送顶白帽子”并不只是一句笑话，还真有可能变成现实!

阴阳学，相面术，拆字，卜筮，“十八般兵器”全用上了，
姚广孝为燕王朱棣撑腰打气，秘密策划“靖难之役”。

朱元璋在选择继承人时曾有过犹豫。就真实心情来说，他不喜欢皇孙朱允炆，嫌他仁柔寡断。有一次，朱元璋让这个小孙子以“月”为题作诗，朱允炆的诗平淡孱弱，而且末二句云：“虽然隐落江湖里，也有清光照九州。”说出如此不上进的话，令朱元璋很不满意，遂又出一对句，曰：“风吹马尾千条线。”想不到朱允炆答道：“雨打羊毛一片膻。”朱元璋一听，大煞风景，气得脸色都变了。这时燕王朱棣正巧在旁边，便上前奏对道：“日照龙鳞万点金。”朱元璋闻言大喜，不禁赞道：“对得好！有气魄!”他原本就中意燕王，从此以后就更加器重了。现在皇太子朱标死了，皇太孙毕竟年幼，他那些叔叔都拥兵在外，弄不好会爆发危机，所以朱元璋一度想改立朱棣为继承人。但是，按照立嫡立长的礼法，轮不到四子朱棣，且不说二子、三子是否服气，即便是朝中的大臣，也很难同意移置皇储，弄不好就会出乱子。

犹豫了一阵子，朱元璋还是决定立朱允炆为皇储。

消息传到北平，朱棣像遭了霜打一样，闷闷不乐。姚广孝告诉他，塞翁失马，焉知非福，以后的日子还长，不必泄气；眼下最要紧的是借讨伐蒙古残部，壮大军事力量。

就这样过了几年，到洪武三十一年（1398 年）闰五月，朱元璋驾崩，皇太孙朱允炆继位，下诏改明年为建文元年，是为建文帝。

建文帝身边有两个亲信辅臣，一个是兵部左侍郎齐泰，一个是侍读学士黄子澄。他俩都清楚，最大的危险来自拥兵在外的藩王，所以当务之急是削夺藩王的权势，以巩固中央集权。这一考虑本是正确的，但是建文帝和他的辅臣十分迂阔，缺乏处理现实政治问题的机变和才能，结果在操作中出现了重大失误。

既然要削藩，就得选准目标。诸王中燕王势力最强，所以只要迅速削弱了他，别的藩王也就不制自服了。可是黄子澄却迂腐地认为“图难于其易”，应先剪除别的藩王，最后再动燕王。

这种“打草惊蛇”的办法，使燕王获得了充足的准备时间，使姚广孝觅得了伺机反扑的计策。

燕王也知道建文帝必定要削藩，可是一时之间又拿不定主意，只好靠装病来避免建文帝的猜忌。但是，随着周王、湘王、齐王、桂王、岷王或被削去藩号，或废为庶人，或终身幽禁，或被赐死，燕王“唇亡齿寒”的感觉一天比一天严重，恐惧之下很想举兵反抗，但又下不了这个决心。要知道，建文帝是名正言顺当上皇帝的，自己贸然起兵反抗朝廷，这可是大逆不道的篡位之举，能有多少胜算？

姚广孝敏锐地觉察到燕王的矛盾心情。事已至此，有进无退，退则必然成为建文帝的阶下囚。姚广孝采用了许多计策，极力鼓动燕王立即起兵。

在燕王缺少自信心的情况下，正常的劝说反倒不如巫术迷信来得有效。姚广孝调动了种种奇方异术，千方百计为燕王撑腰打气。

他学过阴阳术数之学，略通占卜。有一次他拿着三枚铜钱，请燕王玩

“观音课”的占卜游戏。燕王刚掷出一枚铜钱，姚广孝就假装惊讶跳起来说：“殿下要做皇帝吗?”燕王欲说还休，马上制止说：“不得胡说。”但从燕王的神情中，姚广孝已猜出：燕王想承认，又不敢承认。另有一次，二人在一起玩对对联的游戏，燕王先出上联：“天寒地冻，水无一点不成水(冰)。”姚广孝略加思索，立即对出下联：“世乱民贫，王不出头谁做主。”燕王虽明白姚广孝的语意，但还是沉吟不语。

光靠自己的力量不够，姚广孝又请来“外援”，召相面先生袁珙来北平。他先在燕王面前渲染袁珙的相术如何灵验，惹起了燕王的好奇心，同意袁珙来为自己相一次。燕王故意穿上卫兵的服装，和其他九个卫兵混在一起在酒馆饮酒，而后召袁珙进来辨识。姚广孝早已把燕王的神态告知了袁珙，袁珙又是察颜观色的老手，自然轻而易举地就能认出燕王。他走进酒馆一看，马上就跪在燕王面前，说：“殿下怎么这么不自爱，穿着士兵的服装呢?”燕王给九个卫兵使了个眼色，那九个卫士故意笑话袁珙，说他认错了人。但袁珙就是认准了燕王，长跪不起，口口声声称殿下。燕王见袁珙果然神通广大，便带他回宫密谈。到了宫中，袁珙又仔细端祥了燕王一番，说：“殿下龙行虎步，日角插天，怕不是个太平天子吧?”燕王回答：“近日廷臣屡议削藩，区区北平，尚恐难保，还有什么奢望?”袁珙趁势说道：“殿下已年近四十了，一过四十，胡须长过了肚脐，就能登上皇位。如果不应验，就请挖去我的双眼!”燕王十分高兴，重赏了袁珙，同时严嘱不得对外人泄露此事。

袁珙刚走，姚广孝又请来了另一位朋友金忠。金忠精通《易经》，善于卜筮，在北平以占卜为生，生意兴隆，人称之为神人。燕王以生病为名，召金忠前来占卜。金忠巧施手段，使燕王得了一个“铸印乘轩”的吉卦，并借机发挥道：“这个卦象贵不可言。”暗示燕王有天子之命，要顺应天命，切勿坐失良机。

字也猜了，面也相了，卦也算了，种种迹象都表明燕王有望成功。燕王信心大增，向姚广孝公开表明了心意，决意发难。二人朝夕聚谋，紧锣密鼓地准备起兵。

要起兵就要先练兵。可是建文帝已在北平燕王府布置了许多耳目，监视燕王的一举一动。练兵又不是小阵势，如何能掩人耳目？姚广孝有的是办法，他在后苑建了一个大地下室，上面再盖上房屋，周围一圈是又高又厚的墙垣，墙根下再埋上大大小小的瓮缸。为了不使打造军器、操练士兵的声音外泄，他又让人在后苑养了大群的鹅鸭，用鹅鸭的叫声来遮掩练兵的声音。

计划是相当周密的了，可谓神不知，鬼不觉。但是日子久了，没有不透风的墙，建文帝终于得到了可靠的消息：燕王要起兵谋反。在与齐泰、黄子澄二位辅臣商议之后，建文帝诏令北平都指挥张信逮捕燕王——在这个关键时刻，建文帝又犯了一次大错，他完全可以诏告天下，以私自练兵谋反的罪名公开讨伐燕王，占得舆论的优势，而不能随便派一个大臣去执行这个任务。更何况，建文帝情报不灵，事先根本不知道张信与燕王过从甚密，暗中通气。

结果，张信不但不去逮捕燕王，反而把建文帝的密令告诉了燕王。

燕王知道箭已在弦，不得不发。立即召来姚广孝、金忠等人，密议举兵。正在谈话的时候，突然来了一阵暴风雨，吹落了屋檐上的几片瓦。燕王以为是不祥之兆，心中很不高兴，脸上布满愁容，流露出举棋不定的神色。

姚广孝看在眼里，急在心里。风吹瓦落，虽然是突发的小事，但它有可能左右燕王的情绪，使燕王意志消沉，临战退缩，必须设法巧为解释，打消燕王的疑虑。姚广孝的脑子在急速运转，搜索一切可以利用的知识。他想起春秋时期的城濮之战，战前，晋文公惧怕楚成王，做了一个梦，梦中与楚成王搏斗，楚成王趴在晋文公身上吸饮他的脑子。梦醒后，晋文公觉得是个恶梦，不禁害怕起来，想退兵。谋士狐偃圆梦说："这是个吉兆！我方仰面朝天，象征得到上天的帮助；楚王面向地，象征伏罪。而且他吸食了主公的脑汁，象征着被主公柔服了。"晋文公听后，解除了疑惧，率军迎战，大败楚军。

姚广孝又想起《易经》"飞龙在天，从以风雨"的话语，不禁计上心头，喜滋滋地笑道："这是上天示瑞，殿下不要不高兴啊！"燕王不解，心情烦躁地喝斥道："疾风暴雨，怎能说是祥瑞？"

姚广孝不紧不慢地说："飞龙在天，哪能没有风雨？这说明殿下是真龙天子，一说举兵起事，上天马上就以风雨相从。旧瓦堕地，换住黄屋，这是吉兆，说明殿下很快就要当皇帝了！"

燕玉听了，觉得有理，便转忧为喜，问应如何行动。姚广孝说：燕王的手下，以张玉、朱能二位战将最为勇敢、忠诚，请立即召来，令他们募集壮士，守卫王府，占领北平。然后发布檄文，以诛齐泰、黄子澄为名，称自己的军队为“靖难军”，意思是说皇帝受到奸臣的包围，遭遇大难，燕王是出兵来解难的。

起兵的檄文，是姚广孝精心撰写的。为了避免犯上作乱的指责，檄文把起兵的目的说成是“清君侧”，即要除掉奸臣齐泰、黄子澄，而不说是针对建文帝的。

但姚广孝又告诉燕王，一旦起兵，就不要再承认建文年号，而沿用洪武年号，以显示燕王与朱元璋的特殊关系和感情，收揽人心。

一切布置停当后，建文元年（1399 年）七月五日，燕王在北平誓师，正式起兵反抗朝廷。

历时三年之久的靖难之役拉开了战幕。

靖难之役爆发，姚广孝既受命坚守北平，又为在外征战的燕王连连献上锦囊妙计。

燕王起兵后，采纳姚广孝的建议，并没有立即挥军南下，而是先夺取北平附近的怀来、龙门、上谷、云中等地，巩固后方，待建文帝北伐军远道而来时，再以逸击劳。

建文帝闻听朱棣叛乱，便祭告太庙，废朱棣为庶人，诏示天下。同时任命老将耿炳文为征虏大将军，驸马都尉李坚、都督宁忠为副将，率兵三十万北伐。

耿炳文的军队抵达河北真定时，燕王决定南下迎击。临走时，嘱令世子朱高炽留守北京，由姚广孝辅佐世子守城。姚广孝表示，燕王自可放心在外征战，他将誓死守卫北平。

燕王领军连下雄县、莫州，直趋真定。耿炳文想不到燕王会主动出击，所以将军队分营驻扎在滹沱河南北岸。燕王出奇兵绕到敌军背后攻击，耿炳文猝不及防，军营被冲乱，副将李坚、宁忠被俘，降者三千余人。耿炳文逃入真定，闭门固守。燕王攻城不下，返回北平。

建文帝先败头阵，十分恼怒。他采纳黄子澄的计议，撤回耿炳文，改用曹国公李景隆为大将军，集结五十万大军北进。

李景隆大军浩浩荡荡北上，兵锋直指北平。姚广孝建议，乘南军尚未到来，燕王可移师东北，潜袭大宁，夺取那里的精兵，再来迎击南军。大宁是宁王朱权的封地，东控辽左，西接宣府，有“带甲八万，革车六千”，尤其是朵颜三卫骑兵，都骁勇善战。

燕王依计而行，留世子和姚广孝守北平，自率主力远袭大宁。

可是李景隆进军迅速，很快就越过芦沟桥，直逼北平城下。北平的主力军都随燕王去大宁了，城中尽是老弱士兵，形势十分危急。姚广孝镇定自若，劝世子朱高炽说：兵不在多而在勇，得人心即可固若金汤，应关心百姓，激励部下，上下齐心，合力防守。朱高炽非常尊重姚广孝，便常到居民中问寒问暖，体恤百姓。同时以身作则，每天天不亮就起床，巡视城防，鼓舞士气。姚广孝又致信燕王妃徐氏，请她出面感召士兵。这位王妃是明初大将徐达的长女，出身将门，很有威望。在姚广孝的调度下，城内的老百姓也上城助守，众志成城，严阵以待。

李景隆以为燕王在外，正可一举攻下北平，于是督众猛攻，希图速战决战，一鼓作气拿下北平。但姚广孝和朱高炽率领军民死守，李景隆攻了十余天仍未能得逞，只好在城门外屯驻，长期围困。敌强我弱，一般作战原则是高垒不出，据城防守。但姚广孝认为不能拘泥于常规，可伺机主动出击，骚扰敌军。他挑选了一些身强力壮的勇士，半夜缒城而出，偷袭敌营。这些夜袭的奇兵机动灵活，这里杀一阵，那里放一把火，搅得敌人不得安宁，夜里休息不好，白天组织不起强有力的进攻。就这样，用最小的代价来疲扰敌军，收效很大。李景隆攻城攻不下，离城门太近又惧怕夜袭火攻，只好退营十里稍作休整。

姚广孝致函燕王，劝他夺占大宁后，火速驰援北平，内外夹击以破敌军。

李景隆经过一番休整，卷土重来，猛攻九门。九门险象环生，特别是彰义门，几乎被攻破。姚广孝督众死守，危急时刻连妇女儿童也被征发登城，投掷瓦石御敌。李景隆无奈，派人打造了云梯，准备强行登城。当时正值隆冬，滴水成冰，姚广孝便命将士连夜提水浇泼城墙，翌日早晨结水成冰，城墙溜滑，根本支不起云梯。双方斗智斗勇，时打时停，相持了一个多月，呈胶着状态。

燕王袭占了大宁之后，收编了大宁的精锐部队，扩充为五军，命都指挥张玉将中军，朱能将左军，李彬将右军，徐忠将前军，房忠将后军，全军日夜兼程，奔赴北平。

李景隆军久攻北平不下，人困马乏，士气低落。燕军却如饿虎扑食，凶悍异常。两军交战，南军大败，李景隆退返德州。

燕王进入北平，对姚广孝守城之功备加赞赏。姚广孝提议，敌军新败，我军可乘胜追击，力争尽快攻克南京。

次年四月，燕王率军南下，与李景隆在河北南部展开激烈的大厮杀，南军一度稍占优势。燕王派人向姚广孝问计，姚广孝说应改变战略，发挥骑兵优势。燕王便令骑兵分数路突击南军大营，又乘风纵火，烧敌营帐，大败南军。李景隆仓皇放弃德州，逃往济南。燕王招降逃散的南军，一路追杀，攻入德州。李景隆所属几十万大军土崩瓦解。

燕王马不停蹄，五月中旬，自德州打到济南，在城下又大败李景隆残部。李景隆单骑遁走，逃归南京。燕王指挥 10 万军队围定济南，志在必得。因为济南是战略要地，占领济南，就能切断南北交通，进可南下南京，退可划黄河而割据。

镇守济南的是山东参政铁铉。铁铉为人廉洁强直，曾得到过明太祖的褒奖。他忠于建文帝，收集溃散的士兵，与诸将饮血结盟，慷慨泣涕，誓死坚守济南。

燕王连战连捷，没有把济南放在眼里，一上来就采用人海战术，昼夜猛攻。但铁铉善抚士卒，拼死抵抗，并在夜间派出少数人马焚毁燕军攻城的云梯等器具，连挫强敌。燕王下令决水灌城，铁铉见情势危险，便设计诈降，诱燕王入城，暗中在城门上边放置一块大铁板，准备等燕王入城时将其砸死。燕王不知是计，仅率少量士兵入城，刚进城门，因城门楼上的士兵放铁板稍早了一会，铁板落下，砸碎了马头。燕王惊堕下马，换马而逃，勉强冲过吊桥，捡回了一条性命。

遭此惊吓，燕王恼羞成怒，督兵强攻，连续用火炮轰击城墙。城墙岌岌可危，铁铉又想了一计，在城墙上悬挂出一方神牌，上写“太祖高皇帝之灵”七字。太祖是燕王的老爹，燕军哪里还敢再开炮？燕王无奈，只得继续采取人海战术。铁铉并不消极防御，也学习姚广孝守北平对付李景隆的办法，不断派出小分队夜里出城骚扰燕军。

从五月到八月，一连三个月，燕王始终不能攻克济南。虽然明知兵法说攻城是下策，“攻城之法为不得已”，但以十万之众竟拿不下一个小小的济南城，叫燕王脸面往哪里放？攻又攻不下，撤又怕丢面子，燕王愤急无计，进退两难。

姚广孝人在北平，却时刻关注着前线的局势。他理解燕王的心理，更担心建文帝派军队迂回北进，切断燕王的退路，于是急忙修书一封，进谏道：“顿兵坚城，师老且殆，不如班师北返，容图后举。”

燕王阅信后，幡然醒悟；而听从谋士的建议，也算是有了撤军的理由，于是撤围北去。

撤至东昌，又被建文帝将领盛庸拦击，吃了大败仗，死了二三万士兵，还折了大将张玉。经历了这次重创，燕王锐气大挫，信心动摇，意欲妥协。姚广孝极力慰劝燕王，说胜败乃兵家常事，不能因一次失利而灰心丧气。为了增加说服力，他又拾起了他的拆字术，说：“臣以前曾说过师出必胜，但费两日，两日就是东昌的‘昌’字。现在东昌遭败，已成过去，今后必获全胜。”

姚广孝过去策划的许多计谋都一一实现了，所以燕王对他的话几乎达到迷信的程度。现在听到他这样说，燕王又有了信心，召集兵马，准备来年再举。

建文四年（1402 年）正月，当燕王再次挥师南下时，姚广孝为他规划了一个全新的战略：避开河北、山东的强敌，不计较一城一地的得失，直指南京，然后以皇帝的身份号令天下，天下便可传檄而定。

这是个相当聪明的策略。燕军多是骑兵，机动性强，便于长途奔袭；而南军多积聚在河北、山东的一些城镇，南京后防空虚。如果批亢捣虚，不在一城一地上与南军纠缠，而大胆展开纵深攻击，极有可能像一把利刃一样直插南京。一旦攻陷南京，就取得了正统地位。因为燕王与建文帝，一个是太祖的儿子，一个是太祖的孙子，都是太祖的后代，谁登基当了皇帝，老百姓就服从谁，其中没有是非曲直的问题。

燕王深以为是，率军以最快的速度从河北衡水通过馆陶、东阿、汶上南下，避开了铁铉把守的济南，夺取沛县，甩开前来围堵的南军，杀入安徽境内，连下宿州、萧县、临淮关。

四月底五月初，当燕军进至齐眉山时，遭到南军的殊死抗阻，燕军溃散，李斌、王真、陈文等将领战死。燕王退走数十里，才得以安营歇息。

时值盛夏，阴雨连绵，天气湿热，燕军多是北方人，不习惯这种天气，纷纷劝燕王回军。燕王不愿退兵，又怕士兵哗变，一连几天衣不解甲，夜不安寝。

恰好在这关键时刻，姚广孝送来一封信，献上“锦囊妙计”：此次不同于围攻济南，千万不能后撤；应迅速整兵挺进，置之死地而后生，不惜一切代价拿下南京。

大将朱能、郑亨亦赞同姚广孝的意见，燕王便抖擞精神，整军继续南下，进逼扬州，再克高邮、泰兴，从瓜洲渡江，进入南京。

建文帝见大势已去，便在王宫纵火，乘乱逃亡，不知所终。

靖难之役降下了帷幕。燕王朱棣登基称帝，改元“永乐”，是为明成祖。

成祖即位，论功姚广孝为第一。但姚广孝仍常居禅寺，披着袈裟倡行仁政，八十四岁时大化归天。

成祖当了皇帝，来不及掸去身上的征尘，便开始双管齐下的行动：一边血腥镇压反对派，一边慷慨地大封功臣。

姚广孝虽未亲临战阵攻城略地，但运筹帷幄之中，取胜于千里之外，功绩堪比汉代的萧何与张良，所以成祖毫不犹豫地把他列为第一功臣。那些浴血奋战的武将，也对姚广孝极为佩服，甘居其后。

既然是第一功臣，自然要大加封赏。但姚广孝坚辞不受，只接受了一个僧录司左善司的僧官。他对成祖说：当年若没有僧录司左善司宗泐的推荐，就没有今天；自己接受这个僧官，权作记念吧！至于其他正式的官号，也就不必了；自己住惯了禅寺，不愿住在官府里，一切仍旧照常，一如既往吧！

成祖觉得过意不去，要他蓄发还俗，他坚执不肯。成祖所赐予的豪华宅第，他也推辞不要。成祖没有办法，就以他上了年纪需要人照顾为由，送给他两个漂亮的宫女。姚广孝推托不过，便采用“冷冻搁置”的办法，既不赶宫女走，也从不接近她们。日子久了，那两个宫女自感无趣，便又返回了宫中。

姚广孝知道，自己虽助成祖做了件大事，但在正统的士大夫眼里，这是篡逆行为，搞的是阴谋诡计。有一次，他去拜访旧友王宾，王宾竟闭门不见；他去看望自己的同母姐姐，姐姐也不让他进门。这使他很伤心，也受到很大感触。现在天下已定，必须收敛杀气，倡行仁政，改变人们对他和成祖的印象。

可是成祖初入南京，暴怒不已，对建文帝的旧臣大开杀戒，杀了齐泰、黄子澄、铁铉和户部侍郎卓敬、礼部尚书陈迪等多人，其中对文学博士方孝孺的杀戮最为惨毒，诛灭十族。

方孝孺是一代名儒，姚广孝对他很敬慕。早在燕王大举南下时，姚广孝就跪在燕王面前密启道："臣有一事相求。南京有文学博士方孝孺，素有学行。倘若殿下武成入京，请千万不要杀他。若杀了他，天下读书的种子就断绝了。"燕王入京，本欲让方孝孺草拟登基诏书，但方孝孺誓死不从，并当众大骂燕王。燕王恼羞成怒，下令灭其十族。古来最厉害的刑罚就是"诛九族"，是指父族四辈、母族三辈、妻族两辈以内的亲属。十族，古无此制，燕王便连方孝孺的朋友、门生也一并捕来，充为十族，遭牵连诛杀的共有八百七十三人。

成祖的暴行，引起御史大夫景清的强烈仇恨。一天，他怀刀入朝，想行刺成祖，结果刀被搜出。成祖大怒，将他剥皮杀死，同时连景氏九族及乡里亲朋故旧也株连被害，村里为墟。这种杀戮辗转牵连，如瓜蔓之蔓延，所以被人称为"瓜蔓抄"。

姚广孝感到，不能再听任成祖这样杀戮下去了。他进朝议事，密劝成祖道：建文帝的铁杆大臣已经诛杀殆尽了，对其他旧臣，要安抚、说服，都可继续任用；再说，建文帝在位只四年，其臣僚绝大多数是明太祖选拔的，成祖继承的是太祖的基业，完全可以顺理成章地任用他们。夺天下容易治天下难，杀人太多，就会失掉民心，甚至会引起动荡，留下隐患。

成祖闻言醒悟，停止了对建文旧臣的清算和诛杀。为了表示诚意，还有意重用建文旧臣，成立内阁时，让解缙等七人当了内阁大学士。

姚广孝还建议，封赏不能只给大臣、将领，也必须照顾到有功的普通百姓。靖难之役时，北平、保定、通州等地的百姓协助燕军守城，提供后勤保障，功不可没。成祖依计而行，分级对百姓进行赏赐，像当年在保定搬运过砖石的妇女，即每人赏钞百贯，绢一匹，棉花三斤。赏赐虽不丰厚，但老百姓感到皇帝没有忘记他们，心里很是高兴。

永乐元年（1403年），明成祖做出两大决策。一是改北平为北京，大规模营建宫殿，准备把首都由南京迁往北京。二是命文臣整理历代文献典籍，编修大型类书《永乐大典》。

最初领衔编修《永乐大典》的是侍读学士解缙。解缙的工作速度很快，第二年就编成了。成祖看后，嫌太简略，改派姚广孝总领其事，任命他为资善大夫、太子少师，协同解缙和刑部侍郎刘季篪等重修。姚广孝动员了大批善于写字的文人担当书写任务，参加者共有三千余人，史称“三千文士修大典”。到永乐六年冬天，全书编成，收存历代重要典籍多达七八千种，共二万二千九百三十七卷，一万一千零九十五册，约三亿七千万字。姚广孝做了一件意义重大的文化事业，赢得了许多赞誉。

北京虽然在修建过程中，但成祖留太子朱高炽在南京监国，自己则常住北京。晚年的姚广孝随居北京，仍住在熟悉的庆寿寺中。

永乐十六年，姚广孝八十四岁了，体弱多病，再不能上朝晋见成祖。成祖便常来寺中看他。某一天，成祖来到寺中，赐给他一个纯金的唾壶，姚广孝叩谢之后，请求说：“臣恐不久于人世，别无牵挂，唯有一事相求。”成祖慰解了几句，问有何事相求，姚广孝说：“僧人溥洽关押狱中已多年了，请皇上放了他。”

溥洽是建文帝的主录僧。成祖攻入南京时，宫中火起，建文帝下落不明，人们传说是溥洽帮助建文帝伪装为僧人逃走了。虽没有证据，但成祖还是找了个借口把溥洽逮捕下狱，一关就是十多年。由于这个原因，没人敢请求开释溥洽。现在，人命危浅的姚广孝提出了这个请求，成祖怎能不答应呢？立即传令释放了溥洽。

溥洽释放不久，别无所求的姚广孝就大化归天了。成祖极为哀痛，命礼部和僧录司为他隆重治丧，以僧礼安葬，并停止视朝两天。赐葬于房山县之北，谥为“恭靖”。

一个“三角眼，形如病虎”的怪僧，生前身后备极荣耀，而且与亚圣孟子同寿，这也真算是奇迹了。

第四章

风流总被雨打风吹去

大凡权臣，均不甘寂寞，要轰轰烈烈地做一番事业。但是若根基不稳，或是遇上强有力的对手，纵然可以一时“惊涛拍岸”，仍难逃脱浪淘沙汰的厄运。

战国四公子之一的孟尝君田文，拥有三千门客，曾风云一时，但遭到齐湣王的猜忌，只得逃命异国，客死他乡。秦国的吕不韦先经商后从政，不惜血本投资政治，如愿为相，专断朝政，但当如狼似虎的秦王政亲政之后，留给他的就只能是毒酒一杯了。荀彧出身汉臣世家，投靠曹操，屡立大功，但当他表示反对曹操代汉时，生命和事业也就同时走到了终点。唐代的李德裕颇有政治才干，唐武宗时一度指点江山，但“剪不断，理还乱”的党争使他身陷重围，最终魂断海角天涯。至于宋代的司马光和王安石，二人是政治上的死对头，以硬碰硬，各不相让，结果两败俱伤。

他们虽然精明强干，屡创辉煌，但命中总会碰到更强悍的对手，于是那曾有的辉煌横遭雨打风吹而消失殆尽。

1. 田文:好客喜士,身死异国

田文,齐国王室后裔。父亲田婴,是齐威王的小儿子,食邑于薛(今山东薛城)。田婴文武全才,曾参加过战国史上著名的齐魏桂陵之战和马陵之战,立下赫赫战功。宣王君临齐国,拜他为相,佐理政务。田婴妻妾成群,有子四十余人。诸子之中,最令他讨厌的莫过于田文。然而,后来最有出息的也是这个田文。

只因是五月五日出生的,田文便失去了生存的权利。凭着慈母一颗恻隐之心,他才苟活于世。

田文是五月五日出生的,这是个不吉利的日子:俗说此日生的孩子,男克父,女克母。当然,这是荒诞不经的。那么,何以会有此说?原来,五月正是农忙时节,此时分娩会影响生产,故要避开。相承日久,渐成迷信,遂有不利父母之说。田文生当其时,父亲田婴备感晦气,按照传统,他勒令田文的生母——一个身份卑下的小妾——把孩子扔掉。田母不忍心抛弃亲骨肉,口头答应了,却偷偷地养了起来。待到田文成人,田母才告诉田婴,说田文还活着。田婴闻言大怒,命田文母子来见。田母战战兢兢携子入见。田文长得矮小,其貌不扬,田婴更加厌恶,但木已成舟,田婴心中愤懑,也又无可奈何,儿子已这么大了,总不能把他杀了吧!田文保全了性命,获得了生存的权力。

然而,田婴对这个儿子始终心存芥蒂。

过了很久,趁着田婴心情好,田文去拜见,问候过后,他问老父:"儿子的儿子叫什么?"田婴感到这个问题提得愚蠢至极,没好气地回答:"叫孙子!""那么孙子的儿子叫什么?"田文不知趣地又问,田婴不耐烦地说:"叫玄孙!"田文也不管老父高兴与否,又问:"玄孙的儿子叫什么?""不知道!"田婴吼道。"您做齐国丞相,如今已历三朝了。"田文话题一转,继续说,"可是,齐国的疆土没有扩大,我家的家产却达到了上万金,父亲门下看不到一个贤能的人。孩儿听说,将门出将,相门有相。您的姬妾糟践着绸缎,而士人穷得穿不上衣服;您的奴婢鱼肉吃不了,而士人却饿着肚子。您还在积蓄、储备,想留给你的儿子,可倒底传给哪个儿子,您自己都拿不定主意。您的心思都用在这里,忘了国家大事,看不见齐国日趋衰颓。孩儿对您的行为颇为诧异!"更为诧异的是田婴:想不到此子见识竟如此不凡!

从此以后,田婴对田文刮目相看了。

能说会道,才高智博者不一定能办事,田婴决定考察一下田文办事的能力,让他负责田家宾客的接待。田文干得极为出色,门下客日众。战国之时,门客之多寡是一个人威望高低、声誉优劣的重要标志。田婴门客大增,声名更高,心中大喜,对儿子的办事能力也信服了。在考虑继承人时,田婴毫不犹豫地选定了田文。

不久,田婴去世,田文嗣爵,继承了在薛的封邑。

三千门客,是田文最大的本钱。

田文做了薛邑的主人后,更加招揽门客,三教九流,来者不拒,食客人数增至三千。田文与他们同甘共苦。一日晚上进餐,一位门客挡了烛光,遮蔽了另一个门客的食案,此人没看清自己案上的饭菜,以为不如别人,这是田文故意怠慢他,勃然大怒,起身便走。田文站了起来,把那人叫住,端着自己的饭菜让他看,那人一瞧,完全一样,羞愧难当,举剑自刎。等贵贱,同甘苦,使门客们大受感动。每逢有人来投奔,田文总是亲自接见。他们交谈时,屏风后面便有人记录下来人的家人情况。过后,田文便派人去慰问他的家人,馈赠礼物。

田文门客日众,声誉日隆,闻名天下。

西方的秦国,君明臣贤,蒸蒸日上。秦国向来不问国籍,诚招天下人才。秦昭襄王听说田文的事迹后,遣王弟泾阳君嬴市去薛,会见田文,邀请田文去秦国,田文欣然应允,门客规劝,他置若罔闻。就在他准备动身时,苏代来了。

苏代,洛阳人,是闻名遐迩的游说家。苏代拜见田文,寒暄过后,他说:"今天早晨我来薛时,看见木偶和土偶在交谈,木偶道:'天一下雨,你就完了。'土偶说:'我生自泥土,毁坏了回归泥土罢了。天若下大雨,漂流着阁下而行，还不知道归宿在哪里呢？’当今之秦国，如虎似狼，先生此番前去，倘若不能回来，岂不被土偶讪笑？”

田文犹豫了，终于打消了去秦国的念头。

秦、齐为两大强国，齐湣王有意结交秦国，派秦昭襄王赏识的田文出使秦国。田文带着一批门客，出了临淄城，一路辛苦，抵达秦都咸阳。昭襄王大喜，遂拜田文为相，襄理国务。

这是昭襄王八年（前299年）的事。

田文相秦，引起一些秦臣的不满，他们奏言：“田文是个有才能的人，又是齐国的王族，他做了秦相，一定先替齐国打算，其次才是秦国。秦国大祸临头了！”

昭襄王被说动，罢了田文的相职。但他明白，田文才华出众，秦既不能用，也决不可让别国得到，遂下令逮捕田文，择日处死。

田文身陷囹圄，后悔没听门客和苏代的劝告。

田文苦苦思索脱身之计，最后决定去求昭襄王的一位宠姬，请她为之斡旋。这位妃子爽快地答应了，但条件是田文须送她一件白狐袍。田文确曾有这么一件袍子，价值千金，天下无双，到秦国后，做了拜谒襄王的见面礼。

田文犯难了，找随同前来的门客商议，门客们面面相觑。这时，最末位的一位门客发话了：“鄙人可以弄到白狐袍。”此人会模仿狗，且有盗窃技术，一天夜里，他装扮成一条狗，潜入王府仓库，偷出了田文送给昭襄王的那件白狐袍。那位妃子倒也没有食言，得到珍贵的白狐袍后，便央求昭襄王放田文一命，堂堂国王经不起爱姬的软硬兼施，答应了。田文获释后，改名换姓，乔装打扮，逃离咸阳，直奔函谷关而去。

函谷关建于崤山之上，位置险要，一夫当关，万夫莫开。此为秦通往东方诸国的门户，戒备森严，稽查严密。半夜时分，田文一行来到关下。开关的时间是鸡叫后，田文明白，必须马上出关，否则一旦昭襄王后悔，派人追来，一切就完了。但距开关的时间还早，怎么办？望着心急火燎的田文，一个门客上前道：“鄙人有办法。”说完，他尖着嗓子模仿鸡叫，很是逼真。一鸡鸣啼，万鸡附和，关吏“准时”开关，验证放人。田文一伙混出关外。

他们出关约一顿饭的功夫，奉昭襄王之命来追赶的一队将士抵达函谷关，但为时已晚。

田文侥幸脱逃，多亏模仿狗盗、鸡鸣的两个门客。他俩没什么高超的才学，擅长雕虫小技而已，为众门客鄙夷。当初，田文让他俩随行，门客们皆引以为耻。谁知，关键时刻却帮了大忙。从此以后，门客们再也不敢小觑他俩了。

田文一行路经赵国，赵国公子赵胜热情款待。赵胜爵封平原君，乃著名的战国四公子之一，亦好养士，门下食客济济。两人一见如故，谈天说地，尽兴而罢。

辞别赵胜，继续前行，路过赵国某县时，此县人听说鼎鼎大名的田文到了，纷纷拥来，争睹英俊才子风采，一见田文身材矮小，相貌平平，不禁大失所望。“哈哈！原以为田公风流倜傥，想不到竟是个矮小猥琐的汉子！”一些人冲着田文嘲笑道。田文被困秦国，逃跑路上累累如丧家之犬，一肚子怨愤正无处发泄，见几个赵人如此嘲讽，不禁怒从心头起，恶向胆边生，门客们纷纷跳下车来，拔出刀剑，砍杀了数百人才罢手。闯下这场大祸后，他们不敢逗留，日夜兼程往齐国进发。

君权与相权，相互依存，又不时发生矛盾。田文权位日重，齐湣王如芒刺在背。靠着门客冯驩，田文才化险为夷。

田文回到齐国，名声更大，齐湣王想借重于他，遂拜他为相，襄理政务。

出任国相后，田文凭借自己的才干、门客的智谋和田家的威望，渐渐把持了国政，湣王大权旁落，形同傀儡。朝野上下、列国诸侯仅知齐国有国相田文，不知还有个湣王。湣王心中愤愤不平，密谋剪除田文。

不久，齐国爆发了一起武装叛乱：齐国贵族田甲起兵劫持湣王。田甲的叛乱很快被镇压了。湣王借机宣告田甲举兵是受田文的唆使，下令逮捕田文。田文闻讯，连夜逃离临淄，回了薛邑。

湣王正欲发兵追捕，薛邑一名百姓来到了临淄。

此人受过田文的恩惠，那还是在数年以前，田文派家臣魏先生去收取薛邑的租税，魏先生去了三次都空手而回。田文问他，他说：“薛邑有位贤人君子，臣斗胆把收取的粮款用您的名义给了他。”田文勃然大怒，斥退了他。及至那人听说湣王怀疑田文指使田甲图谋不轨，为报知遇之恩，遂来到临淄，上书湣王，说田文决不会干这种事，愿以性命保证。奏疏呈进宫中，他便在宫门外伏剑自刎了。

滑王闻讯大惊，怀疑自己的判断是否错了。这时，门客冯驩也在紧锣密鼓地为田文到处活动。

冯驩（一作冯谖）是个穷读书人，慕名来投奔田文，田文把他安排在传舍（下等客舍）。过了几天，有人看见冯驩边敲打着他的宝剑把，边哼着歌："长铗归来兮，食无鱼！"管理客舍的官员告诉田文，田文吩咐左右把冯驩安排在幸舍（中等客舍），吃饭有了鱼。后来冯驩迁到代舍（上等客舍），出门有了车。又过了五天，冯驩又敲起剑把子，唱道："长铗归来乎，无以为家。"左右都感到此人得寸进尺，贪心不足。田文却耐心询问冯驩的家庭，得知他家中有老母，便派人给其母送去食用给养。从此以后冯驩不再弹剑吟唱。

田文门客众多，支出浩繁，薛邑的税收不够开销，便在薛邑放债。遇上歉年，利钱收不上来。一天，田文问管家："谁人能去薛邑要帐？""上等客舍的冯先生像是能说会道，为人也忠厚，没别的技能，要帐倒可以。"管家说。田文觉得可以。临行前，冯驩问田文："收完债后买点什么回来？"田文道："你看我家里缺什么，就买什么吧。"

冯驩到了薛邑，购置了酒肉，叫欠债的人前来赴宴。他们到来后，冯驩与他们大碗喝酒，大块吃肉。酒酣之际，冯驩拿出契约逐人验看，能够偿付利息的，约定好交钱的期限；无力偿付的，予以蠲免，并当着大家的面把借钱的契约烧了。然后宣布："田公放债的目的，在于帮助贫穷的人进行生产；所以收取利息，是为了供养门客。现在田公宣布：能偿付利钱的，按期交纳；不能偿付的予以蠲免。诸位乡亲，开怀畅饮吧！你们有这么好的主子，千万不要辜负了他！"在座的人无不感动泪下，向着田文所在的方向，叩首跪拜。

听说冯驩烧了契约，田文怒不可遏，派人去薛叫回冯驩，劈头训斥道："我门下食客三千，入不敷出，故在薛放债。我的封邑收入少，而邑人很多不按时偿付利息，门客的食用不够，故请先生去收取欠款。听说先生讨了一些钱都买了酒肉给债户吃了，又烧了契约，这是怎么回事？""是这么回事，"冯驩道，"不多置办酒肉不能把他们全部召集起来，也就无从了解谁人有余，谁人不足。有余的，约期偿付；不足的，就是要上十年，也拿不到一文钱。况且，时间越久，利息越多，逼急了，他们就会举家逃亡。逼债而一无所得，你会落得个贪财好利、不爱惜士民的名声；邑人则落得个背叛、触犯主人的罪名，此非勉励士民显扬您的恩德的做法。烧毁无用的契约，放弃不能讨取的帐目,让邑人依附您,显扬你仁爱的美德。您不是让我买家中缺少的东西吗?我觉得您缺乏的正是对百姓的仁义,我现在给您买回来了。对此,您还有什么怀疑呢?”田文转怒为喜,向冯驩道歉。

待田文遭疑,从临淄逃回薛邑,门下客纷纷离去。昔日喧闹的田府,如今门可罗雀。冯驩没走,留侍处境危难的田文,他还替田文谋划摆脱困境的策略。

“狡兔三窟,仅能幸免一死。”冯驩对田文说:“如今您仅有薛邑一窟,还不能高枕而卧,尚需再营两窟。请您借臣一辆能行驶到秦的车子,我不仅能使齐王重新起用您,且能使您的封地更加广大。”

田文大喜,备了车和礼物,打发冯驩上路。

冯驩扬鞭纵马,急驶而西,一路风尘,抵达秦都咸阳,进谒秦昭襄王,道:“天下游说之士驾着车马奔驰来秦者,无不图谋强秦而弱齐;而东奔齐国者,莫不试图强齐而弱秦。何至于此?秦、齐两强争雄,势不两立,占优势的便可一统天下。”雄心勃勃的昭襄王急不可耐地插嘴问道:“怎样才能使秦国不处于劣势呢?”“大王知道齐国罢免田文之事吗?”冯驩仍按自己的思路发挥。昭襄王道:“听说过。”“使齐国名重天下的,田文也。如今齐王罢免了他,他一定心怀怨恨,若他叛齐来秦,那么齐国的重要机密都会泄漏给秦国。如此,齐地都可攻得,岂只是称雄?大王应速速携礼去薛,偷偷地把田文接来,机不可失!若齐王省悟,重新起用田文,那么优胜劣败在哪边,还不可预料!”昭襄王欣然而从,派出10辆车子,带着百镒黄金,悄悄向薛进发。

冯驩见昭襄王上钩,马不停蹄地返回齐国,诱说湣王:“天下游说之士,东来齐国者,没有不想强齐而弱秦的;西去秦国者,莫不欲强秦弱齐的。秦、齐势不两立,秦强齐便弱。臣私下听人说秦王派了10辆车子,带着百镒黄金,偷偷地来迎接田文。田文不去则罢,若去了,秦王便会拜他为相,那么,各国便会依附秦国,秦强齐弱,临淄和即墨就危险了。为大王计,应抢在秦人的前头,恢复田文的权位,多赐些田邑,向他道歉,田文一定会高兴地接受。秦虽是个强国,难道能请人家的国相吗?我们要挫败秦国的阴谋,粉碎其称霸的野心!”湣王有些动心,但他知道,这冯驩乃田文的门客,定会替田文说话,他讲的是真是假,还难断言,遂派人去西部边境侦探有无秦人去薛,派出去的人刚到西疆,秦人的车队便悄然而至。湣王闻报,这才相信了冯驩的说教，遂颁诏恢复田文的相位，增封邑一千户。

秦国使者听说田文被重新起用，便垂头丧气地回去了。

田文北上就职，冯驩去迎接他，说："现在三窟已成，您可以高枕无忧了！"田文对此番起落大为感慨，尤其痛恨那些趋炎附势的门客，发誓说："那些家伙若听说我复职再回来，我一定把唾沫吐到他们脸上去！"冯驩驻马停车，向田文跪拜行礼，田文还礼，问："先生是代他们道歉吗？"冯驩道："不是，而是您的话说错了。"田文觉得奇怪，冯驩继续说道："有生便有死，此乃事物发展的必然结果；富贵多士，贫贱少友，乃人情世态的本来面貌。您难道没看见那些去赶集市的人吗？早晨，偏斜着膀子从人缝中挤进去；日暮，路过集市者掉臂而过，看都不看一眼。不是他们喜欢清晨而厌恶傍晚，而是那里已没有想得到的东西了。您失去职位，门客离去，不能怪他们。望您像从前那样礼贤下士，善待门人。"田文拜谢，道："恭听先生的指教。"

田文是齐湣王的一块心病，必欲除之而后快。田文只得逃命，死在异国他乡。

尽管湣王重新起用田文，但那只不过是怕田文被秦国利用有损于齐，不得已而为之罢了，通过此事他对田文更加不信任了。田文是个明白人，清楚自己的处境，硬着头皮把国相干下去，结局自然不妙，还不如主动些好，遂托言身体有病，力不从心，难以担当重任，请求回薛邑去休养。湣王巴不得田文回他的封地去，便爽快地答应了。

不久，叛逃到齐国的秦将吕礼出任国相。

吕礼与苏代有仇，做了国相后，想报复苏代。苏代为了消灾，便去游说田文，要他设法出兵进攻秦国劲敌赵国，从而结交秦国。"如此，则秦国叛将吕礼就呆不下去了。吕礼一去，齐再无能人，大王势必再用您田公为相。"苏代振振有词地说。田文是个热衷功名富贵的人，虽迫于形势而退隐薛邑，实不甘寂寞，遂听从了苏代的诡谋。

聪明绝顶的田文，这次却上了苏代的当，吕礼与田文本无瓜葛，及至获悉田文在排挤他，不禁大怒，遂成仇敌。这样，原本孤身作战的苏代便把田文绑在自己的战车上，共同对抗吕礼。

田文既已结仇吕礼，也只得豁出去干到底了。他修书一封，遣人送给秦相魏冉。魏冉以外戚的身份专制秦权，是吕礼的冤家对头，吕礼就是因为魏冉加害而叛逃的。田文在信中建议魏冉以齐国收容、重用秦国叛将为名，出兵攻齐。为了引诱魏冉出兵，他还许诺，一旦秦国胜，愿将薛邑封地拱手让给魏冉，并进一步利诱道："齐国失败了，三晋便为秦之强敌，秦王一定会借重您去结交三晋。三晋曾是齐国手下败将，又畏惧秦国的强盛，一定会借重您来结交秦国。如此，您打败齐国建立功勋，倚靠三晋加强权位。"魏冉的权力欲极强，田文一引诱，便上钩了。秦兵一攻齐，湣王便驱逐了吕礼，吕礼狼狈逃离齐国。

田文煞费苦心，仅仅是替苏代翦除了一个仇敌而已。吕礼去后，湣王并没有像苏代所说的那样，再度起用田文。

田文大失所望，更加怨恨湣王。

湣王也明白，田文虽然退居薛邑，但他是不甘心老死那里的，时时都想东山再起。不除掉他，自己寝食难安。但田文名气大，在薛经营多年，要动他亦非易事。出于这种考虑，湣王先把田文放在一边，加紧向外扩大，以提高自己的威望。

周赧王二十九年(前286年)齐国攻灭宋国，威震天下。

湣王志得意满，准备掉头收拾心腹之患田文，田文惧祸出逃魏国。

魏昭王很欢迎田文的到来，因为魏齐毗邻，齐强便威胁到魏的安全，田文熟知齐国的内幕，正是对付齐国的最好帮手。为了笼络田文，昭王拜他为相。

齐国的强盛，也引起了韩、赵、秦的不安；北方的燕国，曾在齐宣王时被齐国攻占，燕国君臣念念不忘复仇。于是，魏、韩、赵、秦、燕五国酝酿联手攻齐。

田文出于对湣王的怨恨，积极奔走呼号，鼓动五国联兵进攻自己的父母之邦。

第三年，即周赧王三十一年，五国联军共推燕国大将乐毅为统帅，大举攻齐，在济水西岸大败齐军。秦、韩距齐远，灭了齐国也得不到什么好处，不如保留齐国，还可牵制魏、赵、燕、楚，故济西之战后，便退兵了；魏军南下，去占领宋地；赵军北上，收复失地去了；乐毅指挥燕军东进，一路势如破竹，直逼临淄，湣王出逃。乐毅进占临淄，四出攻打未降的城邑。堂堂齐国，仅剩下即墨和莒邑两座孤城，濒于灭亡。

湣王辗转逃至莒邑，不久被杀，守城将士拥立他的儿子法章为王，是为襄王。

即墨将士在田单的指挥下大败燕军，田单乘胜追击，收复失地，迎接襄王回临淄，重建齐国。

田文目睹祖国悲壮激烈的抗战，内心难以平静，但表面上却无动于衷。

齐国复国，田文仍在魏国为相。在处理外部事务上，他力争独立，不依附任何一国。襄王对这位远祖心怀畏惧，担心他趁自己新立、齐国百废待兴之际，打齐国的主意，遂屈相结交。

田文虽为魏相，但毕竟是外国人，魏王是不会牺牲魏国的利益替他图谋私利的，故他也难以打齐国的主意。

数年后，田文抑郁而死，命丧异邦。

他死后，谥号“孟尝君”。

他的几个儿子争夺薛邑的继承权，闹得不可开交，齐襄王乘机联合魏国，灭了薛邑。田文的子孙与薛邑同归于尽。

2. 吕不韦：千金做成的“赔本”买卖

秦始皇是吕不韦的私生子，这事司马迁在《史记·吕不韦列传》中写得明明白白：

> 吕不韦取邯郸诸姬绝好善舞者与居，知有身（怀孕）。子楚从不韦饮，见而悦之，因起为寿，请之。吕不韦怒，念业已破家为子楚，欲以钓奇，乃遂献其姬。姬自匿有身，至大期时，生子政。

要了解这件事的来龙去脉，还得从吕不韦到邯郸经商说起。

邯郸街头，吕不韦邂逅异人，为了他，吕不韦整整投入了一千斤黄金，还有一个倾城倾国的美人。

吕不韦生于何处，说法不一。司马迁编纂《史记》时，收集有关吕不韦的材料，写成一篇《吕不韦列传》，说他是卫国阳翟（今河南禹县）人。过了一百多年后,刘向编辑《战国策·秦策五》,又说他是卫国濮阳(今河南濮阳西南)人。阳翟距濮阳近五百里。吕不韦究竟是何方人氏,遂成一个悬案。司马迁是位很严谨的史学大师,他说吕不韦是阳翟人必有所据;刘向是个大手笔,他的“濮阳说”也不会是信口开河。那吕不韦是个商人,长大后便外出经商。阳翟应是他的祖籍,而濮阳则是他的“第二故乡”,他在这里做买卖,长期住在这里,遂又被目为濮阳人。

阳翟和濮阳都是卫国的地盘。卫是个蕞尔小国,但名士辈出。孔门高足子贡,军事家、政治家吴起,辅佐秦孝公变法的商鞅,都是卫国人。卫地还多富商大贾,子贡不仅是孔门高足,还是位大商人。吕不韦也是个精明的商人,买贱卖贵,家累千金,富甲一方。他此番来邯郸,是来做一笔生意。

在邯郸,他结识了一位奇人。

这人姓嬴,名叫异人,是秦国太子安国君嬴柱之子。异人兄弟二十余人,他是庶出,生母夏姬也不得宠,故在兄弟中地位低微。秦、赵缔盟,互派人质,异人被遣送至赵。不久,秦背约攻赵,赵虽未杀死人质异人,然从此不再礼遇。异人生活窘困,形同乞丐。

邂逅相遇,吕不韦对落难的异人颇为同情。蓦然,他心头一亮:此人不正是一件可居之奇货吗?他心里盘算着利用异人搞一次政治投机。经商要冒险,政治投机须冒更大的风险,干还是不干?吕不韦颇为踌躇,想找人商议一下,但这种事对外人又讲不得,他决定回家去请教老父。

赶回老家,吕不韦问父亲:“耕田的利润几倍?”

“十倍。”父亲道。

“行商坐贾的利润呢?”吕不韦又问。

父亲说:“百倍。”

“若拥立一个国王,其利几何?”吕不韦再问。

“无数。”父亲十分肯定地回答。

吕不韦向来推重老父的见识,老父的话坚定了他的信心。他辞别老父,北上邯郸,找到异人,寒暄之后,吕不韦单刀直入地说:“鄙人能使您的门第高大起来。”

“哈哈……”异人笑了起来,“还是先去高大你自己的门第吧。”他有点看不起这个鬼头鬼脑的商人。

吕不韦也不恼,两眼盯着异人,说:“鄙人的门第需等您的门第高大了以后，才能高大起来。”

异人一听吕不韦话里有话，就把他拉到身边坐下。

“秦王老了，太子最宠爱的是华阳夫人。华阳夫人没有儿子，日后谁能成为太子接班人，就看华阳夫人喜欢谁了。您兄弟二十多人，您排行居中，又不得宠，还长期在赵国做人质。日后太子即位，您是没有条件与兄长们争夺太子之位的。”吕不韦娓娓道来。

对此，异人自然明白，他连能否活着回国都感到渺茫，对储君之位更不敢有非分之想了。他点点头，沮丧地说：“是的。可这又有什么办法呢？”

吕不韦道：“鄙人虽穷，但愿出千金去秦游说，让您成为储君。”

异人惊喜不已，叩首拜谢：“苟如是，愿与先生共有秦国！”

吕不韦等的就是这句话。

事后，吕不韦拿出五百斤黄金给异人，让他在赵国活动；又用五百斤黄金购买了大量的珍宝，自己带着，西去秦国。到了秦国都城咸阳，他登门拜见华阳夫人的姐姐，请她把珍宝呈给华阳夫人，并让她捎话给华阳夫人：“异人聪睿，结交的都是天下英俊，他常对人讲：‘我的终身依靠就是夫人了，日夜都在思念夫人。每当想起夫人，不禁泪下。”’华阳夫人接了礼物，深为异人的孝心所感动。吕不韦闻讯，料定可以说动华阳夫人，他面授机宜，让华阳夫人的姐姐以她自己的身份出面，再去游说：“我听说，凭姿色而得宠的，年老色衰，就会失宠。夫人备受太子宠爱，可惜没有儿子，何不从别的妃子生的孩子中选一个贤孝的，立为您的儿子。这样，太子在，您可以富贵；太子不在了，收养的儿子即位，也不致失去权势。您现在一句话，就可以永保富贵。若不趁现在得宠时打好基础，待容颜衰退，想进一言，都没机会了。”华阳夫人点头称是。姐姐见状，亮出了吕不韦交给她的底牌：“异人孝顺，人也聪明，他知道自己排行居中，他的生母又不得宠，按说接班人没他的份。若您立他为嗣，他肯定感恩戴德，您一生富贵就无虞了。”这话虽是为了异人，但表面上却字字句句都是替华阳夫人着想。华阳夫人被说动了，答应劝说太子，立异人为嗣。

几天后，趁着嬴柱高兴，华阳夫人委婉地谈起在赵国做人质的异人，夸他贤明。说着说着，就哭了起来：“妾有幸列位后宫，可不幸无子。恳求殿下立异人为嗣，使妾有个依靠。”嬴柱一向对爱妃百依百顺，当即答应了，怕华阳夫人不放心，还刻了玉符作为凭证。

吕不韦大喜，急忙赶回邯郸，告诉异人，异人更是欢天喜地。

吕不韦请异人到他在邯郸的家吃酒，异人欣然而往。于是，便发生了司马迁在《史记·吕不韦列传》中记述的那一幕。

“大期”，《史记集解》援引徐广的解释，说是十二个月。十月怀胎，如果那个孩子也是十月降生，异人又不是傻瓜，屈指一算，是吕不韦的种。如今十二个月才出生，异人一算，那是吕不韦的妾来他这儿以后才怀上的，自然是他的种了。孩子是正月出生的，就取名叫“政”。此人就是后来的秦始皇。那个女人也有了一个名份——姬，因她是赵国人，人称“赵姬”。

按司马迁的记载，吕不韦是嬴政的生身父亲。对此，有人怀疑，有人相信。

司马迁的《史记》是一部严谨的历史著作，他编写这部皇皇巨著，主要依据先秦以来的文献和档案两方面的文字材料。据《史记》研究专家考证，这两方面的材料至少在八十种以上。对于各种材料，他也不是拿来就用，而是作了认真的考证，去伪存真。对此，他在《史记》开篇文章《五帝本纪》中，作了说明。他的《史记》，堪为实录。

吕不韦死于公元前235年。司马迁写《史记》时，距吕不韦死才一百二十多年。对这段时间发生的事情，司马迁有条件获得珍贵的第一手材料。譬如，荆轲刺秦王一事，发生在公元前227年。司马迁写《史记·刺客列传》，采访了公孙季功、董生两人，他俩与夏无且是好朋友，这位夏无且当年是秦王嬴政的侍医，荆轲在咸阳宫大殿上举着匕首追杀秦王，事出仓猝，秦王只顾逃命，忘了招呼侍卫上殿救驾（秦法，没有命令，侍卫不得上殿）。夏无且见状，猛地把手中的药袋砸向荆轲。他是唯一一个出手救秦王的。事后，秦王赐他黄金二百镒（合今约七十六公斤）。夏无且是“荆轲刺秦王”的目击者，他把此事告诉了公孙季功和董生；公孙季功、董生又告诉了司马迁。司马迁写《吕不韦传》有无这种可能？回答是肯定的。当年，吕不韦门下有食客三千多人，从他们的朋友、子弟那里获得有关吕不韦的情况，完全有可能。

当然，这只是我们的推测。

《史记》中有些事情是司马迁从民间收集的，夹杂着不少传说。这些传说经过民众的不断加工，与事实已相去甚远。那么，秦始皇是吕不韦的私生子之说，是不是也系民间传说？这也完全有可能。

于是，秦始皇的生父究竟是谁，古往今来，围绕这个问题，人们打了不少笔墨官司，至今仍是一桩历史悬案。

当吕不韦仰药自杀时才意识到，那桩一掷千金做成的大买卖委实赔大了。

周赧王五十八年（前257年），秦将王龁统兵攻赵，进围邯郸，赵国危急，孝成王恼羞成怒，准备杀掉异人。

异人和吕不韦被监视起来，只待赵王一声令下，便推出斩首。

商人出身的吕不韦深信有钱能使鬼推磨，咬咬牙拿出六百金，买通了看守他们的官吏，潜出邯郸，逃到秦军大营。王龁知道，异人已被太子嬴柱立为嫡子，乃秦国储君，遂拨出一支人马，护送异人和吕不韦回秦。

一路风餐露宿，奔波数日，抵达咸阳，吕不韦才松了一口气。

异人要去拜见太子嬴柱和华阳夫人，吕不韦让异人穿上楚式服装进见。华阳夫人是楚国人，见异人身着楚服，高兴地说："这才像我的儿子！"并给异人改名"子楚"。

过了六年，君临秦国五十六年的昭襄王驾崩，太子嬴柱即位，是为孝文王。

子楚被立为太子，成为法定的接班人。

昭襄王在位时间长，太子嬴柱迟迟不能接班，到昭襄王驾崩那年，嬴柱已是五十三岁的老人了。昭襄王还没咽气，嬴柱已病入膏肓，登基三天，王位还未坐热，便一命呜呼。

太子子楚即位，是为庄襄王。

第二年，即庄襄王元年（前249年），按照原来的约定，庄襄王拜吕不韦为相国，封文信侯，以蓝田十二个县为他的食邑。不久，改封三川郡的洛阳，食邑十万户。

吕不韦终于如愿以偿，执掌秦政，贵倾公卿。

庄襄王短命，做了三年国王便病死了，享年三十五岁。

太子嬴政即位，年仅十三岁，吕不韦以"仲父"的身份辅政，仍掌握大权。

这时的秦国仍保持旺盛的发展势头，在列国诸侯中，国力最强。在吕不韦的策划下，秦兵频频出击韩、赵、魏三国，攻城略地，国土不断扩大。战国七雄实际上仅有秦可以称雄了，齐、楚、燕难以自保，韩、赵、魏日薄西山。在秦国的兼并统一的事业中，吕不韦是有功劳的。

在秦军的凯歌声中，嬴政一天天长大了。

吕不韦惶恐不安：嬴政成人就要亲政，自己就不能独揽大权了。吕不韦是个权力欲极强的人，他左思右想，决定采取一些行动，进一步巩固自己的地位。

他的最大举措是把《吕氏春秋》公诸于世。

《吕氏春秋》是由吕不韦主编、门客们分头撰写的文集，分《十二纪》、《八览》、《天论》三部分，加上《序意》（即序言），共一百六十一篇论文（现存一百六十篇）。这是中国历史上第一部有组织、有计划编写的文集。该书内容博而杂，既关注哲学、政治、经济，又留意天文、历法；兼容儒、法、道，并蓄阴阳、墨。因此，它被目为杂家者流。

“杂家”的出现与战国末期的社会历史状况是分不开的：统一的中央集权的封建国家即将出现，代表不同阶级、不同阶层的诸子百家也开始融合。封建统治阶级内部的部分有识之士日渐认识到单纯采用一种思想学说进行统治，已远远不够，必须兼采各家，尤其是儒、法、道三家的思想。《吕氏春秋》便是这种观点的代表作。秦自商鞅变法以来，力行法制，《吕氏春秋》在倡言法治的同时，大声疾呼必须注意儒家德治，德刑并用，不可偏废。对于君主，《吕氏春秋》建议除了在选官用人上下功夫外，别的事应仿效道家的无为而治。可以说，《吕氏春秋》设计的治国方略比当时秦国推行的单一的治法更有利于长治久安。

这部书自吕不韦执掌秦政时便开始组织门客们编写。嬴政君临秦国的第八年（前239年）上，吕不韦将其公诸于众。他选在这个时候抛出此书，是有目的的：这年嬴政已二十一岁，明年就要加冠，即举行成丁礼；加冠之后，就要亲政了，他要借此书对嬴政施加影响。吕不韦把书张挂于咸阳市场的大门上，向熙熙攘攘的市民百姓宣布：有能增损一字者，赏千金！结果，竟无人能增损一字。这当然不是《吕氏春秋》无懈可击，也不是秦国没有人才，而是畏惧吕不韦的赫赫权势，无人敢当出头鸟而已。这样一来，既向嬴政及其他人宣告了吕不韦的权威，又证实了《吕氏春秋》的正确性、真理性，威诱嬴政就范；嬴政按《吕氏春秋》的思路走，也就是按吕不韦的思路走，吕不韦便可以左右他了。

然而，雄才大略的嬴政根本不买吕不韦的帐，相反，却认为这是吕不韦在向他示威，是可忍，孰不可忍。

吕不韦真可谓弄巧成拙。

第二年，嬴政准备加冠亲政了。

服看独揽大权的末日就要到了，吕不韦寝食难安。

还有一个人比他更焦急。

这个人就是“大阴人”缪毐。

自从异人死后，赵姬就独守空房。她还年轻，人又风骚，耐不住寂寞，就与吕不韦重续前缘。吕不韦担心让嬴政发现，就找了“大阴人”缪毐，拔去他的胡子，谎言已将他阉割，把他送进宫中，侍奉赵姬。缪毐曲意逢迎，深得赵姬欢心。缪毐这个假太监胆子忒大，竟让赵姬给他生了两个儿子！

嬴政加冠、亲政，缪毐寝食不安，担心嬴政找他算帐，思前想后，终于横下一条心，铤而走险，先下手除掉嬴政，立他和赵姬生的儿子为王。

参与叛乱的，有缪毐的心腹二十多人。他们当中，有朝廷重臣卫尉、内史等。

嬴政毅然发兵镇压，缪毐兵败被杀，他的势力被全部剪除。

在缪毐叛乱过程中，吕不韦的行止是一个谜。

郭沫若说，奉嬴政之命统兵镇压叛乱的昌平君、昌文君中的“昌文君”就是吕不韦。在金文中，“吕不韦”与“昌文君”写法相近，“昌文君”是“吕不韦”三字的讹误。但是，1975 年 12 月在湖北云梦睡虎地一座编号为 M11 的秦墓出土的竹简《编年纪》上，在秦始皇二十三年（前 224 年）下记有：“四月，□文君死。”竹简整理者认为，模糊不清的那个字，应是“昌”。此时，吕不韦已死十三年，断不会死而复活，再死一次。

很有可能，当时吕不韦在坐山观虎斗。

大概也正因为如此，嬴政彻底剪除了缪毐的势力后，就回头收拾吕不韦。第二年，嬴政下令褫夺吕不韦的相国官位。嬴政欲乘机处死吕不韦，只是因为一些大臣替他说情，又念他有大功于秦，才免他一死，勒令他去洛阳的封地闭门思过。

吕不韦虽罢去相职，但威名不减。他在洛阳住了一年多，列国名人来拜会的络绎不绝。

嬴政闻讯,很是担心,遂颁诏,将吕不韦和他的家人流放蜀地。吕不韦接诏,惧祸仰药自杀。

这是秦王政十年(前237年)的事。

吕不韦死后,若干门客为他送葬。嬴政下令:凡临丧之人,原是三晋人而来秦的,一律驱逐出国;原为秦人的,禄在六百石以上者,免官流放;没有临丧的门客,也一律迁出京师。

吕不韦的余党就这样被彻底铲除了。

3. 荀彧:碧血映丹心

在今天的河南省许昌市流传着这样一个故事。

东汉末年,曹操在山东打起"忠义"大旗,招兵买马三十多万,一心要图谋中原。曹操知道要想在中原立住脚,就得招贤纳士。于是,在发兵前,曹操先到泰山庙中拜访高僧,询问中原的贤才。老和尚没正面回答,只赠他一个锦囊,说进驻中原之后,有人站出来指名道姓骂他时,一看便知。

曹操密藏锦囊,统率大军浩浩荡荡杀奔中原而来。打到许昌,曹操见这个地方非常富庶,就传令三军,安营扎寨。军帐设在北门内一个名叫景福殿的大庙里。曹操的同族弟弟曹仁带着亲兵四下抢夺,百姓惶惶不安。三天之后,四个城门上一齐贴出了内容一样的有头帖子,上边写着:"曹操到许昌,百姓遭了殃,中原受涂炭,汉朝难安邦。"下面落款是赫赫四个大字:许昌荀彧。

曹仁火速将此事禀告曹操。曹操看过帖子后,猛然想起僧人赠囊之事。急忙取出锦囊拆看,见白纸上写着几行字:"开口就晌午,日落弯月上。十天头长草,或字三撇旁。才过昔子牙,谋深似子房。"这是一首藏意诗。曹操左思右想,半天才解开其中秘诀:"开口就晌午","开口"即"言","晌午"取"午",言午是"许","日落弯月上",日在上,扁月在下,是"昌"字,"十天头长草",十天为一旬,旬字加草字头,是"荀";"或字三撇旁",是"彧"字。曹操顿开茅塞,高兴得连连说道:"贤人来了,贤人来了!"

荀彧出身于汉臣世家，为匡扶汉室，三易其主，投靠曹操。守兖州智平叛乱，劝谏曹操建立后方根据地。

现在的河南省许昌市就是汉代颍川郡的颍阴县，它坐落于都城洛阳东南面的一片沃野上，荀彧就出生于该郡的名门望族。他的祖父荀淑，字季和，学识渊博，品行高洁，官至朗陵侯相，与朝中清廉公正的士大夫李膺结有深厚的友谊。荀淑有八个儿子，均才德超群，当时人称“八龙”。县令苑康由此想到远古高阳氏的才子八人，就将荀淑所住的西豪里改为高阳里。荀彧的父亲荀绲，排行老二，德行纯美，累官至济南国相。荀彧的叔父荀爽十二岁时，就通晓《春秋》和《论语》，知名当世，后来官至司空。荀彧年少时，受过良好的家庭教育和儒学的熏陶，南阳名士何颙称他有“王佐之才”。

189 年，荀彧被举为孝廉，任守宫令。董卓之乱后，弃官归家，为逃避战祸，接受冀州牧韩馥的邀请，带领宗族移居冀州。但到冀州后，韩馥的地盘已被袁绍吞并。荀彧见到弟弟荀谌及同郡的辛评、郭图等人都在袁绍麾下，便也投附于袁绍，袁绍待彧以上宾之礼。经过一番观察，荀彧看出袁绍虽然谦逊待人，但不懂得如何用人，而且色厉内荏，志大才疏。恰好曹操这时来到东郡。荀彧听说曹操有雄才大略，思贤若渴，知人善任，就把自己匡扶汉室，拯社稷、黎民于水火之中的希望寄托在曹操身上，他离开袁绍前往东郡，曹操见名士荀彧来投，喜出望外，当即任命他为司马，参谋军事。曹操逢人便说：“荀文若是我的张子房啊！”

192 年，曹操领兖州牧，又迁镇东将军。荀彧常以司马之职随从左右，出谋划策。194 年，曹操第二次东下，征伐徐州牧陶谦，命荀彧和程昱同守鄄城，并由荀彧主持留守方面的事情，曹操率兵进入徐州后连下五城，一直打到琅邪、东海二郡，正准备举兵攻克徐州治所郯城，兖州却发生了反对曹操的叛乱。

发动叛乱的是陈留太守张邈和曹操的谋士陈宫。他们欲乘曹操亲自领兵东征，内部空虚的时机，迎接驻兵河内的吕布东来，共同统治兖州。吕布到来后，没有粮饷。张邈就派人欺骗荀彧说：“吕将军赶来帮助攻打陶谦，应该赶紧供应粮饷。”兖州的官员猜不透吕布的来意，都不知所措。荀彧看出是张邈作乱，但他处变不惊，沉着冷静。一方面派人将张邈叛变的消息迅速报告曹操，一方面将驻扎在东郡的大将夏侯惇调回鄄城。在夏侯惇率领部众回到鄄城的当天夜晚,荀彧下令将城内通敌的数十名将吏杀死,从而安定了人心。这时豫州刺史郭贡率数万军队来到鄄城城下,城中人心惶惶。郭贡派人请荀彧出城相见,荀彧当场答应。夏侯惇劝阻说:"君肩负重任,只身前往郭贡营中,如入虎穴,凶多吉少。"荀彧说:"郭贡与张邈等人,过去关系并不密切。现在带兵来此,必然举棋不定。乘此机会前去游说,即使他不肯听从,也可以争取他保持中立。如果我们心中疑惧,不去见他,他定会恼羞成怒联合张邈来攻打我们。"荀彧仅带了几名随从前往郭贡营中。郭贡见荀彧镇定自若,毫无畏惧之色,认为鄄城不易攻取,就引兵退去。荀彧又急忙派程昱前往范县和东阿通报情况,鼓励当地官兵据城坚守。后曹操率大军归来,这一场危及曹操生存的叛乱被荀彧挫败了。

董卓之乱时,曹操的父亲曹嵩在琅邪躲避战乱,被陶谦的部下杀死,所以曹操攻打徐州的战斗异常惨烈,第一次东征时就杀徐州男女数万人,尸体倒伏在流经彭城的泗水中,河水为之阻塞。二次东征徐州后,陶谦病死,刘备代为徐州牧。曹操打算乘陶谦新死之机,夺取徐州。没想到荀彧却说出另一番道理:

> 从前汉高祖保关中,光武帝据河内,都是先建立根据地。有了根据地,进可以战,退可以守。虽然他们在与敌人的角逐中也有过失败,但最后还是完成了统一大业。将军本来是在兖州起兵的,在那儿您还打了不少的胜仗,百姓无不心悦诚服。兖州又是兵家必争之地,易守难攻,这可是将军的'关中'、'河内'啊!现在您应该首先打垮吕布,彻底解除他对兖州的威胁。如果放掉吕布,出征徐州,那么在兖州多留守军则前方兵力不足,少留守军则百姓只能躲避城中,不敢出城劳作。若是吕布乘虚而入,只有鄄城、范、卫三城可以保全,其余城池,将非将军所有。陶谦虽死,徐州并不容易攻克。前次将军讨伐徐州,实行威罚,杀人太多,他们的子弟为报父兄之仇,一定人人奋战。现在东方的麦子已经收割,徐州的吏民必然坚壁清野,以待将军。将军率军到徐州,攻之不克,掠之无获,不出十天,十万大军将不战自困。如果徐州不能平定,兖州又失守,将军要到何处立足呢?请将军三思而后行!

曹操听了荀彧这番话,认为确有道理,就放弃了攻打徐州的计划,率领军民抢收小麦。不久,曹操出兵击败了吕布,接着,又平定了兖州境内的反叛势力,使自己的根据地得到了巩固。

荀彧说服曹操挟天子以令诸侯，但在“衣带诏”一事上与曹操稍有间隙；可他在官渡之战前透析敌我形势，激励曹操消灭袁绍。

196年，汉献帝历尽艰险逃回洛阳。曹操闻讯，召集将领谋士商议对策，有人认为：“山东地区尚未平定，韩暹、杨奉刚刚护送天子回到洛阳，他们又与河内的张扬联合，恐怕难以对付。”曹操听后犹豫不决。在此关键之时，荀彧提出了自己的见解：

> 春秋时期，晋文公接纳周襄王，诸侯纷纷去追随他。汉高祖为义帝穿上白衣发丧，天下人都来归服。董卓变乱之时，天子蒙尘，播迁长安，将军在陈留首举义兵讨贼。只因山东地区群雄割据，才未能远赴关中勤王，但仍然派遣将帅，冒险通使朝廷。将军虽御难于外，而无日不心系王室。兴复汉室，正是将军平素的志向。现在皇帝流徙不定，东都洛阳残破，忠义之士有怀恋王室的心意，老百姓也有感旧的哀痛。如能利用这一机会迎奉皇帝，是符合大家的愿望的。用忠于皇帝的行动，来镇服各据一方的豪杰，是很好的策略。如不及时作出决策，其他人定会产生非分之想，那时再考虑此事，恐怕已来不及了。

“先生所言极是。”曹操遂令曹洪领兵西进洛阳，此时，洛阳城外，将军董承与袁术部将苌奴的军队激战正酣，曹洪的军队受阻。得知此事后，曹操心中郁闷，当即赋诗一首：

> 我愿于天穷，琅邪倾侧左。
> 虽欲竭忠诚，欣公归其楚。
> 快人由为叹，抱情不得叙。
> 显行天教人，谁知莫不绪。

此诗表达了曹操欲迎奉献帝，用天子的政令教化万民的心愿。七八月间，曹操带兵进入洛阳，宿卫京城。献帝拜曹操为司隶校尉录尚书事。九月迁都于许，献帝拜曹操为司空，行车骑将军，拜荀彧为侍中，守尚书令，常居朝廷决断大事。

迎天子到许都后，曹操取得政治上的优势。袁绍依仗自己兵强马壮，给曹操修书一封，措词傲慢。曹操看后，非常恼火，他把信交给荀彧说：“袁绍不义,我想出兵讨伐他,但力量不足,怎么办?”

荀彧胸有成竹,侃侃而谈:

> 自古以来,成败在于人的才智,而不在一时力量的强弱。如有其才,虽弱必强,若非其人,虽强必弱,刘邦、项羽的存亡,便是例证。现在同您争夺天下的,只有袁绍。袁绍表面上宽宏大量,实则心胸狭隘,不能放心用人;而您贤明通达,只要是人才,便加以重用,这在度量上胜过他。袁绍遇事犹豫不决经常错失良机,而您办事果断,善于随机应变,这就在谋算上胜过他。袁绍治军宽缓,法令不严,士兵虽多,其实难用;而您军纪严明,赏罚必行,士兵虽少,皆能死战,这就在武力上胜过他。袁绍依仗门第,沽名钓誉,跟从他的都是务虚名而无实际本领的人;而您以仁义和诚心待人,自己严谨俭朴,但对有功之人却倍加赏赐,所以天下有才能并讲求实效的人,都愿跟随您,这就在德行上胜过了他。您有这四个长处,再以辅佐天子的名义,仗义征伐,谁敢不从?袁绍虽强又有何用!

曹操听了这番话,愁眉顿时换成笑颜,说:“先生过誉了,我实在不敢当。”

几年之后,曹操战胜其他对手,开始与袁绍抗争。荀彧分析了当时的形势,建议曹操首先除掉吕布。他说:“吕布在将军肘腋之下,为害甚大,不先攻取吕布,袁绍是不易讨伐的。”曹操回答说:“先生之言正合我的心意,我所担心的是袁绍乘我东征吕布之机,侵扰关中,乱羌胡,南诱蜀汉。这样,我就要以兖、豫两州之地对抗占天下六分之五的广大地区。君有何良策?”荀彧说:“关中地区将帅数十人,各自为战不相统属。其中韩遂、马超最为强盛。他们见关东群雄相争,必然各自拥兵自保。今天如以恩德安抚,派使者与之联合,关中虽不能长治久安,但在将军平定关东以前,不会出现大的变故。钟繇足智多谋,可以独当一面,担此重任。派他安抚关中,将军率军东征,便无后顾之忧了。”曹操采纳此计,于199年擒杀了吕布。

就在曹操准备攻打袁绍之时,朝中发生了反对曹操的政变。献帝到许都后,生活虽比以前安定,但精神上却更感孤苦。他手中毫无实权,纯粹是一个挂名皇帝,随着时间的推移,献帝逐渐对曹操的专横感到不满,于是采取了一个大胆的行动。199年,献帝把密诏藏在衣带里派人送给他的岳父车骑将军董承,要他联络天下义士,共同除掉曹操。董承接诏后,四处奔走,说服王服、吴硕、刘备等人准备起事。后来,计划泄露,200年,曹操处死董承,并灭其三族。董承的女儿是献帝的贵人，当时正有身孕，献帝一再请求宽恕，但曹操最终还是让人把她缢死了。这件事深深地刺激了献帝和伏皇后，伏后担心自己会落得同董贵人一样的下场，便给她的父亲、屯骑将军伏完写了一封信，以激烈的言辞叙述了曹操残暴侵逼的情景，要伏完暗中除掉曹操。伏完得信后，曾拿给荀彧看，荀彧看完信后，心里很不是滋味，但又无能为力，只能是空自嗟叹。

200 年，袁绍十万军队将曹军包围在官渡。袁绍令士卒堆起土山，架起木楼，箭射曹营，矢如雨下。曹操令士卒制造发石车，发射石块，击毁木楼。袁绍又令士兵挖地道，曹军则在营内挖横沟，截断袁军地道。双方相持一段时间后，曹操粮食不足，准备退回许县，荀彧劝他说："如今军粮虽少，却没有楚汉之际高祖刘邦与项羽在荥阳、成皋相持时情况严重，当时刘邦与项羽都不敢先退兵，先退者势屈。现在袁绍将全部兵力集结在官渡，要与将军决一胜负。将军仅以一万的兵力而能坚守官渡，扼咽喉要地，阻止袁军前进，已达半年之久。这是以最弱抵挡最强，如果不能取胜，必然为敌所乘，在这生死存亡的时刻，关键是要坚持住。等到袁军攻势衰竭，战局就会发生变化。如今已到出奇制胜之时，千万不可退兵，坐失良机。"荀彧又征集了一批粮草送到官渡。曹操打消退兵的念头，继续与袁绍对抗。最后终于以少胜多，在官渡击败了袁绍。

一年以后，曹操因军粮缺乏，决定乘袁绍新败，南伐刘表。荀彧劝阻说："如今袁军溃败，百姓离心。应该乘其困顿，一举平定河北，如果穿越兖豫二州，引军远出江汉，南伐刘表，袁绍定会收集散兵游勇，乘虚攻击我们，我军腹背受敌，后果不堪设想。"曹操听从荀彧的劝告，驻军于黄河南岸。不久，袁绍病死，曹操提点兵马，北渡黄河，击败袁绍诸子，平定了河北。

203 年，曹操向汉献帝上了《请爵荀彧表》，说："荀彧自从来到我的军营，就跟随我奔走征伐，他每次献策，都能收到好的效果。荀彧到尚书台后，每天都陪伴在您的左右，忠诚恭顺，办事谨慎公允，天下得以平定是荀彧的功劳啊！"献帝封荀彧为万岁亭侯。

说曹操罢九州之议，与曹操结秦晋之好。曹操功高日骄，铲除异己，荀彧忠诚汉室，服毒自尽。

曹操攻克邺城后，自领冀州牧。有人向曹操进言说："应该恢复古代九州的建置，那么冀州所控制的地方就大了。"曹操欲采纳这个意见，荀彧却说："如果这样，冀州应该得到河东、冯翊、扶风、河西、幽并之地，要归并进来的地方很多。不少人听到这个消息，都将担心自己的地盘被夺去，这样就会发生变乱，而一旦发生变乱，就很难处置。等到天下统一以后，再来议论恢复古制，才符合国家的长久利益。"经荀彧这么一讲，曹操就把设置九州的建议搁置下来了。荀彧虽然以"不易谋取天下"为理由，反对设置九州，实际上未尝不包含有防止曹操权力过重的用意。

这时，荀彧的侄儿荀攸已成为曹操的主要谋士，荀彧的兄长荀衍官至监军校尉，驻扎邺城，都督黄河以北的军事。太祖征伐袁尚时，高干秘密派兵偷袭邺城，荀衍预先得知，就把他们全部处死，因功被封为列侯。曹操主动将女儿嫁给荀彧的长子荀恽，两家遂结为秦晋之好。

208 年，曹操为巩固自己的地位，做了两件大事：一是上表献帝罢除三官之职，重新设置丞相、御史大夫，自己做了丞相，总揽朝政，将朝廷实权掌握在自己手中；二是杀了拥汉派人物孔融。孔融依仗自己的名望，不仅多次"戏侮"曹操，而且还提出恢复"王畿之制"，以京都周围千里之内，归属朝廷直接管辖，以此限制曹操势力的膨胀，扩大汉王室的实权。这年曹操正准备以武力南征荆州，孔融当着孙权使者的面说："文德以来之。"要曹操施行礼乐教化，以使南方的敌人自动前来归服。把孔融这样的人留在朝中，曹操如何放心得下，知其心意的御史大夫郗虑收集孔融的言行，令人参奏孔融，曹操趁机将孔融逮捕后处死。

南征荆州之前，曹操又向荀彧问计。荀彧说："如今北方已经平定，南方人士已感危殆。可以做出大军出叶城的姿态，而令精锐骑兵抄小路间行，日夜兼程，直趋襄阳，出其不意，攻其不备。"曹操依计行事。曹军南下途中，刘表病死。曹操到达宛城，刘表的儿子刘琮举州投降。曹操领兵追击刘备，直达江陵。但就在两个月后，骄傲轻敌的曹操被孙刘联军打得大败。曹操退守合肥后，写了一首感伤的诗：

对酒当歌，人生几何，譬如朝露，去日苦多……月明星稀，乌鹊南飞，绕树三匝，何枝可依？山不厌高，海不厌深，周公吐哺，天下归心。

赤壁的失利，使曹操一统天下的愿望化为泡影，也延缓了他进逼王室的进程，而不得不想仿效周公辅政了。这时，朝廷中的拥汉派乘机向曹操发难，说他有“不逊之志”，有人甚至要求曹操交出兵权。为反对政敌，安抚拥汉势力，曹操于210年十月写了《让县自明本志令》。在这篇文章中，曹操将自己代汉的意图深藏起来而特别强调自己对于汉室的忠心。

北方重新稳定后，曹操欲南征孙权，长史董昭进言说：“自古以来，人臣处世，未有如丞相之功者，即使周公、吕望也望尘莫及啊！栉风沐雨三十余年，扫荡群凶，为百姓除害，使汉室复存，岂可与诸臣宰同列乎？现在应该授给魏公的爵位，并加‘九锡’。”拥曹派私下与荀彧商量此事，以试探他的态度。荀彧身为汉朝重臣，自幼受封建正统观念的熏陶，自然要恪守封建道德，只想尽忠汉帝，而不愿投靠曹操的营垒，成为汉朝的贰臣。就回答说：“曹公兴义兵是为了匡扶朝廷，安定国家，应该秉忠诚之心，守退让的实意，古人说君子爱人以德，你们不应这样做。”曹操得知荀彧的态度后，心中十分不高兴。

这年，曹操南征孙权，上表朝廷，请荀彧到谯慰劳将士。于是荀彧前往谯地犒师，行饮飨之礼。礼毕，准备回许，曹操擅自将荀彧留在军中，以侍中光禄大夫持节的名义，参丞相军事。这样，曹操就把荀彧控制在自己的手中。曹操进军到濡须，荀彧因病留在寿春。一天，曹操命人送来食物，荀彧打开一看，里面空无一物。荀彧明白曹操的用意，于是烧毁自己的奏稿，服毒而亡。有诗赞曰：

颍上荀文若，人称王佐才。
声名齐五岳，功业震三台。
孟德无始终，留侯不再来。
忠心怀恨死，天下尽悲哀。

荀彧死后，献帝十分悲痛，祭祀时停止了宴饮奏乐，谥曰“敬侯”。第二年，曹操即被加爵为魏公了。直到曹魏末年，曹氏政权将被司马氏所代替，曹魏才认识到荀彧忠君之心的可贵，并追赠以太尉之职。

4. 李德裕：玉杯破碎无复全

在河北省赞皇县城东十里有一座百陵岗，若是在秋风凛冽的时节来到这里，看到的会是一片摧败零落之景，只有坟墓上的枯草瑟瑟发抖，似乎在诉说一个遥远的故事。谁能想到，这些毫不起眼的土堆头中，埋藏的是一个曾经显赫一时、势焰中天的世家望族。

父子联手排挤武元衡，小李耍弄权术的“天赋”初露端倪。

中唐宪宗元和（806—821 年）初年，赵郡李氏共有三人被拜为相：南房李蕃，西房李吉甫，东房李绛，成为中唐显赫一时的阀阅之家。到了唐文宗（李昂）大和（827—831 年）、开成（836—841 年）之间，又有三人拜相：李蕃之从弟李国亨，李绛之近从李钰，另一个就是本文的主人公，李吉甫之子李德裕。

尤其值得一提的是西房这一支曾经出过一位特殊的人物，即李德裕的曾祖李载。据唐李肇《国史补》记载，李载这个人经常带鹰携妓，骑车出猎，呼朋唤友，当街而过，目若无人，连请他做官他都不肯，在他的身上有一股燕赵豪侠之气，地方官吏仍把他当做不可轻视的特殊势力。也许，在那个时候，他留给子孙的除了政治、经济、文化上的特殊权力外，给李德裕影响最大的恐怕是这种相当潇洒而又特殊的掌权方式！

由于传统的旧观念作怪，李德裕虽然潜心苦学，却耻与庶族为伍，不肯通过科举求取功名，而希望靠门荫（子孙凭借世族荫庇而被推恩授官）入仕。宪宗元和元年（806 年），在他二十岁的时候，授为校书郎。第二年正月，父亲李吉甫拜相，同时拜相的还有武元衡。为了避嫌，李德裕不得不离开京城，游宦地方，在方镇幕府中任职数年。

虽然离开京城，但李德裕的眼光始终关注着最高层的人事变动。和父亲一起拜相的武元衡，本来和李吉甫在大政方针上有许多相同之处，特别是对待藩镇叛乱上，两人都主张严厉镇压。平素武元衡气质高雅，论事有风采，在朝中深孚众望。李吉甫看在眼里，心中闷闷不乐，视武元衡为自己仕途上的拦路者。李德裕深知父亲心事，于是积极出谋划策排挤武元衡，在李德裕的安排下，李吉甫引用狄仁杰（武则天时的著名宰相，武后革命的功臣）的后代，时为襄阳从事的狄兼谟为拾遗，自己亲自草拟制词，引武后革命之事，盛赞狄仁杰，要求修狄仁杰祠庙，借狄兼谟之手而上书宪宗，想通过吹捧狄仁杰来影射武元衡，从而达到排挤他的目的。由于宪宗头脑还算清醒，没有冷落武元衡，但也未觉察李氏父子的阴谋。李氏父子联手，共同排挤武元衡，虽是一个小小的插曲，但李德裕善于要弄权术的“天赋”已初露端倪。

元和三年（808 年）二月，李吉甫进封赵国公，日益受宠于宪宗。这年的四月发生了一桩著名的制科案。在策试贤良方正直言极谏科中，担任考官的杨于陵、韦贯之、王涯（其外甥皇甫湜被定为上第等级）等人被指控科场舞弊，因此丢了乌纱帽。李吉甫被认为是发难者之一。城门失火，殃及池鱼。参加考试并且临场发挥甚佳被评为上等的牛僧儒、李宗闵等人，本来深得宪宗嘉许，飞黄腾达指日可待，此时也被兜头浇了一盆冷水，断了升迁之路。牛、李等人因此对李吉甫恨之入骨。“父债子还”是中国的传统，这次策试风波为日后的牛李党争埋下了伏笔。

围绕科场案，牛、李第一次正面交锋，李德裕小胜一局。正当李德裕得意之际，父亲的对手李逢吉给了他当头棒喝。

元和九年（814 年）正月，深得宪宗信任，二度为相，正走向权力巅峰的李吉甫暴病身亡。李德裕当年丁忧守制，未任任何官职。元和十一年，李德裕被辟为河东节度使掌书记，后因受李逢吉等人压抑，长期未得调用。

元和十五年正月，宪宗被宦官杀害，穆宗登基。李德裕与李绅、段文昌、柳公权等同除翰林学士。翰林学士在唐初只不过是类似俳优的文人，到中唐以后，其职权相当特殊，时称“内相”。因为像宰辅的任命、皇储的废立等关涉国家前途的重大机密的草诏需要有一些有文采而又是心腹的人来起草。这个任务就落到翰林学士的头上，翰林学士成为深得皇上信任的荣誉职位。接着又改任屯田员外郎、中书舍人等机要秘书之职。

穆宗登基之初，政事荒怠，皇亲国戚交结宦官，刺探宫中机密，暗中和大臣来往，于政治危害极大。李德裕向穆宗建议：以后驸马等皇亲如有公事需见宰相，可在中书省相见，不准私自到家中去，其忠心耿耿深得穆宗赞赏。

穆宗长庆元年（821 年）三四月间，国家举行科举考试，右补阙杨汝士与礼部侍郎钱徽掌贡举，西川节度使段文昌、翰林学士李绅各修书一封，向钱徽推荐才俊（这在唐代科举考试中是正常的）。可是到了放榜时，段、李所推荐的人一个也不在榜。相反，一些不学无术的权贵子弟倒榜上有名，他们是郑朗，前宰相郑覃之子；裴之巽，前相裴度之子；苏巢，牛党首领李宗闵的女婿；杨段士，则是主考官杨汝士的亲弟弟。显然，这是一起“科举舞弊案”，段文昌、李绅等人对此十分不满，上书要求复试。穆宗问起此事，李德裕证实了这一点，并建议由中书舍王起等人主持复试。于是郑朗等数十人纷纷落马，穆宗贬钱徽为江州刺史。李宗闵为剑州刺史，杨汝士为开江令。与李德裕同称翰林“三俊”的李绅、元稹也与李德裕相呼应，上书指斥李宗闵等结党营私，一时牛党羽翼纷纷落马，朝中牛党骨干只剩下御史中丞牛僧儒一人茕茕孑立，形影相吊。

长庆二年二月，李德裕迁中书舍人，接着又为御史中丞，握有实权。此前李逢吉因阻挠李吉甫、裴度对淮西用兵，不合宪宗意，罢相出为襄州刺史，山南东道节度使。及穆宗立，李逢吉因侍读穆宗有恩，于是派人秘密交结宦官，在穆宗前游说，不久即调入朝中任兵部尚书。此时，裴度也从太原入朝，与工部侍郎元稹相次拜相。“人心不足蛇吞象”，李逢吉拜兵部尚书之后，还想谋求相位，就利用裴度与元稹个人之间的不和，挑拨是非，制造矛盾，使二人俱罢相位。长庆二年六月，李逢吉如愿以偿，登上相位。李逢吉在宪宗时因为李吉甫的原因丢了相位，因此对他恨之入骨，现在便迁怒于李德裕。本来李德裕和牛僧孺均有当宰相的声望，李逢吉就拉牛打李。同时又害怕李绅阻止其事，又制造了李绅与韩愈的矛盾，贬李德裕为浙西观察使，以李绅为御史中丞，这样他们离开内阁后就便于进一步排挤。九月，李德裕任浙西观察使（主管军事、财赋、风俗习惯等），从此八年不得升迁。第二年，在李逢吉的推荐下，牛僧孺由户部侍郎拜相。这年八月，裴度出为山南西道节度使；九月，元稹由同州刺史改为越州刺史、浙东观察使，离京城愈来愈远。李党前辈和羽翼此时也是失意颇多，特别是李德裕，初次尝到了父亲留下的恶果。

李德裕贬到浙西后并未消沉，他注意改革旧弊破除迷信。当时浙西民间迷信鬼怪，有父母兄弟患病，不但不积极治疗，反而丢弃不养。李德裕到任后，选择那些乡中有名望的明智之人，动之以情，晓之以理，对不听从者，则绳之以法。几年时间便革除了陋俗。当时还盛行建设庙宇，除了那些历代名臣贤士的祠庙外，李德裕把其余的均视为淫祠，全部拆毁，减轻了老百姓的经济负担。穆宗知道后，大为赞赏，下诏予以表扬。然而还未来得及提拔，长庆四年正月，素对李德裕有好感的穆宗因服“长生药”而暴亡，幸运之神再次与李德裕擦肩而过。

二月，敬宗即位。李逢吉勾结宦官王守澄，进一步打击李党，贬李绅为端州司马。而牛党人物则纷纷得到升迁。四月，李逢吉封凉国公；十二月，牛僧孺进封奇章郡公。而敬宗还只是一个十六七岁的小青年，十分贪玩，根本不懂政治，朝政完全掌握在牛僧孺和李逢吉二人手中。

李德裕身在浙西却心系朝廷，献上六首《丹扆箴》，对敬宗不坐朝议政，不纳忠言，任用群小，沉溺于酒色，一一提出诚恳的批评和劝诫。敬宗虽不能一一接受，倒也十分欣赏他的忠诚，听说他是名相李吉甫之子，很有召回京城、委以重任的意思。恰逢此时，牛僧孺害怕因进谏而得罪敬宗，请求外任为武昌节度使。这对李德裕来说不啻天赐良机，但又因李逢吉从中作梗，宰辅的职位再次与他失之交臂。

仕途险恶，距宰相位仅一步之遥的李德裕忽遭厄运，但一贬再贬却使他积累了雄厚的政治资本。他在三方争斗的夹缝中熬过了黎明前最黑暗的一段时光。

宝历二年二月，裴度因声望甚高，并以山南西道节度使身份入朝拜相，而李逢吉党则大为惊恐，屡次放出谣言诬谄裴度。敬宗虽然年少，却能看出李逢吉的阴谋，反而益加倚重裴度。十一月，李逢吉罢知政事，出为山南东道节度使，出镇襄州，从此以后，再也没有入朝执政。十二月八日，敬宗被害，宦官拥立文宗。朝中党争，在此之前是李吉甫、裴度与李逢吉之间的斗争。从文宗大和起就变为李德裕与李宗闵、牛僧孺之间的斗争。

文宗即位之初，裴度与另一宰相韦处厚相得益彰，注意革前朝之弊，大和初唐的政治大有可称之处。大和三年（829 年）八月，李德裕应召入朝，任兵部侍郎，结束了长达八年的贬谪生涯，似乎预示着一个美好的前景。加上裴度的推荐，李德裕正准备入相。而此时的李宗闵为吏部侍郎，勾结宦官，抢在李德裕之前当上了宰相。裴度虽然为宰相，可是年高体弱，已经无所作为。李宗闵觉得李德裕在朝中始终是一个威胁，九月，李德裕在朝中连椅子都没坐稳，就像做梦一样被李宗闵排挤到滑州担任刺史。此时正值滑州刺史李听兵败之际，滑州“物力殚竭，资用乏荒”，李宗闵可谓“用心良苦”。可是李宗闵觉得滑州还是不够偏远，于是借剑南西川节度使因病求代之机，十一月份调李德裕去接替，企图让李德裕永世不得翻身。

第二年正月，李宗闵引另一个牛党核心人物牛僧孺自武昌节度使入相，同时援引的还有杨虞卿等党人。杨虞卿因结党营私，利用科试舞弊纳贿而臭名昭著。

李德裕新任的剑南西川，南接南诏，西临吐蕃。两族与唐朝的关系破裂后，特别是唐朝经过安史之乱国力大衰后，西蜀人民的生命财产安全受到严重威胁，百姓惶惶不可终日。李德裕赴任后，痛矫前弊，在军事设施和军队建设方面，花了不少心血，这些给两族以极大震慑。维州守将、吐蕃大将军悉怛谋自愿投降。李德裕对他的诚意悉心考察，接受了，不费一兵一卒占领了西川扼守吐蕃的重镇维州，文宗得知惊喜不已。李德裕建议乘机直捣吐蕃心腹。大多数大臣赞同李德裕的意见，他们很希望借此机会洗雪长期以来国家所蒙受的奇耻大辱。但牛僧孺反对，认为这样有弃信义。实际上吐蕃才最不讲信义，曾多次伏杀与之谈判的唐朝将领，但文宗听从了牛僧孺的建议，命李德裕将维州和悉怛谋等三百多降兵一并交付吐蕃，李德裕连连上表表示反对，可是在牛僧孺的干涉下，文宗严厉命令执行，李德裕只好照办。果不其然，吐蕃对降兵肆意凌辱残杀。南诏又趁机攻占了三个县。西川监军宦官回朝后，将悉怛谋等人惨遭杀害的情况告诉了文宗，还说从此以后再也不会有人来投诚了。文宗听了十分懊恼，迁怒于牛僧孺，大和六年，罢牛僧孺相，出为淮南节度使，同时召李德裕入朝为兵部尚书。大和七年二月，擢为中书侍郎，六月，李宗闵亦被罢，出为山南西道节度使。李德裕借文宗问朋党之事的机会，大肆渲染朋党的危害，一一打击牛党骨干成员。

大和七年，郑注、李训结纳宦官头子王守澄，密谋搞掉李德裕。原来李训是肃宗朝宰相李揆族孙，李逢吉是其从父。为了帮助李逢吉，李训与他人合谋，制造冤狱来中伤裴度，但被人揭发，流放岭南，遇赦返回洛阳。而此时的李逢吉为东都留守，贼心不死的他想再度入相。于是派李训持金帛珍宝数十万，贿赂郑注，郑注又把李训推荐给王守澄，王守澄又荐引给文宗。几个人狼狈为奸，沆瀣一气，利用李宗闵以与李德裕为敌，召李宗闵自山南西道节度使为相，李宗闵一上任，李德裕立即厄运降临，复为他曾经当了八年的浙西观察使，此后七年如浮萍飞蓬，辗转飘零于各地。

排挤李德裕，实际上是以王守澄为首的宦官集团和以郑注、李训等擅权的朝官与牛党三方联手共同策划的阴谋。他们为了抵制并排挤李德裕，又擢李训为翰林侍讲学士。同时将李德裕的老朋友御史大夫郑覃左迁秘书监，李绅也遭排挤。

大和九年三月，左丞王璠、户部侍郎李汉（这几个人都是牛党死党）在李宗闵的授意下诬告李德裕，妄图置李德裕于死地。事情是这样的：李德裕初任浙西观察使，奉诏安排宫人杜仲阳于道观，供其衣食。而杜仲阳正是漳王的养母，因为漳王的原因，放逐杜仲阳于润州故里。李汉、王璠趁机诬告李德裕厚赂杜仲阳，结托漳王，图谋不轨。严禁大臣与诸王交结，这是玄宗以来不可更改的祖训，因为这对皇帝来说最具威胁。文宗知道后大怒，于蓬莱殿召来王涯、路隋、王璠、李汉、郑注等，当面对质，幸亏路隋以命担保，才免李德裕一死，但左迁李德裕为太子宾客，分司东都，没有一丝一毫实权。四月，李德裕又因对文宗所谓“大不敬”而贬为袁州刺史。

李德裕被贬后，反对他的三方势力相互倾轧，演绎了一幕更为惊心动魄的权力斗争。“狡兔死，走狗烹”，郑注、李训借李宗闵之手排挤了李德裕后，又借杨虞卿案于本年六月贬李宗闵为明州刺史。七月，又告发李宗闵交结宦官求为宰相，再贬为处州刺史。八月又贬为潮州司马，李宗闵的党徒杨虞卿、李汉等都被贬黜。这实际上是有志于除去朋党的文宗借郑注、李训之手，将牛、李两党各打五十大板。驱逐了牛、李两党后，郑、李准备趁热打铁，铲除宦官集团。十一月二十一日，发生了震惊天下的“甘露之变”，郑注、李训等人事败被宦官所杀，文宗也被宦官软禁起来。

武宗即位，李德裕如鱼得水，“错综万务，应变开阖”的政治才干，使他成为“唐中世第一等人物”，踏上了政治权力的巅峰。

开成五年（840 年）正月，宦官头目仇士良拥立穆宗的儿子、文宗的弟弟为帝，是为武宗。武宗之立并非宰相本意，于是武宗即位后首先便罢了杨嗣复、李钰的宰相，杀了文宗所宠爱的刘弘逸、薛季昶，这样无意中为李德裕扫除了部分政治上的绊脚石。七月，李德裕被召入朝，九月拜相，翻开了他一生中最为辉煌的一页。

李德裕在拜相谢恩时，就朋党、藩镇和宰相之权三个问题向武宗进言：一，要辨群臣的邪正，这是针对文宗朝朋党纷争而言的，要防止小人为了一党私利而交结宦官。二，朝政要归中书，即宰相和下属机构，以防止宦官专政。三，宰相任职时间不宜过长。急于想有所作为的武宗十分赞赏李德裕的主张，更加信任他了。朝外，李德裕拜相后，李绅由宣武节度使改淮南节度使。第二年因汉江发大水，毁坏民居多不可数，李德裕借此削去山南东道节度使牛僧孺的实权，改为太子少师，而牛党另一重要人物李宗闵此时为太子宾客，分司东都，不为武宗喜欢，不足为惧。这样，朝中有武宗信任，朝外有同党同志相应，李德裕因此有了施展政治才干的良机。

会昌元年（841 年）九月，幽州镇守军叛乱，统帅史元忠被逐，牙将陈行泰为留后，上书朝廷，要求封为节度使。李德裕向来对军中擅自拥立统帅深恶痛绝，但他也没有断然拒绝。他对武宗说："河北事态，我很熟悉，以往朝廷急于安稳局势，才急忙下诏应允，但终不得长久稳定，不如放一放，幽州军必再发生变乱。"果然不久，陈行泰在变乱中被杀，张绛又自请节度使之职，朝廷听李德裕安排，又置之数月不理。闰九月，雄武军节度使张仲武派特使吴仲舒到京城，要求讨伐张绛。这时李德裕生病告假，但仍在家中接见了吴仲舒，详细询问张仲武的军力并考察其为人，认为张仲武确实效忠朝廷，于是全力支持，结果张仲武以极少兵力讨平了张绛，并在后来征讨回鹘中立了战功。在这件事上，李德裕处乱不惊静观其变，表现了过人的远见卓识和善于审时度势、把握机会的政治才干。

会昌二年，李绅由淮南节度使拜相，李德裕的力量更加壮大。他得以集中精力着手来解决回鹘问题。回鹘是西北地区古老的游牧民族，和唐朝时战时和，加上各民族的分裂、融合、迁徙，关系十分复杂。武宗登基后，另一个部落黠戛斯击溃了回鹘部落，使之分裂为马介部和温没斯部，游荡在唐廷边境，对唐构成严重威胁。而此时的唐朝经过安史之乱后，国力大衰，如何有效地抵御这些散兵游勇，实在是一件棘手的事情。

李德裕审时度势，一方面不拘一格选人才，提拔英勇善战但遭贬谪的将领积极备战，在军事上对敌人起到一定的威慑作用；另一方面不主张轻率用兵，对有意倾心于唐朝的温没斯部厚待有加，济以粮食，授予温没斯官爵。这样不至于树敌太多，减少唐朝边境的敌对力量，以便集中力量打击顽固不化的马介部。会昌三年正月，马介率兵进逼振威，唐军出兵反击，大破回鹘，马介受伤窜逃，后被族人杀掉。剩余之敌来幽州投降，回鹘对唐朝北部边境的威胁得到彻底解决。

会昌三年，李德裕进位司空、司徒，想急流勇退，但武宗不许："你每次请求辞相位，都使我无所适从。现在国家大事没有处理完，你怎么能一走了之呢?"由此可见武宗对他的倚重。

武宗所谓"国家大事"就是指昭义镇节度使叛乱问题。昭义镇地处唐廷心腹，与河北连横。早在文宗时，李德裕就奏请改其节度使刘从谏为宣武镇节度使，防止他在一个地方经营太久，易与河北藩镇勾结，但这个奏请未被采纳。武宗即位不久，刘从谏死，其侄刘稹冒充其子，仿照河北藩镇要求朝廷承认他世袭父位。众大臣认为国力不济难以讨伐，主张姑息迁就。李德裕从政治角度考虑，认为昭义镇和河北诸镇不同。河北诸镇几代皇帝都被迫应允其子嗣袭位，而昭义地处中原，如开先例，则其他诸军会纷纷仿效，中央集权则名存实亡，后果不堪设想。

以前唐朝命各道兵马合剿叛军的时候，各道兵马为了向国家多要经费，经常故意拖延，或者暗中与叛军商定，借其一县一地虚报战绩。鉴于此，李德裕命令各道只许占领州城，不要县邑。对于那些逗留观望者，李德裕命令各道互相监督，或派监军。这些都收到了良好的效果。

战斗正艰难进行，突然又节外生枝，派出剿灭刘稹的副将杨弁发动叛乱，与刘稹勾结。许多人认为应该罢兵，李德裕对武宗说："杨弁绝不可饶恕！如果两处用兵军力不支，宁可赦免刘稹，也要剿灭杨弁。"这才坚定了武宗用兵的信心。会昌四年二月，官军收复太原，杨弁被斩。七月，支持刘稹的邢、洛、磁三郡被收复，刘稹处境危急，部将郭谊杀掉刘稹，投降邀功。如何收拾这样的局面，武宗束手无策，李德裕不愧为一个精明的政治家，他洞悉其奸，认为："刘稹不过是一个乳臭未干的小子，所谓谋求传位，全是郭谊阴谋指使的，现在郭见大势已去，刘稹灭亡在即，又杀掉刘稹，只不过是在搞政治投机罢了，不杀掉他，将来必为后患。"于是假装接受郭谊的投降，趁机处决了这个动乱的幕后主使。

昭义镇的叛乱被平定后，朝廷的威信大大增强，地方藩镇再也不敢轻举妄动。李德裕因功进封为卫国公。

会昌灭佛，是李德裕政治生涯中最后一篇杰作，如同滑过天际的巨星作最后一闪，从此便陨落海角天涯，我们不由得想起了那句谶语："玉杯破碎无复全！"

李德裕在集中精力剿灭昭义镇叛军的时候，仍然没有忽视自己的老对手。会昌三年，李德裕借口李宗闵、牛僧孺与刘从谏交结，不宜置之东都（洛阳），由太子宾客分司贬为湖州刺史，扳倒了这只匍伏在自己卧榻之侧的老虎。刘稹败后，李德裕得到李宗闵与其交结的证据，再贬之为漳州长史，又流放封州。到宣宗即位，内迁李宗闵郴州司马，调令虽下，但未来得及离开贬所便去世，牛党失去了一个重要的领袖人物。同时，在诛杀叛将郭谊的同时，又杀刘从谏父子所欣赏的人物李仲京、王渥等十二家，甚至株连其子侄甥婿，连襁褓中的小孩也不能幸免。其中李仲京是李训之兄，王渥是王瑶之子，他们的父辈、祖辈都曾排挤过李党。甘露之变后，他们都逃亡到刘从谏帐下，苟延残喘，刘氏父子兵败，他们已是丧家之犬，根本构不成威胁，可是李德裕实在是在党争中吃够了牛党的苦头，便决计斩尽杀绝，不让一个人漏网。

会昌年间，在武宗的支持下，李德裕主持全国的灭佛工作，一共拆毁佛寺四千六百多所，没收寺院上等良田数千万顷，强令僧尼还俗二十六万多人，解放寺院奴婢十五万多人。除幽州、成德、魏博、泽潞等闹独立的藩镇节度使拒不执行中央命令外，其余地区都认真执行，并取得了良好效果，佛教同国家争夺政治、经济利益的矛盾有所缓和，历史上称为"会昌灭佛"。

但是，再高明的政治家也要根据实际情况，实事求是。当时佛教赖以生存的社会条件依然存在，移风易俗不是一蹴而就的事情。二十六万多僧尼突然失去了民间施舍，衣食住行全无着落，他们流散社会，到处抢劫财物，造成社会的极大不稳定，有的甚至跑到没有灭佛的藩镇当兵，为虎作伥，给国家的安全构成极大威胁。"会昌灭佛"这幅漂亮的大手笔上多少有些瑕疵：谁能想到，就是这小小的瑕疵成为那些日夜伺机反扑的政敌们再好不过的借口。

其实，即使李德裕权力鼎盛、在朝中说一不二的时候，处于劣势的牛党成员也并非缄默不语，他们已发出过不同的声音。会昌五年，宦官及牛党后期代表人物白敏中就攻击李德裕专权，怂恿韦弘质上书言宰相权太重。只不过此时李德裕是棵大树，加上有武宗的支持，以牛党的力量难以撼动。此时的李德裕根本没有意识到他正坐在火山口上。

会昌六年三月二十三日，三十三岁的武宗因服用金丹而死。三天后，宣宗即位。宣宗是宪宗的第十三子，是武宗的叔父。武宗在位，根本不把这个叔父放在眼中，多有不敬。所以宣宗一直对武宗心怀忌恨，并对武宗所器重的李德裕也心怀不满，当李德裕在宣宗登基仪式上奉册完毕，宣宗对侍臣说："刚才走近我的就是李太尉？他每一次看我都令我毛骨悚然。"李德裕功高震主，却不知功成自退。"卧榻之侧，岂容他人酣睡？"四月上旬，宣宗即位，罢李德裕相，出为江陵尹、荆南节度使。接着宣宗宣布复兴佛教，实际上否定了武宗及李德裕的所有功绩。五月，白敏中拜相，牛党东山再起。第二年二月，白敏中令其党羽李咸诬告李德裕执政时所犯错误，李德裕再贬为太子少保，分司东都。六月，白敏中推荐牛党后期另一重要人物令狐绹为考功郎中，知制诰。十二月，李德裕贬为潮州司马。一朝天子一朝臣，宣宗王朝，已经没有任何一个人能为李德裕说话，他只有被动挨打的份儿了。

大中二年（848）九月，六十二岁的李德裕由潮州司马再贬为崖州司户。崖州即今海南琼山县，那里是瘴气遍野的荒蛮之地，且必须渡过琼州海峡。以六十二岁的老病之躯远谪此地，牛党之用心，路人皆知。

第二年正月，李德裕才辗转到达任所。这时的李德裕已是众叛亲离，形单影只，以前的朋友，早没有音信，一人孤苦伶仃，如大海中飘浮的一叶扁舟，甚至缺衣少药。屋漏偏逢连阴雨，相依为命的妻子此时也冻馁而死，连儿子要求来奔丧，也被牛党断然拒绝。

十二月初，已经卧病在床三个多月的李德裕，饱受心灵的创伤和肉体的折磨，终于凄凉地离开了人世。"三百孤寒齐下泪，一时南望李崖州。"凄凉的结局仅仅为他博得一掬同情的泪水，与昔日那势焰冲天的八面威风比起来，实在反差太大。

当初，有位风水先生曾为李吉甫和牛僧孺相宅卜地，说过一句谶语：

“玉杯破碎无复全。”长达几十年的牛李党争偃旗息鼓了，它给人们留下了关于权力的无穷无尽的思索！

5. 司马光：不遗此老济国家

浩浩荡荡的淮河从桐柏山中流出，经过淮南路光州的光山县。这里山清水秀，是个美丽的地方。宋真宗天禧三年（1019）十月十八日，县令司马池生了第二个儿子，以地为名，是为一代政治家、史学家司马光。司马池是陕州夏县人，世代书香，是个名节之士。他的夫人聂氏，出身士大夫世家，以才淑孝睦闻名乡里。出生在这样一个优越的家庭环境中，司马光自小就受到良好的教育。他在学习上也十分刻苦，十五岁时就“书无所不通”了。家人因而对他寄以厚望。一些经常与司马池来往的名人也很欣赏他。庞籍为一时名士，时常指点司马光为文为人的道理，并在仕途上大力荫护提拔他。以“性孝友”闻名于时的张存也很器重司马光，毫不迟疑地把女儿许配给他。张氏与司马光在一起生活了四十五年，恩爱幸福。

出身书香门第，又得宰相荐引，司马光早期的仕进一帆风顺。

司马光十五岁时受父荫补郊杜斋郎，开始踏入仕途。他在仕途上一帆风顺，一方面是由于宋朝厚待文官的“磨勘”制度：文官三年一迁，武官五年一迁。只要年限足够，就极少考察业绩。另一方面，也与庞籍有关。庞籍字醇之，进士出身，历仕真宗、仁宗两朝，官至同中书门下平章事（宰相），以太子太保致仕，封颍国公。他晚年的官场生活直接影响着司马光的荣辱沉浮，而司马光在三十五至四十岁这一段人生最宝贵的时间均在庞籍的关照之下。

仁宗庆历五年（1045）冬，司马光由地方官奉调入京，很快升任大理寺丞，为从七品，这自然是时任枢密副使（副相）庞籍提拔的结果。庞籍任河东路经略安抚使知并州，主西北边防时，司马光随任并州通判，有

“霜风壮金鼓，雾气湿旌裘”的边塞诗句。此时西夏元昊死，其子谅祚年幼，无力进攻北宋。宋夏边境有一麟州，双方都想占据它作为前沿桥头堡。庞籍手下守卫麟州的将官武戡等人轻敌躁进，中伏大败，武戡逃走，武将郭恩、黄道元被俘。庞籍因此被贬，然而他并不以自己得失升降为虑，只担心影响司马光的前途，便趁清理公文时，把和司马光有关的信件材料隐匿起来，因此庞籍担了许多干系，而司马光却毫发未损，在嘉祐二年（1057 年）六月被调回京城，任太常博士祠部员外部直秘阁判吏部南曹，由从七品升为正七品。

司马光本身也极具才干。若按“磨勘”制度，他在一定年限后也可做到高官，但他并不甘心做一个碌碌无为之人，二十岁时参加科举，进士及第，为时人所瞩目。司马光入仕初睡在书房里，家人时常发现他睡眠中突然起身，穿官服，执笏端坐。后来，与他一起编纂《资治通鉴》的范祖禹问起此事原委，他说：“我每想到国家大事，便不禁肃然端坐。以天下安危为己任，能不恭敬吗？”青年时的司马光便立下了以天下为己任的大志，正应了他在著名的《谏院题名记》中所说的：“专利国家而不为身谋。”

参议夏竦谥号和立储之事，使司马光备受称赞，声誉鹊起。

太常礼院是在太常寺内所特建的机构，专管考定礼乐之事，虽然没有任何实权，但对朝廷的祀典、神祇、爵号、封袭、继嗣都有考定权，可以与天子、宰相对话。皇祐元年（1049 年），司马光受庞籍荐举任同知。皇祐三年，发生了针对夏竦谥议的争执。夏竦是仁宗朝宰相，以文学起家，做过仁宗的老师，被封为英国公。然而他汲汲于名利，庆历改革中，他暗地里破坏，同时弄权于朝野，贪财好货，积家财累巨万，生活奢侈。但皇上却加以厚恩，在他死后谥“文正”。谥号是对一个人生平的评价。司马光认为谥号中以“文正”最美，先朝臣中唯有王淹得此谥号。以夏竦德行得此谥号，朝臣都认为是对谥法的亵渎。司马光与判考功刘敞等先后两上章奏，指出夏竦为人口是心非，言行不一，奢侈无度，内不能整肃朝政，外不能立功边陲，怎能给他“文正”这个至高无上的美谥呢？司马光又用尖锐的言辞直言不讳地指责仁宗：“你待夏竦如此之厚，不过是因为夏竦曾经做你的老师罢了。”最后仁宗无奈，只好接受意见，改谥“文庄”。

像这种不合封建“礼”的行为，每次发生，司马光都忠于职责，为了王朝的长治久安，敢冒斧钺之诛，驳斥皇帝的过分行为。这一系列表现赢得了当时大臣们对他的尊敬和极高的评价。吕公著说：“若君实（司马光字）者，可谓实过其名也。”

嘉祐六年（1061）三月，司马光知谏院。此时仁宗已是风烛残年，常常精神恍惚，说话也十分困难，可是他仍希望后妃们能给他生个儿子，以充东宫。宰辅大臣们都知道，国不可一日无君。但嘉祐初年诸大臣提出的建储之议石沉大海，此时再提，有可能犯仁宗忌讳，冒杀头之险。司马光认为不能置国家根本大计不顾，二上章奏劝告说：“希望陛下选宗室聪明仁孝者为养子，使天下人知道陛下有立他为储君的意思，以便绾系远近百姓臣仆之心。待他日皇子生时，再让他退归藩邸。”这一奏章触动了仁宗的心事。当他召见司马光之时，司马光再度分析大势说：“如果不早立储君，陛下百年后，周围的小人仓促间立一个受他们挟持的君主，那么唐时宦官专权之祸就可能再度出现了。”

一番话使仁宗颇受震动，终于下诏命立濮安懿王赵允让的第十三子赵宗实（后改名赵曙）为储。两年后，仁宗驾崩，宗实继皇帝位，是为英宗。

太后曹氏并非英宗生母，建储时曹氏曾出面阻拦，再加上宦官任守忠从中挑拨离间，太后与英宗的矛盾渐渐加剧。司马光先后十几次上疏开导，化解太后与英宗的矛盾，最终使两人和睦如亲生母子。同时，他冒死弹劾宦官首领任守忠，将之逐出宫廷，为国家去除一个大隐患。

司马光的努力和尽职使仁宗与英宗的权力交接平稳顺利实现。由此，司马光大受称赞，声誉鹊起，成为朝廷重臣之一。

陷入党争，在“濮议之争”中，在反对王安石变法的过程中，司马光始终是焦点人物。

宋太祖赵匡胤“陈桥兵变”即位后，吸取“节镇太重，君弱臣强”的历史教训，极力加强中央集权。为防止宰相专权，在宰相下设参知政事，并以枢密使、三司使分取宰相军事和财政大权。在中书、枢密二府之外又有台谏，在州郡长官之外又设通判，使彼此互相牵制，这就为宋代党争埋下了伏笔。司马光自成为朝廷重臣后，便身不由己地卷入了党争的漩涡。

首先是濮议之争。英宗乃濮安懿王赵允让之子，过继给仁宗。按常规，过继之子等于亲生之子。可英宗之父是在英宗过继前死的，因此在祭祀典礼上英宗对生父的称呼应如何，众臣展开一场激烈争论，这就是历史上所谓的“濮议之争”。若以今天观点来看，实在迂腐无味，但当时此事关涉到“礼”的问题，众臣皆以为是大事，这场争论从英宗即位一直延续到死去，在朝臣中形成执政派和台谏派。属台谏派的有司马光，翰林学士王珪，侍御史吕诲、范纯仁（范仲淹子），监察御史吕大防等人，他们主张英宗称仁宗为父，称濮王为伯父。而宰相韩琦，参知政事曾公亮、欧阳修、赵概等执政派则认为司马光等人主张与礼不合，认为只能称濮王为父。两派引经据典，各持己见，互相攻讦，都不肯让步。

司马光是这场争论的最早发难者。嘉祐八年四月，英宗继位后不到一月，司马光在《上皇帝疏》中即开始了引经据典的说教，由此引发争论。在英宗来说，他是想要尊濮王为“皇考”的，但一看台谏派占了上风，便借故中止了争论。欧阳修等人在引证《仪礼》、《开元开宝礼》、《国朝五服年发丧服会》等经典后，又设法笼络宦官苏利涉、高居简等人，将太后拉入执政派阵营中。最终执政派取得胜利，吕诲、范纯仁、付尧俞、吕大防等台谏派人物先后被贬。

此时司马光已升任龙图阁直学士，不再担任谏官。但当他听说执政派得胜，台谏派败北时，仍上章奏坚持说：“臣虽已不为谏官，但遇国家大事，不敢不言。”又说：“臣与付尧俞等七人同议濮王典礼，他们都已外放，而我是首先倡议者却得免刑章。我负罪如此，不敢朝参供职了。”

司马光在濮议之争中未像其他人一样受贬，主要原因除了他的正派刚直为人所知外，更主要的是他为英宗入继大统、实现权力交接立下汗马功劳。但他不以自己侥幸自得，反而要求与众人同担罪责，无私无畏。这种品德不仅赢得台谏派的敬佩，也得到执政派的尊敬。欧阳修赞他：“德性淳正。”

宋代文人学士中普遍存在“以言被黜，便是忠臣”的风气，所以往往遇到些许小事也要引经据典，各逞所学。司马光处于那样的时代，自然难以免俗。其后如反对给英宗上尊号和坚持将僖祖和顺祖（分别为太祖的高祖和曾祖）从太庙迁出之事，也是属于牵涉封建礼制的事。然而，反对王安石变法，则是让后世文人学者见仁见智的事了。

王安石是“熙丰新法”的领袖，司马光则是反对“熙丰新法”的统帅。两人年龄相当，早年曾是文朋诗友，但政治上的分歧最终使他们分道扬镳。

他们政治歧见的公开化是在理财问题上。北宋政治弊病是“三冗”：冗官、冗兵、冗费。解决财政危机，是神宗即位以来最伤脑筋之事。司马光上奏指出，国家费用不足在于用度太奢、赏赐不节、宗室繁多、官职冗滥、军旅不精，必须解决这五种浪费现象，即主张节流来解决财政困难。基于这一思想，熙宁元年（1068 年），与王安石发生了争论。王安石认为国用不足是由于未得善理财之人的缘故，而司马光认为，理财的办法是勤俭节约，最高领导层应率先做出榜样，并指责王安石的所谓“善理财”是向老百姓搜刮。后世学者认为，熙宁初年，王安石追求的是立竿见影之效，一切具体方针都有急功近利的特点；他所欣赏的理财专家大多是一些与民争利的横征暴敛之徒。司马光则主张稳打稳扎，对百姓取“养”的方针，再求国富。

在性格上，两人也迥然不同。司马光的持重与王安石的躁进，导致二人在施政方针上的差异。而他们都具有认准目标不肯回头的执拗性格，使他们最终成为针锋相对的政敌。

治平四年（1067 年），英宗死，新即位的神宗急于求治，锐意进取。熙宁元年（1068 年），王安石上书神宗力主变法，以一套宏伟的“变风俗，立法度”计划，打动了皇帝的心。熙宁二年，王安石任参知政事，设置三司条例司，开始全面变法，相继行均输、青苗、农田水利诸新法。司马光则反对王安石的新法。实际上，两人对于宋王朝的弊病都认识很深，都认为必须变法。但司马光认为应变之以渐，在原有太祖太宗之法的基础上修之补之，而王安石则认为应该大刀阔斧改革，将一切旧法推倒重新建设。这样在轻重缓急、方法手段上两人就产生了很大分歧。

首先是在是否实行新法上。王安石提倡“三不足”之说，认为天变不足畏，人言不足恤，祖宗不足法，大力冲破一切障碍，坚定不移地推行新法。而司马光则看到了执行新法的许多弊病，尤其反对青苗法。王安石推行青苗法的本意是，要使农民从私人高利贷的束缚下摆脱出来，解决农民青黄不接时的困难，使之不误农时而又减少兼并的威胁。但实际上，由于青苗法采取普遍摊派贷款的办法，官吏与奸商相互勾结，控制青苗钱借还过程中的谷物市价，使农户深受其害，不少农户不能如期还债，或受监禁或举新债还旧帐，永无尽期。时人指责青苗法不过是增加在农民头上的夏秋两笔税而已。这就表明，青苗法不过是用国家普遍摊派的高利贷去取代私人局部高利贷，不仅无益于农业生产，反而使农民破产失地。

其次是在用人问题上。王安石执政后，将中书省一切号令都称圣旨发出，置老臣于不顾。于是中书省曾公亮告老，富弼称病不朝，唐介因进谏不听而气死，而赵抃本来无能，一遇变更只是连声叫苦，时人称“中书有生、老、病、死、苦”。对于反对新法者，一律屏除，滕甫、郑獬、吕诲、钱顗、刘琦、刘述、范纯仁、苏辙、富弼等先后被罢职出京。同时，王安石擢用新进，知枢密院事陈升之与王安石共领制置三司条例司事，起用吕惠卿等人，中央枢纽机构人事来了个大换班。王安石用人只有一个标准，就是能否积极推行新法。司马光对此极为不满，于是在神宗面前抨击说：吕惠卿俭巧，必然使王安石满负讥谤；陈升之有才智，但轻险刻薄，不能临大节而不夺，两人皆非正直之士。有一次司马光直言不讳地对王安石说：“君子难进易退，小人反是，小人得志之时，必然和你成为仇敌，那时你后悔晚矣！”

事态的发展果然如司马光所说。后来吕惠卿叛变了王安石，而陈升之变脸更早，一当上宰相，立即不与王安石合作，对制置三司条例司事根本不支持。

在王安石炙手可热、大权在握、打击异己时，司马光依然抨击新法弊病，他在奏折中指出：两府大臣取三司条例，更改旧置，改来改去，只会扰乱天下，奸吏贪官狼狈为奸，农商失业，数年后财库穷弊，百姓困愁，众心离骇，国家就难以振兴了。司马光还给王安石写了一封长达三千字的信，直陈利害。

然而，神宗锐意进取，急于大治的思想和王安石所具有的执拗性格，共同推动新法进一步实行。由于反对新法，司马光编修《资治通鉴》的两个得力助手刘攽和刘恕先后被迫离开，奉诏设立的书局因而名存实亡。政治上的不如意，使司马光产生退隐之意。他在《上元书怀》中说：

势位非所好，纷华久已厌。
唯余读书乐，暖日坐前檐。

他数度坚辞神宗任他为枢密副使的高位，先求外放，后至洛阳任西京御史台。

这一去，就是十五年。

哲宗即位，司马光回京复职，民众遮道欢呼：“留真宰相，活老百姓。”他不顾年老体弱，想要尽废新法，消除弊政。可是，党争已耗尽了他的精力。

尽管司马光始终反对新法，对神宗使性子，发脾气，甚至出言不逊，神宗却不以为忤，总想重用他。一次神宗想调正外放的司马光回京任职，问监察御史程颢，如果召司马光他是否能来。程回答说：“陛下能采用司马光的建议，他一定会来；否则，他就不会来。”神宗叹道：“不管是否采用他的意见，像司马光这样的臣子在身边，人主可以无过了。”神宗对司马光的眷顾终于让司马光找到一个休养生息的好地方——洛阳。那一年，司马光已经五十四岁了。

司马光在洛阳买了一片方圆二十亩的荒地，辟为“独乐园”。独乐，是一种对不能实现自己政治理想的现实的抗争，也是一种独立于世的骄傲。这一段政治上失意闲居的时期，使他远离了党争的漩涡，也导致了史学巨著《资治通鉴》的诞生。此书原名《通志》，是司马光为解决现实问题，给统治者提供历史借鉴而编的。治平三年（1066 年），神宗赐名《资治通鉴》，正式由国家出资修撰，至元丰七年（1084 年）十一月全书成，历时十九年。从熙宁四年（1071 年）司马光闲居洛阳后，是他修书的主要时段。全书成时，他已经六十六岁了。造化就是这么捉弄人，和司马光同时的那些在政坛上叱咤风云炙手可热的人物，最终都冷冷清清地躲在史书的一角，不为后人所熟知，而司马光却在政治上最冷清的时期成就了不朽的声名。

可是司马光虽名“独乐”，却始终不能忘却大宋的国事。他先后参与组建了“耆英会”、“同甲会”，形成以他为首的在野政治集团，将反对新法的一些重要人物，如文彦博、富弼、席汝言、程珦（程颐之父）、范纯仁等人联络起来，他们在一起宴饮的同时针砭时政。后来司马光再度出山革除新法，这些人均出了大力。

熙宁六年，司马光在家闲居时，发生了郑侠上奏事件。郑侠为光州司法参军，很受王安石重视，想把他调入京城重用，但郑侠眼见新法之弊，便拒绝了。同时他将大旱之年灾民流离失所的状况，绘成一幅凄惨的图画附上说明，没通过正常渠道，而是直送神宗，并声称“去安石，天乃雨”。神宗阅后为之震动，第二天便命草诏停止变法，让天下广开言路，揭朝政阙失。令下后竟使司马光“喜极而泣”，他当即上章指出朝政的六大阙失：1. 广散青苗钱，使民负债日重。2. 免上户之役，敛下户之钱，以养浮浪之人。3. 置市易，与小民争利，而实耗散官物。4. 中国未治而侵扰四夷，得少失多。5. 结保甲，教习凶器，以广扰农民。6. 信狂狡之人，妄兴水利，劳民费时。

章奏上，应者云集。可神宗并不想完全停止变法，便想调和变法与反对派的矛盾，他虽然治了郑侠不经正式途径传递公文的罪，但也不得不罢了王安石的相位。之后，虽有吕惠卿、章惇等人执政，但新法弊病更增。神宗对新法的信心彻底动摇了。随着“熙丰新法”危机的加深，王安石退隐钟山。司马光的威望越来越高，人们将解天下倒悬的希望都寄托在他身上。

元丰八年（1085 年）三月五日，神宗皇帝带着变法未成的遗恨死去。太皇太后高氏临朝摄政，立神宗不满十岁的第六子赵煦为帝（哲宗），改元元祐。高后执政伊始，便停止变法，起用吕公著、文彦博等一批被王安石打下去的老臣，旧党的核心人物司马光出任宰相。

此时的司马光虽已是年老体衰，风烛残年，但客观形势再度将他推到政治舞台的中心。当他进京为神宗吊丧时，满城哀悼气氛竟一下转成欢迎气氛，老百姓遮道欢呼说：“留真宰相，活老百姓。”

废除新法的第一步是广开言路。这就将“熙丰新法”以来所形成的思想观念来了一次大解放。司马光扫除了宰相蔡确堵塞言路的种种行为，正式下求谏令。终于，造成了全国上下批判新法的局面。

在此基础上，司马光开始向太后和哲宗灌输自己的主张，其实质是废除新法。他先后废保甲、免役、将官、青苗、市易诸法。如废市易法，他提出把市场上原国家所储物质全部卖掉，百姓所欠市易钱只还本，不再取息。京东铸钱、河西、江西、福建、湖南的盐及福建的茶，都恢复自由买卖，不再国营。只有川陕边界，由于同西夏斗争，暂时国营。总的来说，废青苗法、市易法这些经济政策，是由国家控制转为市场经济，在当时生产力条件下，受到百姓欢迎。

在废新法的同时，司马光先后建立了同西夏讲和的军事政策、官吏选拔政策、科举考试政策等方方面面的政策。他从任门下侍郎到去世，一共十八个月，其中生病时间就占一半，可是熙丰新法却被他一扫而光。这种毅力和气魄是少见的，他坚信自己一切作为都是顺民心、合民意的壮举，才将一切生死荣辱置之度外了。他不顾年迈体衰夜以继日地工作。人们见他身体不好，就举诸葛亮食少事多的事警告他，他却更加勤奋工作，说："青苗、将官、免役、戍未决四患不除，我死不瞑目！"

可是，他的身体却不允许他继续工作下去了。本应由他主持的明堂大礼，他无法到场，只能由宰相负责修纂的《神宗实录》，他推辞了。但正在进行的机构改革工作他仍放在心上，垂危之际还让轿夫抬着他到吕公著府上商量具体办法。

元祐元年（1086 年）九月初一，北宋政坛上一颗巨星殒落了。史载司马光弥留之际，依然念叨着国家大事，死后，有遗留手札八纸，皆论当时要务。而他个人财产却一无所有。

司马光是在变法和反变法的政治斗争谁也没获得决定性胜利的时刻离去的，作为北宋政坛上的权威人物，他具有最终压倒一切的能力和魄力。如果天假其年，朝廷上的党争必然能被他消弭，他死后的洛党、蜀党、朔党之内争就不会愈演愈烈，章惇、蔡京之流打着恢复熙丰新法旗号以售其奸的行为也就不会那样顺利成功……可惜这一切随着司马光的去世而无人能够制止，朝廷上下朋党之争愈演愈烈，北宋的国力就在这争吵和内哄中渐渐衰落，最后走向灭亡。

司马光死后，朝廷所给的评价和葬仪都是最高规格的：赠太师温国公，谥号"文正"。苏轼为之撰书神道碑文，哲宗亲书"忠清粹德"碑额。然而，新党和旧党的斗争并未结束。以司马光为首的旧党，在他死后，群龙无首，以程颐为代表的洛党，以苏轼为首的蜀党，以刘挚、梁焘、王岩叟为首的朔党开始窝里斗。新党则在司马光死后，无论是隐藏的，还是公开的，都开始反击。有识之士目睹此景，只能仰天长叹：天不遗此一老，以大济我国家，却夺他如此之速，此何理也？

元祐八年，高太后病逝，哲宗亲政，改年号为"绍圣"，以示承神宗遗志，恢复王安石变法之意，进章惇为宰相，复吕惠卿之官。七月八日，章惇追夺司马光、吕公著赠谥，贬吕大防、刘挚、苏轼，拉倒了司马光“忠清粹德”碑。他还想掘司马光墓，毁《资治通鉴》刻版，终因种种原因未能如愿。但蔡京这个当初最坚决地执行司马光废新法政策，在五天内于开封府界改免役法为差役法的投机分子，此刻却列司马光等一百二十人罪状，谓之“党籍”，并书名上石，立元祐党籍碑于各州县，企图把司马光永远钉在耻辱柱上。

章惇、蔡京之流的做法固然是徒劳的，但司马光生前身后所遭遇的反反复复、是是非非，却是耐人寻味的。

6. 王安石：人生失意无南北

熙宁元年，即1068年，北宋赵顼皇帝即位，是为神宗。

神宗年富力强，对北宋长期以来积贫积弱的局面早就忧心忡忡，极想任用能臣来改变这种颓势，力振大宋威风。他先是把目光投向了张方平。

张方平历仕仁宗、英宗和神宗三朝，是当时一位知名人物。英宗时，上朝纵论天下事，颇有见地，英宗大为感慨：“学士其可以去朝廷哉！”颍王（即后来的神宗）立为皇太子，张方平亦参与此事。他的才具，神宗是深知的。

神宗即位后，把张方平视为股肱之材，诸多大事，都向他请教。尤其在韩琦遭到弹劾时，更是经常与张方平商议对策。神宗想拜他为参知政事而罢免吴奎，但他以父亲病重为由坚决推辞。后来神宗不再征求他的意见，直接下诏委任他为参知政事，但张父已告病危，不数日而亡。张方平归家为父守孝三年。神宗叹息不已，虚位以待。

神宗极想利用干才而有所建树。王安石的用世之心与用世之才，使他权倾朝野。

对想干事业的人来说，三年太漫长了。神宗等不了那么久。泱泱大国，毕竟人才众多，他转而看中了另一个人物——王安石。

王安石与张方平不同。张方平虽身在官场，但同时也是研究佛老的专家，受佛老的影响甚深，他的坚辞参知政事是容易理解的。王安石有用世之才，更有用世之心，确切地说，他属急功近利型的人物。

早在嘉祐四年（1059 年），王安石在给仁宗皇帝的《言事书》中就讲了千言万语，归结起来就是六个字——“变风俗”、“立法度”，也就是说对当时的法度大作一番“改易更革”，以期适合于当前的“所遭之变”和“所遇之势”。

王安石的用世之心与用世之才，于此尽见。他非常适合神宗的胃口。所以神宗即位后，很快特召他入京为翰林学士。

王安石在熙宁元年（1068 年）入京拜见神宗之后，即上疏《本朝百年无事札子》论述天下大势，对北宋建国以来施行的有关财政、经济、军事、教育、选举等方面的规章制度，几乎全部采取否定态度，在列举了种种弊端之后，总结说：“赖非夷狄昌炽之时，又无尧汤水旱之变，故天下无事，过于百年。”不然的话，早就发生大乱子了。

一席话，说得神宗频频点头，激动不已。他把王安石看做心腹，决定重用他，走强国之路。

熙宁二年二月，神宗任命王安石为参知政事，领导变法运动。

对神宗此举，很多老臣都先后委婉地提出过批评意见。

韩琦在辞别神宗时说：“王安石作为翰林学士则才能有余，处于宰辅大臣的地位则不可。”

吴奎也曾这样评价王安石：“臣曾与王安石同时主管政务，他刚愎自用，自以为是，做事不合实际，一意孤行，万一起用他，必会紊乱朝廷纲纪。”

司马光也极有识人之明：“王安石确实是贤者，但其性不通晓时事而又刚愎自用，这是他的短处。又不应当信任吕惠卿，吕惠卿是真正的奸邪之人，王安石定会败在他的手上。”

诸位大臣的意见，都是出于国是，而非出于私心，是公允的。但神宗急迫地想有所作为，这些话都听不进去。变法运动就在一片反对声中开始了。

王安石当国后，马上进行变法。为了消除反对派的阻力，他

时时挥舞手中的权力大棒。

熙宁二年七月，王安石和吕惠卿等人制定并颁布“均输法”。

四月，王安石就选派程颢、刘彝等八人去考察各地农田水利和农业生产具体情况。根据考察的结果，同一年冬季，由制置三司条例司制定和颁布“农田水利法”。

当年秋季，王安石和吕惠卿等人，参照了他在鄞县任知县时的经验，尤其是李参在陕西贷钱还谷的经验，制定并颁布“青苗法”。

十二月，王安石与制置三司条例司确定“免役法”的总原则，并在此原则下设立了一些条目。次年冬季，首先在开封府界内州县试行。熙宁四年十月向全国各地公布实行。

熙宁五年八月，王安石颁布“方田均税法”。

三四年之内，一系列针对旧法弊端的新法陆续登场了。

法久生弊，这是人们熟知的道理。一个办法用久了，自然就暴露出它的不足之处，适当变革一下也是顺理成章的。在这一点上，所谓的“守旧派”与王安石并无异议。新法在很多方面能补旧法之弊，但新法本身也有考虑不周之处，也有自身的缺陷，就连王安石也不能不承认。

王安石与吕惠卿制定了“青苗法”，交由苏辙等人讨论。苏辙当即提出反对意见：一、青苗法易被人攻击为牟利于民，造成民怨。二、施行过程中必会有官吏缘法为奸，巧取豪夺。三、青苗钱散出去之后，回收本利必然困难重重，若逾期不缴，必用鞭箠，使民不堪虐，吏不胜烦。四、唐刘晏所施行的贱籴贵粜的办法实际上是宋代尚存的“常平法”，只要对“常平法”加以修正，其功效必将优于“青苗法”。苏辙最后希望王安石能举“常平法”而不施“青苗法”。苏辙对历史因革的变化，对形势发展的预测，对人情世理的分析，细致深入，颇有见地。王安石听后，也不能不叹服：“君言诚有理，当徐思之。”并且以后的一个多月再也没有议论“青苗法”。

但是后来发生了一件事，又把“青苗法”提上了议事日程。京东路转运使王广渊上疏，奏请本道留钱帛五十万给农民，因为农民缺乏春耕资金，多向富人告贷，利率太高，难以承受。若政府贷五十万与本路，不但可缓解农民急需，且可得二十五万息钱。神宗同意王广渊所奏。王广渊奏请之事，与“青苗法”实质相同，于是“青苗法”又被重新讨论，王广渊也被召到京师参与商议。最后否定了苏辙颇有见地的观点，由王安石、吕惠卿、王广渊等人推行“青苗法”。

王安石本以改革的主持者自居，凡是更革之议，他都有浓厚的兴趣，对提倡者给予大力支持。作为当国者，应权衡利弊，广纳言论，而不应感情用事，自以为是。但用世之心太重、急功近利的王安石，越来越刚愎自用，走上偏听偏信的道路。

熙宁二年四月以后，苏辙又给王安石写了一封信，辩析新法不当，力陈变法不可。王安石阅后大怒，要加之以罪，属吏陈升之从中劝解，但还是把苏辙贬为河南推官。

在其他新法议行过程中，苏辙也多持异议。苏辙的言论，现在虽无法全面了解，但极有可能在新法完全出台前就给予了批判。因为苏辙亲身参加了这些新法讨论、制定的全部工作，而且负责文字处理，能详细了解新法的内容与意图，所以其批判最为深切，在时间上比其他人也早先一步。

熙宁四年二月，苏轼进《上神宗皇帝书》，对新法进行了全面批判，指责变法“召怨天下，丧失人心；轻举刻薄，败坏风俗；损害台谏，废弛纪纲；求治太速，进人太锐，听言太广”。言辞虽激烈，但并非无中生有，空穴来风。王安石对苏轼的话非常反感，命他代任开封府推官，后辗转他地，屡任地方官。

在变法问题上，司马光有自己的看法。在跟吕惠卿争论时，他就说：“治理天下譬如居屋，破旧便修补，除非大坏，是不能另造的。”法总是需要修补，但是为了维护稳定，不宜另起炉灶。也就是说，需要渐改，而不是骤变。我们不能不承认，这种观点是有深刻道理的。

当王安石领导的变法运动展开以后，司马光迅速成为反对新法的领袖人物。熙宁三年二月，正当举朝争议新法之际，神宗想任司马光做枢密副使，王安石坚决反对。八九月间，司马光辞官。诏书下达时，范镇再三封还诏书，不予下达。神宗便将诏书直接交付司马光，不通过范镇掌管的门下省。范镇亦因此请求辞职。九月，司马光以端明殿学士出知永兴军，后改知许州，不赴，做了判西京留守司御史台。自熙宁四年任此职后，司马光在洛阳实际过着半官半隐的生活。此后十余年中，他口不言政事，致力于《资治通鉴》的编著工作。

熙宁三年九月，神宗亲自策问贤良方正。时有台州司户参军孔文仲，对策九千余言，抨击新法，被宋敏求列为优等。王安石大怒，请神宗罢免孔文仲，令他归还故里。门下省官员齐恢、孙固等将御批封还，韩维、陈荐、孙永极力为孔文仲说情，但神宗不听。

李定是王安石的学生，全力支持新法。王安石非常高兴，推荐李定入朝回答神宗提问。神宗问起"青苗法"的事时，李定回答说"很好"，神宗非常满意，决定任命李定知谏院。宰相说没有候补官员出任谏官的先例，于是改任李定为监察御史里行。当时任知制诰的宋敏求、苏颂、李大临等三人一致反对，认为李定不经铨考便选授朝官，不因御史的荐举而进御史府，是违反选拔官员的组织法的。神宗不听，三人坚决反对。诏谕下达四次，都被他们将制书封还，并上书不止。神宗大怒，以抗拒诏命的罪名免去宋敏求等三人知制诰职务。李定依附王安石，导致宋敏求等三人免职，成了反对派的众矢之的。后来王安石又罢免监察御史程颢、张戬与右正言李常等人的职务，使台谏官员在数日内被罢免一空。于此看来，王安石在朝廷中非常孤立，不仅元老重臣中攻击他的人很多，而且同辈友好及后起之秀，亦多指责他变法生事。

王安石执政后，对断狱也非常重视。对于刑部、大理寺不能处理并有分歧的案件，也以参知政事的身份亲自处理。为此与宰相曾公亮等人发生矛盾。虽然他据理力争，但还是被认为干涉刑部审案，被刑部的官员所厌恶。熙宁二年八月，刑部长官刘述率刑部官员及侍御史刘琦等人一同上疏弹劾王安石"事事更张，奸诈专权，扰乱国法"。最后刘述等六人集体被贬，朝野震动。

王安石慷慨激昂地道明"三不足畏"的态度，但频繁的灾异和汹涌的人言，还是把他轰下了台。

熙宁三年春天，北宋中央政府官员中间流行着一种传说，说是王安石曾在神宗皇帝面前提出了三句口号：天变不足畏，祖宗不足法，人言不足恤。据学者们考证，这三句话并非直接出自王安石之口，而是保守派对王安石思想的总结。

王安石是在熙宁二年二月由翰林学士而做参知政事的，关于"三不足”的传说也正从这时开始盛行。这很可能是王安石为了变法，对“三不足”之说特别强调而事先做的意识形态方面的工作。

孔子著《春秋》的时候，对于日食、彗星的出现，山崩、地震等自然界的异常现象，及比较严重的自然灾害，都忠实地加以记录。他认为自然界的这类变异和人类社会的政治事变具有必然的联系。孔伋在《中庸》当中更总结为“国家将兴，必有祯祥；国家将亡，必有妖孽”。西汉儒家大师董仲舒则以“天人感应”四字加以概括。这种思想对后世的人们影响至深。

荀子对这些“天变”有不同的认识：“夫日月之有蚀，风雨之不时，怪星之党见，是无世而不有之。”用不着大惊小怪。“上明而政平，则是虽并世起，无伤也；上闇而政险，则是虽无一至者，无益也。”这些观点，是与孔孟的看法针锋相对的。王安石的“天变不足畏”思想是与荀子的思想一脉相承的，但是他改变不了大多数人的观点。

王安石执政后，灾异不断。

熙宁三年正月，范镇上疏：“乃者天雨土，地生毛，天鸣，地震，皆民劳之象也。”

四月，程颢上疏：“天时未顺，地震连年，四方人心日益摇动，此皆陛下所当仰测天意，俯察人事者也。”

熙宁五年正月，司天监灵台郎尤瑛进言：“天久阴，星失度，宜退安石。”

十月，华山崩。文彦博后来说这是王安石的变法举措引起天怒人怨，致使华山山崩以示天戒。

熙宁六年七月至七年四月，天久旱不雨，灾情十分严重。神宗忧形于色，想废除招致人们怨恨的部分新法。

熙宁七年四月，光州司法参军郑侠上《流民图》，并进言：“旱由安石所致，去安石，天必雨。”

接连不断的自然灾害，终于鼓舞起神宗的勇气，熙宁七年四月，罢免了王安石。

第二年二月，王安石复相。这年十月，彗星出现于轸宿所在的天区。彗星的出现被认为是种凶兆。《开元占经》说：“彗星见而长，天子死，五都亡，贱人昌，无道之君受其殃。”神宗非常害怕，移居减食，并下诏征求直言，大赦天下，又产生罢免王安石的念头。熙宁九年十月，王安石二次罢相。他重登相位还不满两年。

司马光在嘉祐六年（1061 年）曾向仁宗皇帝奏进《五规》，其中的《惜时篇》说：

夫继体之君，谨守祖宗之成法，苟不毁之以逸欲，败之以谗谄，则世世相承，无有穷期。

而王安石则认为祖宗不足法，祖宗之法不可守，应该“改易更革”。

司马光指责他“尽变更祖宗旧法”。

谏官范纯仁斥他“变祖宗法度，掊克财利”，使得“民心不宁”。

枢密使文彦博说：“祖宗以来，法制未必皆不可行。”“祖宗法制具在，不须更张，以失人心。”

“人言不足恤”一句，在当时人们记载中，也有写作“流俗不足恤”的，司马光文集中就是这样。从这两个字的换用，反映出王安石所认为的“不足恤”的“人言”，并不是指朝野上下人们的议论，而是专指那些流俗之见。

何谓流俗之人，何谓流俗之见？

王安石曾说：

司马光固佳；今风俗未定，异论尚纷纷，用光，即异论有宗主。今但欲兴农事，而诸路官司观望，莫肯向前。若使异论有宗主，即事无可为者。

（光）比京诚差强，然流俗必以为宗主，愈不可胜。

这就是说，凡是反对变法的，像司马光那样，便是流俗之人，其意见便是流俗之见，王安石“不恤人言”的观点，同样受到人们一致的抨击。

谏官范纯仁在熙宁二年弹劾王安石的奏章中，就说王安石“鄙老成为无用之人，弃公论为流俗之语”。

参知政事赵抃在熙宁三年弹劾王安石的奏章中，更严厉地指责安石“强辩自用，诋公论为流俗”。

御史中丞吕公著在反对“青苗法”的奏章中说，当今的“贤者”全都以推行青苗法“为非”，“而主议者（王安石）一切诋为流俗浮论”。

千秋功罪，自有后人评说。王安石的是非曲直，后世也自有公论。但在当时，种种攻击，种种责难，种种灾异，终于动摇了神宗的信心，把王安石轰下了台。

十年的退休生涯应是悠游自在的，但听到司马光罢除全部新法的消息，王安石忧愤成疾，与世长辞。

王安石在熙宁九年十月第二次罢相后，即回到江宁府居住。最初他还顶着一个“判江宁府”的官衔，但一直没有去上班。到第二年六月，他索性连这个官衔也辞掉了。到元祐元年（1086）四月王安石去世之日止，他在江宁居住了将近十年。

不在其位不谋其政，无官一身轻。退休生涯，应该是悠游自在的，但对王安石说来，他却是在思想和心情的矛盾冲突中度过的。一方面，他要表现出“舍之则藏”的清高洒脱，不以世务婴心；另一方面，像他那样“意行直前，敢当天下大事”，而且是已经担当了天下大事许多年的人，在内心深处，总是牵挂着政局的每一次新的起伏和变动。他实在太想做事了，他实在太想看到自己事业的成功了。

为使北宋政权在意识形态上能“同道德之归，一名法之守”，使“道德一于上而习俗成于下”，王安石在执政期间就由他父子和变法派的吕惠卿等人重新注释《周易》、《尚书》、《诗经》，即所谓《三经新义》。在《新义》里，他们对“先儒传注一切废不用”，而却有意把这些书中合于法家的思想，极力予以阐扬和发挥。与《新义》相配合，他自己还在着手编撰一部训诂方面的书——《字说》。二次罢相回到江宁后，王安石在定林寺昭文斋中所从事的，主要就是编《字说》。

《字说》在当时就被人指称为“秦学”，因为其中说“美商鞅之能行仁政”，而且还替李斯的所作所为进行辩解。这时的王安石虽不能操持权柄，却还想通过《字说》与《三经新义》的传布，达到用法家的治术为北宋政权服务的目的。这时候的王安石虽“身在山林”，却还是“心存魏阙”的。

元丰八年（1085 年）三月，神宗皇帝去世。王安石写诗哀悼，同时也十分担心政局的变化。当他听到司马光拜相的消息，他的担心变成了忧惧。后有人告诉他说，“近有旨意，不得看《字说》”时，他更受到刺激。从此，他陷入极大的愤懑苦痛之中，包括佛书在内的书册也起不到排遣作用了。当他闻悉废除“方田均税法”及“保甲法”时，还能强作镇定，及知“免役法”也要废除，并且照行从前的差役法时，禁不住愕然失声：“亦罢至此乎?”停了一会儿又说道：“此法终不可罢！安石与先帝议之二年乃行，无不曲尽。”

废除免役法、复行差役法时，王安石已在病中。此后，从开封传来的种种消息，都只是更使他忧心如焚，病情更加严重。到元祐元年的四月初六，这位六十六岁的拗相公，便与世长辞了。

王安石病逝的时候，司马光正因病居家，他写信给另一宰相吕公著说：

> 介甫文章节义过人处甚多，但性不晓事而遂非，致忠直疏远，谗佞辐辏，败坏百度，以至于此。今方矫其失，革其弊，不幸介甫谢世，反复之徒必诋毁百端。光意以谓朝廷宜优加厚礼，以振起浮薄之风。

这封信对王安石的道德、文章是持肯定态度的，对王安石的政治事业的评价，也有一定道理，同时也注意到后人对王安石的诋毁，建议朝廷优加厚礼。总之，这封信还是比较公允的，给王安石晚年冷落的人生画上了一个句号。

第五章

螳螂捕蝉，黄雀在后

权力具有强烈的排他性，人们常用“你死我活”来形容这种排他性的争斗的残酷与激烈。

嗜权如命的人虎视眈眈，捕捉战机置敌于死地，从而独占权力。然而当他们窥视别人的时候，“第三者”也在窥视他们。春秋时期的崔杼导演宫廷政变，杀旧主立新君，但还没来得及高兴完，就被好友庆封在背后狠捅了一刀。汉代的晁错、主父偃、张汤，均锋芒毕露，逞强使能，结果都密中有疏，遭对手算计，或被捕斩，或含恨自杀。唐代的杨炎趋炎附势，忌贤妒能，构陷并杀害了理财贤臣刘晏，没多久别人就用他对付刘晏的办法置他于死地。明代的高拱赶走了政坛宿敌徐阶，大权在握时，却未提防一个太监的反击，遭致满盘皆输。清朝的鳌拜受命辅政，铲除异己，独揽大权，以至于觊觎帝位，想不到康熙帝棋高一着，用几个摔跤的童子就将他擒拿了。

他们都成功地算计了对手，又被新的对手所算计。权力的角斗场上危机四伏，防不胜防。

1. 崔杼：狼上了狈的当

车辚辚，马萧萧。一阵车马驰出齐国都城，奔西而去。

当中一辆车上端坐一位男儿，衣着华贵，气派不凡。他叫季子，是齐君丁公的嫡长子，君位的继承人，可他对那个万民顶礼的宝座没有什么兴趣，主动让给了弟弟叔乙，自己来到齐国西部小镇崔邑，远离喧嚣的都城修身养性。

古人有个习惯，往往以居住地为姓。故此，季子的子孙便以崔为姓。

父死子继，崔邑的主人换了一茬又一茬。传承九世，便到了崔杼。

在崔杼身上，崔氏始祖季子那种视功名如粪土的情操似乎一点也没有遗传下来，他一手导演了一场宫廷政变。

崔杼步入仕途，是在灵公君临齐国时。此时的中国已是春秋末期，争霸战争还在年复一年地进行着，奴隶社会已走到了穷途末路。这时的齐国政出私门，内乱不已。无论是天下大势还是齐国国内局势，都可以用一个“乱”字来概括。常言道，治世出能臣，乱世多枭雄。天下大乱倒为崔杼提供了用武之地。

在战场上，崔杼是个胆小鬼。灵公二十三年（前559年）夏，齐、宋等国联兵进攻西方的秦国，他奉灵公之命率一支人马参战，临阵贪生怕死，畏缩不前，当时人将他与宋将华阅、仲江并称为“三懦夫”。但在政治舞台上，崔杼却胆大妄为，敢于孤注一掷，铤而走险。

当朝国君灵公，尚鞍马，逞勇武，西伐郑，南攻鲁，东灭莱，战绩赫赫。然而在立嗣上，却重蹈废长立少的覆辙。他的正妃是鲁女颜懿姬，侍寝多年也没有为他生下个接班人，随她陪嫁过来的侄女鬷声姬倒是为灵公生下一子，取名姜光，被立为太子。后来，姑侄二人年长色衰，灵公移宠戎姬，戎姬也没有儿子，过继了另一个妃子仲姬的儿子姜牙为嗣。妃以色宠，而母以子贵，为在灵公百年后能享母后之尊，戎姬央求灵公废掉姜光，另立姜牙。灵公正迷着戎姬，对她百依百顺，遂废黜了姜光，改立姜牙为太子，把姜光放逐到荒凉的东部边陲。

废长立少，在当时是不合礼法的。崔杼与几个心腹如此这般密谋一番，商定只待灵公一死，即拥立姜光为君。

不久，灵公罹病，眼看不久于世。崔杼派人悄悄地把姜光接回都城，做好了政变的一切准备。灵公病情日重，终于在他君临齐国第二十八年的五月二十九日撒手人寰。

灵公尸骨未寒，崔杼便带着一伙人簇拥着姜光来到宫城外。齐都临淄分大、小两城，东北大城街巷纵横，房舍栉比，是达官贵人、富商大贾及黎民百姓的居住区；西南小城，宫阙巍峨，殿阁堂皇，便是齐君居住的宫城。宫城警备森严，不是百姓随便出入的地方，可那姜光乃灵公之子，父亲死了，他回来奔丧，自是天经地义。崔杼一伙簇拥姜光堂而皇之地进了宫城，来到国君发号施令的大殿，安排姜光在宝座上坐定，当即向文武百官宣布：新君已经登基。长子继承制，是古时的惯例。那些循规蹈矩的大臣觉得这君主之位顺理成章应由姜光继承，纷纷心悦诚服地拜伏在姜光脚下。

接下来的事是如何处置姜牙了。为免除后患，崔杼下令将他斩首。可怜一个少年男儿，就这样成了宫廷倾轧的牺牲品。

至此，事情进展很顺利。正当崔杼洋洋得意之时，晴空一声霹雳：夙沙卫在高唐起兵，树起讨伐崔杼的大旗。这个夙沙卫是姜牙的老师，姜牙被杀后，他逃到高唐，纠合起一支人马，传檄讨伐崔杼。

夙沙卫起兵，给正在兴头上的崔杼当头一棒，震惊之余，忙遣大夫庆封统兵围剿。征剿大军浩浩荡荡杀奔高唐而去，把座高唐城团团围住。高唐是齐国西部边防要塞，城墙高大坚固，护城壕又深又宽，庆封围攻多日，也没攻下。

久战不决，对崔杼十分不利，谁敢说那些心怀叵测的人不会起兵响应夙沙卫？于是崔杼请姜光亲临前线督战，意在速战速决。姜光在一支人马的扈从下，风尘仆仆赶到高唐城外。夙沙卫传令全城将士拼死一搏，不料他的两个部将殖绰、工偻会自量终究难逃失败的厄运，为保身家性命，晚上偷偷缒城而下，向姜光投诚。城中将士听说他二人投降了，顿时乱了起来，殖绰、工偻会乘机引着姜光的大军从防守薄弱之处攻入城中。夙沙卫兵败被俘，庆封下令将他煮了。

姜光的君位终于保住了。因他死后的谥号为“庄”，历史上称他为“庄公”。

庄公又去与东郭姜幽会，不曾想，这次把性命搭进去了。

庄公虽是崔杼一手拥立的，但登上君位后，凡事都自作主张，根本不把崔杼放在眼里。君臣二人的嫌隙越来越深。

眨眼间过了四年，崔杼终于按捺不住了。

第五年上，庄公在伐晋问题上又拒绝采纳崔杼的意见，崔杼怒火中烧，出得宫来，遇见大臣陈须无，愤愤地说：“君主不听臣子的忠告，一旦臣子急了，哪里还有什么君主!”此话已暗含杀机，直吓得陈须无目瞪口呆。

就在崔杼怨恨于庄公、萌发废立之心时，又获悉妻子东郭姜被庄公勾引成奸，这不啻是火上浇油。

崔杼的原配夫人生下儿子崔成和崔强就病死了。以后，崔杼又娶了一房，新夫人名叫东郭姜，原本是齐国大夫棠公的夫人。当初棠公病逝，崔杼去吊唁，给他赶车的恰好是东郭姜的弟弟东郭偃。崔杼在棠府看到东郭姜，为其美貌所倾倒，回来后便与东郭偃商议，要把东郭姜娶过来。东郭偃道：“男婚女嫁需辨姓氏。您是丁公的后裔，我们是桓公的远支，同姓是不可婚配的。”这种“同姓不婚”的习俗，在当时是颇为严格的。晋献公娶同姓女为姬，后来献公罹病，郑人子产便说那是他违背“同姓不婚”惯例而遭到上天惩罚。崔杼踌躇难断，便决定占卜以决吉凶。那占卜的尽拣好听的说，崔杼乐不可支，跑去告诉陈须无。陈须无也认为这桩婚姻不大吉利，崔杼根本听不进去，道：“她是个寡妇，有什么妨碍？即便有什么不吉利，也已让她死去的丈夫承担了。”遂把东郭姜娶了过来。

庄公是个好色之徒，听说东郭姜有倾城之貌，也动了心，趁崔杼不在家，悄悄来到崔府。那东郭姜也不是什么贞妇烈女，况且庄公乃一国之君，她也不敢不从，两人很快便打得火热。庄公三番五次去崔府幽会，日子一久，庄公胆子就大了，带上侍从，大摇大摆地去会情人，就像是去自己的寝宫一般。一次他随手拿起崔杼的帽子赐给侍从，侍者说：“这样做不好吧？”“怕什么？”庄公吼道，“不用崔杼的帽子，难道就没有帽子了吗?”这话的弦外之音是：没有他崔杼，难道就没人佐理政务了吗?

崔杼闻知庄公与东郭姜通奸的种种丑行，怒火中烧。庄公拿他帽子赏人一事传出后，他知道庄公已有除掉自己之意，不寒而栗。摆在他面前的路有两条，一是先下手为强，除掉庄公；一是交出权力，退归田园。权力欲极强的崔杼自然选择了前者。他周密策划，伺机动手。

一次，崔杼奉庄公之命统兵攻鲁，鲁襄公打算向晋国求救，大夫孟公绰道：“崔杼不会卖力攻打我国，一定会很快退兵的，不必担心。瞧他此番进攻，不劫掠财物，不驱赶黎民，和以前大不一样。”崔杼的心思连邻国人都一目了然。

但是，要除掉一位国君并非易事，若不能得手，倒霉的便是自己。崔杼盘算再三，觉得最好是找个得力的帮手。谁合适呢?他把不满于庄公的人数了一遍，最后相中了贾举。此人是庄公的侍从，一次伺候不周，遭庄公鞭打，一直耿耿于怀。贾举粗犷勇猛，敢作敢为，而且在庄公身边侍奉，也有机会接近庄公。

主意已定，崔杼找到贾举，和盘托出了自己的打算。贾举衔恨庄公，且崔杼已把心迹挑明了，不听从他，怕他会杀人灭口，遂答应了崔杼。他们敲定了行动方案，待机而动。

时机终于到了。庄公六年（前548年）夏五月十六日，庄公设宴招待来访的莒国国君，崔杼推说身体有病，没有出席。晚上庄公来到崔府，名义上是来探视崔杼，实则来与东郭姜幽会。到了崔府大门，贾举吩咐其他随侍留在门口，他一人陪庄公进去，进了大门，贾举返身把门锁上。庄公急于见东郭姜，对贾举的这些异常举动毫不在意。望见庄公进来，崔杼拽着东郭姜进了内室，然后，从一个侧门溜了出去。庄公进屋后，不见东郭姜像往常一样出来迎接，便拍着房柱唱起歌来，欲以歌声引来东郭姜，谁知出现在他面前的却是些杀气腾腾、披甲执锐的崔府卫士。庄公一看不妙，拔腿就往外跑，见大门紧闭，便逃到墙根的一个高台上。崔府卫士蜂拥而上，把台子团团围住。崔杼踱了过来，狠狠地瞪着庄公。庄公面如死灰，哀求崔杼饶他一命，崔杼面无表情地摇摇头；庄公提出与崔杼结盟，让崔杼永享富贵，崔杼又摇摇头；庄公请求去太庙受死，崔杼还是不答应。庄公又向贾举等人求救，贾举断然拒绝。庄公不想束手就死，猛地一窜，跃上院墙，崔府卫士乱箭齐发，庄公腿上中了一箭，从墙上摔了下来，卫士们赶上去乱刀砍杀了他。

庄公一死，齐国顿时陷入一片混乱之中。

崔杼为掩天下人耳目，把杀害庄公一事全都推到贾举身上，将其斩首。然而，崔杼这瞒天过海的招法又能骗得了谁？众人很快都明白，杀死庄公的元凶正是他崔杼。齐国太史秉笔直书：“崔杼弑其君。”太史是负责书记文籍的史官，君主言行，国家大事，皆由他笔录于竹简上面。臣杀君曰“弑”。直笔，直书，不溢美，不掩恶，是中国史家的传统美德。崔杼见太史一点都不给他留面子，就这么直截了当地记录下来，勃然大怒，喝令把太史推出去斩首。太史的二弟拿起笔，又在竹简上写下“崔杼弑其君”五字，崔杼又把太史的二弟杀了。太史的三弟毅然拿起笔，照写不误。有个叫南史氏的，拿着竹简前往太史衙署，准备接替太史的三弟。崔杼被这凛然正气震慑了，没敢再杀太史的三弟。

不久，西部边境告急：晋、鲁、莒、卫等十二国联军大举攻齐。

这本是庄公惹下的祸。那还是在庄公即位的第四年，晋国叛臣栾盈逃到齐国，庄公收留了他。不久，又资助他潜回晋国。栾盈回去不久，便拉起一支人马，攻城略地。晋平公慌忙发兵围剿。为了援救栾盈，庄公亲自带兵攻打晋国，大败晋军。

此次庄公被杀，晋平公趁齐国内乱，联合诸国大举攻齐，以报昔日之仇。

崔杼无力抵御多国联军，遂把攻晋之事推到庄公身上，说自己已替晋人杀了这个千古罪人。接着，又派庆封带着大批珍宝去晋军大营赔罪。晋平公也知道，联兵攻齐，即使胜了，也得付出代价，遂顺水推舟，答应了崔杼的请和要求。崔杼委屈求和，虽事出无奈，却也使齐国免遭一场浩劫。

崔杼又拥立了一个新君。谁知，祸起萧墙，好友庆封在背后狠狠地捅了他一刀。

国不可一日无君。崔杼有胆杀庄公，却不敢自立。他明白，若自立为君，必将激起吏民的愤恨，于是拥立庄公异母弟姜杵臼为新君，是为景公。

景公新立，即任命崔杼为右相，以崔杼的政治盟友庆封为左相，佐理国政。中国历史上的宰相官制自此肇始。

相，意思是帮助、赞襄。古时举行各种典礼，都有个司仪，当时叫“相”。辅佐某个君主，也往往叫做“相某君”，如“周公相成王”，即周公辅佐周成王。相作为正式的官职名称，史家一般认为是从齐景公开始的。但它的出现决非偶然，此时中国社会正值大变革时期，政治体制正向着君主专制主义中央集权发展，宰相制的诞生，正是这种历史发展的需要和必然，所以此后不久中原各国相继仿置，并一直为后世中国封建社会所效法和继承。

崔杼、庆封是中国历史上第一任丞相。齐俗尚右，右为上，左为下。崔杼官居第一丞相，庆封为第二丞相。这是公元前548年的事。

庆封出身于一个小贵族之家，此人在战场上是个攻不能克、战不能胜的常败将军，且不学无术，粗俗鄙野，但搞起阴谋诡计来，却是行家里手，善于钻营取巧，心狠手毒。他与崔杼臭味相投，狼狈为奸，却又觊觎着崔杼的权位。因自感羽翼尚未丰满，遂将自己的野心深藏起来，装出一副恭顺的样子，唯崔杼之命是从。

上任伊始，崔、庆担心众臣不服，遂要求文武百官去姜尚的祠庙中结盟宣誓。姜尚即姜子牙，曾辅佐周武王灭商，建立西周。周初裂土分封，他被封在今临淄，国号“齐”。姜尚是齐国的始祖。崔姓的始祖季子，是他的嫡孙。齐国有什么大事，都去姜尚的祠庙盟誓。崔、庆也想用盟誓来制约大臣们。他们颁下命令：谁敢不去，将严惩不贷！

庙旁筑起了两丈多高的祭坛，坛下挖了个深坑，披甲仗剑的士兵一千人把祭坛围得水泄不通。来参加盟誓的人都被喝令交出佩剑——崔、庆怕有人乘机行刺。人到齐后，崔、庆二人登上祭坛，手按着腰上的利刃，厉声高喊：“谁不遵从崔氏、庆氏，杀无赦！”然后，命令众人歃血盟誓，谁敢违抗，就地处决。几位拒绝盟誓者，当即被推入坑内斩首。接下来轮到大夫晏婴。此人祖籍夷潍，袭父职而为大夫，在朝中以机智、廉正著称。此刻众人都看这位名望卓著的大臣怎么办。晏婴瞧眼前这形势，不歃血结盟就得白白送死，遂仰天叹曰：“我晏婴发誓服从忠君利国的人，有上天为证！”遂歃血结盟。晏婴此举颇为机巧，既保住了性命，又没违背天地良心：我晏婴发誓效忠的是忠君利国的人而已！而崔、庆二人又岂肯自认不忠君利国？晏婴既已歃血结盟，余下的人也都照做了。

崔、庆的高压政策并不能使百官顺服，众人只是敢怒不敢言，不敢公开与崔、庆二人对抗而已。齐国政局暂时稳定下来。

直到此时，大臣们才腾出手来殡敛庄公。庄公被杀后，尸首被扔到大城北面一片空地上，用些乱石碎砖围着。五月天气已热，尸体一放便是十四天，腐臭不堪，行人无不掩鼻而过。

按照当时的礼仪，诸侯死后，第五天殡敛入棺，在灵堂上停放五个月，然后入土安葬。之所以要停尸五个月，是因为要修建庞大的陵墓——当时还没有生前修陵的，在世时便修建陵墓，是战国以后的事。崔杼斗胆杀死庄公，心中实有几分胆怯。庄公一日不埋葬，他的阴魂便一日不散。崔杼等不到五个月了，第十四天上便把庄公草草埋葬了。

崔杼原以为从此以后可以高枕无忧了，不曾想厄运很快就降临到他的头上。

崔杼的厄运是从家族内乱开始的。

东郭姜改嫁到崔家的时候，带去了前夫棠公的儿子棠无咎，到了崔府，又为崔杼生了一个儿子，取名“明”。崔杼倒也没嫌弃棠无咎，让他和内弟东郭偃一同做了自己的家臣，负责崔府事务，颇为倚重。

按照嫡长子继承制，崔杼立长子崔成为传人。后来，崔成患病，久治不愈。崔杼便另立崔明为嗣。崔成自叹命多舛，要求去崔邑休养，崔杼答应了。谁知，棠无咎和东郭偃却节外生枝说：“崔邑乃宗庙所在，应归宗主所有，不能给崔成!”宗庙是祭祀祖先的地方，在棠无咎和东郭偃看来，崔邑作为宗庙重地，只能是崔杼占有，崔杼死后，则非崔明莫属，崔成无权享用。崔成被激怒了，憎恨棠无咎和东郭偃两个外姓人多管闲事。二弟崔强也满腹怨恨，在他看来，崔成不便继承家业，那么，应由他来取代，无论如何也轮不到崔明。崔明不过是个庶子，有什么资格做崔氏的继承人？这兄弟二人遂串通一气，密谋干掉棠无咎和东郭偃二人，以解心头之恨。

不过这事毕竟不是儿戏，闹不好要闯大祸。兄弟二人决定去请教一下父亲的老友庆封。

此事正中庆封下怀。他眼珠一转，对崔氏兄弟说：“你俩暂且回去，待我好好想一想。”崔家兄弟一走，庆封便唤来其心腹卢蒲嫳密议。卢蒲嫳道："崔氏削弱之日，就是庆氏强盛之时。"庆封早就觊觎崔杼的权位，卢蒲嫳此话正好道出了他的心意。二三天后，崔家兄弟又去庆府讨教，庆封屏退左右，对二人说："如果有利于令尊，就干掉他俩！有什么困难，老夫可以帮助你们。"崔家兄弟大喜过望。

一切准备就绪，景公二年（前546年）九月初五日，崔成、崔强在崔府大堂上杀死棠无咎和东郭偃。崔杼怒不可遏，立刻驱车去见庆封，诉说两个儿子的不是。庆封闻言，心中大喜，但嘴上却说："崔、庆一家，贵府的事就是我的事！这两个逆子竟敢如此，让我为您去教训他们！"不待崔杼应允，就命令卢蒲嫳带着一队人马去攻打崔府。崔家兄弟加固了院墙，拼死抗击。卢蒲嫳久攻不下，感到此事不宜久拖，一旦崔杼看破了他们的诡计，后果不堪设想！于是，卢蒲嫳蛊惑城中民众参加战斗。崔家大院终于被突破，崔成、崔强被杀。卢蒲嫳纵兵抢夺钱物和奴仆，把崔府劫掠一空。东郭姜上吊自杀。

卢蒲嫳大功告成，兴冲冲地回去复命。庆封大喜，对崔杼说："事情已经办妥了，两个逆子已被除掉了，您老放心回家吧！"庆封让卢蒲嫳驾车送崔杼回去。崔杼回家一看，崔成、崔强横尸于地，东郭姜吊死梁上，值钱的东西都被抢走了，不值钱的东西被砸得粉碎。他这才明白，自己被庆封算计了。看着眼前的一切，崔杼悔恨交加，遂自缢而死。

除掉崔杼之后，庆封独揽大权，其飞扬跋扈较之崔杼有过之无不及。但多行不义必自毙，庆封到头来也未得善终，他的覆灭距崔杼之死不过九年。

2. 晁错：血溅东市

西汉景帝三年（公元前154年）冬季的一天，首都长安城内，天阴沉沉的，凛冽的寒风不时吹起阵阵漫天的黄土，宽阔的大街上早已失去了昔日车水马龙的喧闹，行人稀少，显得非常冷清。御史大夫晁错正坐在府中的大堂之上，苦苦思索着前几天皇上召见时提出的问题，如何迅速筹集军粮、调集兵马开赴前线，争取早日平定以刘濞为首的七国叛乱。他还想到了那天晚上袁盎入宫时诡密的神态，年轻的皇帝再度见到自己时不自然的神情……心中不禁一阵迷惑。

忽然，大街上传来马车飞驰的声音，不一会儿，马车停在了御史大夫府门前，车上跳下一位中尉，径直向府内走去。守门人刚要转身前去通报，被中尉一挥手制止了。刚到大堂前，那位中尉就高声喊道："晁御史，皇上传旨，召您即刻入宫议事。"晁错心中一惊，掠过了一丝不祥的预感，心想：这么急，莫非前线再度告急？他丝毫不敢怠慢，迅速穿好朝服，戴上帽子，匆匆随中尉走出府门，登上了马车。天好冷啊，晁错不禁打了个寒战。车夫早已做好准备，见他们上了车，立刻扬起长鞭，车子便穿街过巷，飞驰而去。还在沉思中的晁错突然缓过神来，觉得有点儿奇怪，这好像不是自己十分熟悉的那条通往皇宫的大路啊！那条路自己实在是太熟悉了，从做太子家令起，至今已经十几年了，一直都是走那条路进皇宫的。想到这里，晁错不由得抬起头，向车外望去，顿时惊疑不已，原来马车经过的都是都市，根本不是入宫要道。他刚要开口询问那位中尉，车子却猛地停住了。中尉一跃下车，两旁早有士卒守护着，待中尉向他们递了一个眼色后，其中一个向车内喊道："请晁御史下车听旨！"晁错见停车处是东市，向来都是处决犯人的地方，心想：怎么让我在这个地方听旨，莫非要杀我不成！一面想着，一面下车，双脚刚一着地，两旁兵卒便虎狼一般包围上来，将他双臂反剪，让他跪下听诏。中尉从袖中取出诏书念道："御史大夫晁错力主削藩，屡进谗言，离间朕与诸王骨肉之情，罪不可赦，应当腰斩处死。"刚读到这里，刽子手已举起寒光四射的大刀，没等晁错来得及问声"为什么"，就将他一刀两断了。

晁错，文帝时就表现出了过人的才识，曾经多次就军国大事上疏发表意见，深受文帝赏识；景帝即位后又被倚为朝廷重臣，迅速升至三公之一的御史大夫，就这样匆匆忙忙地被处死了。原因究竟何在？说起来话还真有点长呢！

晁错兼习儒、法和文学，分析问题目光敏锐，见解精辟，被誉为"智囊"。

晁错大约于高祖七年（前200）出生于中原大地上的古城颍川郡，自幼聪颖好学，博览群书。少年时就曾只身一人饱受风餐露宿之苦，步行几百里到轵县拜著名法学家张恢生为师，随他学习申不害、商鞅的法家学说。后来又研读词章，学习文学。十几年的苦读生涯，不仅培养了他坚强正直、无所畏惧的性格，也使他期盼着有朝一日能像申不害、商鞅那样以严刑峻罚来安邦治国，建功立业。后来，他以贤良文学被推为太常掌故。太常掌故是太常的属官，负责保存文物典籍，研究国家典章制度，记录国家重大事件。就这样，晁错这位农家子弟从颍水岸边的故乡来到都城长安，走上了西汉前期那纷繁复杂的政治舞台。

文帝时，由于经历了秦末的大战乱，研习《尚书》的人已经很少。当时只有齐地秦朝遗老伏生通晓《尚书》，他是原来秦朝的博士，这时已经九十多岁了，不可能再请他到长安来了。于是晁错就以太常掌故的身分被派往济南，跟随伏生学习《尚书》。晁错凭着自己坚实的基础，经过两年苦读，基本掌握了伏生的学说。回朝后，向文帝上书汇报自己的学习结果，获得文帝赞赏而被升为太子舍人，后又升做门大夫，均是太子属官。不久又升任博士。

大约是在任博士期间，晁错上书给文帝，提出皇太子要通晓“术数”，即治国方略。他说：君主之所以地位尊贵显耀，可以名扬后世，原因就在于懂得治国方略。君主懂得如何驾驭臣下，群臣就会畏服；懂得如何听取大臣汇报奏事，就不会被欺骗和蒙蔽；懂得如何使万民生活安定并获得实际利益，就可得到天下人的拥护；懂得如何使臣子以忠孝之礼侍奉君父，可以让他们的品行更加完美。以上四点，我认为都应是皇太子抓紧学习的。文帝阅后非常赞同他的意见，就提升他为太子家令，把辅佐太子的重任交给了他。太子家令是太子府中最重要的属官之一，掌管府中庶务，实际上就是太子家中的总管。晁错凭借自己清醒的头脑、敏锐的观察力及广博的学识对当时的现实问题进行了深入分析，多次提出十分中肯的建议，深受文帝和太子的喜爱和信任，称赞他为“智囊”。

文帝是一位贤明的君主，他比较谦虚，鼓励进谏。在这种情况下，晁错除了辅佐好太子外，还多次上书，对当时的军国大事发表意见，提出自己的建议。

当时匈奴势力强大，多次骚扰汉朝北方边境，掠夺人口和财产，这种威胁直到文帝时也未因实行和亲而解除。每念及此，文帝总是忧心忡忡，曾经多次让大臣在朝堂上公议，但都没有提出好的解决方法。晁错认真地总结了过去的经验教训，并结合西汉前期的实际，向文帝进呈了《言兵事疏》，论述了自己抗击匈奴的战略和策略思想。他认识到了在战争中激励士气和选择良将的重要性，重点论述了地形、士卒训练程度、武器装备三者之间的关系。他指出，如果武器装备不精良，就等于把士兵断送给敌人；如果士兵未经严格训练，不会打仗，就等于把将领断送给敌人；如果将领不会用兵，就等于把君主断送给敌人；如果君主不能知人善任，选拔优秀的将领，那就要葬送整个国家。以上四点都是用兵的关键问题。晁错还分析了匈奴军队与汉朝军队的长处和短处，主张以己之长，击敌之短，并提出联合其他归顺的少数民族，充分发挥他们的长处，与汉军配合抗击匈奴。

文帝对其建议十分赞赏，特地下诏给予嘉奖。晁错接着又向文帝上了《守边劝农疏》和《募民实塞疏》，提出了“徙民实边”的策略，即由政府采取减免赋税、帮助建造房屋、提供农具和种子等优惠政策，召募内地人民移居边疆，选派德才兼备的官员进行管理，实行农耕战守合一，匈奴来犯时，可以组织边民与其作战，匈奴退走，边民即可耕种。他还建议让全国百姓向边塞输纳粮食，以换取一定的爵位来赎罪。晁错提出的这一系列建议迅速被文帝采纳，对于防止匈奴进犯起了很大作用。

文帝十五年（前 165 年），诏令全国推举贤良、方正、文学之士，晁错被选中。文帝就“直言极谏”等问题提出征询，在参加对策的一百多人当中，晁错回答得最好。晁错在对策中提出了一个尖锐的问题，矛头直指文帝，他指出：文帝即位已经十六年了，可是百姓仍然没有富起来，盗贼没有减少，边境也不安宁，原因就在于皇帝没有能够亲自听取群臣的意见。对此文帝不仅没有发怒，反而提升晁错为中大夫，掌谏议顾问。

诸侯王日渐强大，独霸一方，对中央虎视眈眈。晁错为削藩不遗余力，甚至置身家性命于不顾。

西汉诸侯王问题由来已久。刘邦在消灭了韩信等异姓诸侯王以后，又错误地认为秦朝二世而亡是没有分封子弟为诸侯的缘故。于是，他一面消灭异姓诸侯王，一面又陆续分封刘氏宗室子弟为诸侯王，希望这些同姓诸侯王能够像群星拱卫太阳一样捍卫皇室，保持刘氏江山万古永存。诸侯王拥有很大权力，可以在封国内自行征发兵役徭役、调动军队、征收赋税和任命官员。他们占据了全国大部分领土和近三分之二的人口，形成了弱干强枝的局面。

刘邦在世时，各王年龄尚小，羽翼未丰，对中央政府还未构成威胁。到文景之时，尤其是文帝时，由于他自己就是以诸侯王身份被大臣拥立即位的，为笼络刘氏宗室，又分封了许多诸侯王，此时诸侯王多已长大，其势力也迅速膨胀起来，开始不服从中央约束，自己制定法令，大肆僭越各种仪式，甚至搞分裂割据和武装叛乱。文帝三年（前177），济北王刘兴居起兵反叛；三年后，淮南王刘长又勾结匈奴和闽越，密谋造反；吴王刘濞因其子被皇太子误伤致死一事二十多年不来朝贡……这一切都表明诸侯王国对汉朝中央已构成了严重威胁。西汉著名政论家贾谊就曾经把当时天下大势比作一个浮肿的病人，腿肿得比腰还粗，指头肿得比大腿还粗，并疾呼要及时治疗，否则就会有生命危险。晁错也多次上书，提出用削夺诸侯王封地的办法抑制其势力发展，但均未被文帝采纳。

公元前174年，文帝去世，景帝即位。晁错又多次向景帝疾呼，请求削藩。他以吴王刘濞为例，对景帝说："二十多年来，吴王一直不来朝贡，按律早就应当治罪，先帝百般容忍，不忍加罪，并说他年纪大了，不便跋山涉水，还封赐给他几、杖，希望他改过自新，可是他却越来越狂傲骄横，私自开采铜山铸钱，煮海水制盐，大肆招诱亡命之徒，阴谋叛乱，如果不及早削夺其封地，将来就没有办法对付他了。"

景帝何尝不知道诸侯王的威胁，也非常愿意削夺诸侯王的封地，但又顾虑诸侯王们造反，迟迟不能下定决心，为此，晁错说："如果削夺他们的封地，他们会造反，但即使现在不削夺他们的封地，他们将来也一定会造反，不如趁早动手，祸患还小点。现在不削夺其封地，将来造起反来，祸患就大了。"

景帝最终还是下定了决心，支持晁错强行削藩，但这要冒着极大的风险，不仅诸侯王人心浮动，惶惶不安，而且朝廷中也有不少官员强烈反对。晁错一心只为削藩，但却把自己置于了非常危险的境地。朝中一些主张削藩者也都暗暗地为晁错捏着一把汗，劝晁错一定要谨慎从事，免遭不测。就连晁错年已六旬、白发苍苍的老父亲也感受到了其中的危险，于是不远千里，特地从颍川赶到长安劝说晁错："皇上刚刚即位，就让你当了御史大夫，地位已经够高了，怎么还不安分守己，多管闲事呢？你好好想想，诸侯王都是皇上的亲骨肉，他们怎样，与你有什么关系？你天天吵嚷着要削夺他们的封地，他们哪一个不对你恨之入骨！你就是不为自己着想，也该为我的媳妇和孙子们想想吧！"这位善良的老人也同大多数人一样，认为天下是皇帝的天下，他要怎样就怎样，作为臣子只要俯首听命、不失君臣本分也就罢了，为何还要去管过多的闲事呢？特别是皇帝自家的事更不应该去管。

老人含着眼泪望着儿子，谁知儿子在沉默了一会儿后却说："父亲，您说的我都懂，但是如果不这样做，天子的权威就无法树立，国家也将处于动荡之中，我这样做，就是为了尊天子安宗庙啊！"

"你这样做，刘氏江山可能安定了，而我们晁家却危险了！"老人对儿子的话非常失望，知道自己也无法劝动儿子，便摇了摇头，叹了口气说："我已老了，不愿看到大祸临头的那一天，你好自为之吧！"说罢，老人不顾儿子留他住几天的请求，头也不回地走了。晁错望着父亲苍老的背影渐渐远去，禁不住热泪盈眶。没过几天，就从家乡传来了父亲回家后服毒自尽的消息。

晁错把悲痛强压在了心间，为了国家安宁，他把种种非难、恐吓及个人的生死全都置之度外，毅然开始实施削藩计划，于是在景帝三年（前154年），一场影响深远的削藩运动拉开了帷幕。

皇帝的宠信，自己的严厉刚直，引起了同僚们的忌妒。以"清君侧"为号召的"七国之乱"爆发，善谋国却不善谋身的晁错难逃血溅东市的厄运。

晁错凭着自己的卓越才识，文帝时就颇受赏识。景帝即位以后，立即提升他做了京都长安地区的最高行政长官——内史，对他更加宠信，言听计从，程度丝毫不亚于丞相和九卿，许多法令也是经他之手制定的，这引起了许多同僚的忌妒和不满。

丞相申屠嘉就是上述人中的一个，但对于这位炙手可热的人物，却又无可奈何，只好慢慢地等待着，寻找机会惩办晁错。一天，机会终于来了，晁错毁坏了太上皇宗庙的围墙！

原来，晁错的内史府设在汉高祖的父亲太上皇庙围墙外的一片空地上，中间与太上皇庙还隔着一道矮墙。内史府原来向东开门，出入极不方便。晁错便命人将那道矮墙凿开，向南开门。申屠嘉得知后，觉得机会终于来了，想借此事好好惩罚晁错一下，便命令府中小吏连夜起草奏章，弹劾晁错，说他蔑视太上皇，应以对先帝先祖的大不敬之罪论处，罪当处死。谁知，申的奏章尚未发出，便被人得知并连夜通知了晁错。晁错听到风声后便即刻进宫，向景帝坦白了擅开太上皇庙围墙之罪，景帝很爽快地原谅了他。

第二天上朝时，申屠嘉便弹劾晁错毁坏太上皇庙的围墙，请求处死晁错。景帝看完奏章后，冷冷地对他说："晁错因府门不便，另开新门，凿穿的不是真正的宗庙围墙，只是宗庙空地外边的一道矮墙，并没有损及宗庙，况且这是朕让他干的，不能算犯法。"申屠嘉本以为抓住了晁错的一个大把柄，一定可以置他于死地，没想到却碰了个钉子，窘迫地涨红了脸，心里知道被晁错抢先了一步，虽愤愤不已，却无处发泄。

散朝后，申屠嘉回到相府，咬牙切齿地对属下说："我后悔没有先斩后奏，让晁错那小子抢先了一步。"说罢，不住地大口吐起血来，虽几经名医调治，但心病未除，最终不愈而亡。

申屠嘉死后，景帝提任御史大夫陶青为丞相，升晁错为御史大夫。这样一来，晁错更加显贵了。

景帝曾经将晁错削藩之策交给群臣讨论，大臣们都知道皇帝支持晁错，虽然心里有不同意见，但当着景帝的面，又不敢公开与晁错争辩。只有窦太后的堂侄魏其侯窦婴站出来反对，他指责晁错别有用心，想挑拨刘氏宗室子弟间的关系，并劝景帝不要理会晁错的建议，结果被晁错当众驳斥得张口结舌，从此对晁错心怀怨恨。

晁错与中郎将袁盎的关系也势如水火。每到一处，只要晁错在场，袁盎扭头便走；袁盎如果在场，晁错即使后到，也会立刻抽身返回。虽然同朝为官多年，二人竟从未在一起说过话。袁盎曾任过吴国相，晁错升任御史大夫后，就秘密派人调查袁盎，结果发现他曾收受过吴王贿赂。于是晁错便上奏景帝，请求重治其罪。景帝没有同意，只是下诏削去其一切官职，贬为庶人。

景帝三年（前154），晁错开始将自己的计划付诸实施。诸侯王平日里大都骄纵跋扈，要想抓住他们的把柄实在是太容易了。楚王刘戊在薄太后大丧期内仍与宫女寻欢作乐，虽被免除死罪，却被趁机削夺了东海郡；胶西王刘印收受贿赂，卖官鬻爵，被削去六个县；赵王刘遂接着因为过失被削去了常山郡。随后，晁错又请景帝下令削夺实力最强的吴王刘濞的会稽、豫章两郡，他也知道，此举事关削藩大局，如果成功，再削其他诸侯王就会易如反掌，否则必将战乱四起，难以收拾。

朝廷中讨论削夺吴王封地的消息传到吴国后，刘濞迅速派人联络了胶西、楚、赵及胶东、淄川、济南等国，约定联合叛乱。景帝三年（前154年）正月，刘濞征集了国内从14岁到62岁的男子共20万人首先在广陵发难。他以"清君侧"为借口，向全国发出布告，声称汉朝中央出了奸臣，无功于天下，却侵夺诸侯封地，离间刘氏骨肉，排斥先朝功臣，惑乱天下，皇帝因体弱多病不能明察，故诸侯起兵清君侧，以安定天下。另外六国迅速响应，一起反叛。

叛军攻势很猛。吴军渡过淮水后与楚军会合，并力攻梁，企图解除西进的后顾之忧；胶西、胶东、济南、淄川四国合力攻齐；赵国屯兵境内，伺机与匈奴勾结南下，叛军势力遍及关东，一时间天下震动。各地的告急文书像雪片一样一封接一封地送往长安。年轻的景帝被吓得惊慌失措，立即召集群臣商议对策，可大臣们你看看我，我看看你，谁也不作声，最后全都把目光集中到晁错一人身上。兵来将挡，水来土掩，晁错十分从容地分析了形势，指出吴楚叛军虽然一时势大，但名不正，言不顺，内部矛盾重重，各怀鬼胎，难成大事，当前的关键是要顶住吴楚进攻。他建议景帝亲征荥阳，激励士气，自己留守关中，然而此时的景帝已经被叛军吓坏了，不仅根本听不进晁错的建议，还对他提出亲征一事产生了怀疑。

叛乱发生以后，晁错还提出要进一步治袁盎的罪。他对属下说："袁盎受过刘濞贿赂，多次保庇他，说他不会造反，现在刘濞却带头造反了，应该追究他知情不举之罪。"属下听了后却说："现在这样做也没有什么用处，况且袁盎作为国家大臣，似乎不可能参与吴楚的阴谋。"晁错听了，也犹豫不决。没料到此事被袁盎知道了，他惊恐万分，心想：无毒不丈夫，先下手为强，于是连夜求见对晁错也心怀不满的窦婴，对他讲了一通吴王之所以谋反的原因，并表示自己有办法平定叛乱，请求窦婴帮助他面见景帝。

这天晚上，晁错正在宫中与景帝面对面地坐着，商量调兵之事。二人正计议间，忽然窦婴入宫，说袁盎有平叛良策，请求景帝召见袁盎。景帝答应了，不一会儿袁盎来到宫中，看到晁错也在，心不由得往下一沉，以为这下可完了，被晁错抢先告了自己。景帝抬眼看了看袁盎，劈头就问："你曾担任过吴国相，一定了解吴国的情况。现在吴楚叛乱，你可有良策解决吗?"袁盎听出景帝并没有治自己罪的意思，于是得意地瞟了瞟晁错，然后故弄玄虚地对景帝说："陛下，不用忧虑，此乃小事一桩，叛军指日就可平定。"

景帝听了，心里仍然没底，于是说："吴王私自开采铜山铸钱，煮海水制盐，获利甚丰，以吸引天下豪杰。现在等得头发都白了，才起兵叛乱，一定是准备妥当了，否则是不会轻易起兵的，怎么能说是小事一桩呢?"

袁盎忙答道："吴王有铜、盐之利，或许获利丰厚，但他是不会招募到什么豪杰的。如果那些人真是豪杰的话，就只会辅佐吴王全心全意效忠陛下了，怎么会帮助他谋反呢?吴王所招募的，全是些无赖子弟与逃亡的犯人，他也正是听了这些人的挑唆才谋反的。"袁盎的确奸滑，话一出口，就给景帝吃了个定心丸，也使晁错放松了警惕。

"那么袁大人一定有良策了?"冷不丁地晁错在旁边插了这么句话，他也想知道袁盎葫芦里到底装的是什么药。

"有什么计策，快讲!"景帝也在催促着。

袁盎抬起头来左右看了看，一言不发。景帝以为他有重要机密禀告，便命随从全部退下，又催促袁盎快讲。袁盎又抬起头看了晁错几眼，吞吞吐吐地说："臣所要说的计策，除了陛下，任何人都不能知道!"景帝只好示意晁错也暂且退下，晁错气得七窍生烟，但皇帝已经下了令，只好愤愤地退了下去。

这时屋内只剩下袁盎和景帝两个人了，袁盎才缓缓说道："陛下您难道不知道，吴楚等国发布的文告上明确地说，当年高祖皇帝分封子弟为王，以拱卫中央，但如今贼臣晁错却屡屡寻找借口，一点一点地削夺他们的封地，他们才被迫起兵的。他们的目的实际上是要联合起来诛杀晁错，请求恢复封地。如今之计，只有斩杀晁错，并派使节把这一消息通知诸王国，叛乱就可兵不血刃地被平定！请陛下三思！”

景帝听了，觉得他说的也有道理，沉默了好长时间，才说：“如果真是这样的话，朕决不会因为爱惜一个人而得罪诸侯，让百姓再受刀兵之灾。”实际上年轻的皇帝这时已经完全被袁盎的胡言乱语迷惑住了，他忘记了与晁错多年的师生之情，忘记了晁错舍生忘死究竟是为了什么，忘记了晁错与袁盎间的私仇，最终竟然同意以牺牲晁错的办法来保全自己的皇位。他接着封袁盎为太常，命他秘密整治行装，准备出使吴国。

十多天后，丞相陶青等上书弹劾晁错，指责他建议皇帝亲征，自己留守，有失臣礼，大逆不道，应当处以腰斩之刑，并株连全家。景帝为了一时苟安，批准了这一奏章，于是出现了本文开头描述的那一幕。

晁错的鲜血未能阻挡住叛军前进的步伐，但唤醒了天真的皇帝。

景帝杀死晁错以后，立即派袁盎以太常之职出使吴国，劝说刘濞退兵。景帝则天真地坐在宫内等待着前线传来的好消息。一天、两天、三天……十几天过去了，景帝仍旧没有得到吴楚等国退兵的消息，他在焦急地等待着。恰在这时，校尉邓公从前线返回汇报军情，未等他开口，景帝就急切地问道：“你从前线回来，听到晁错被杀后，吴楚准备退兵的消息了吗？”邓公说：“刘濞处心积虑地筹划谋反已经十几年了，这次借削夺封地的机会起兵造反，哪里真是为了晁御史？晁御史恐怕诸侯王力量大了难以控制，所以才请求削藩，谁知计划刚刚开始实施，皇上就误听小人之言把他杀了，这就堵住了忠臣之口，并为诸侯王报了仇，亲痛仇快，可还会有谁为陛下献计呢？”景帝听了之后也深表懊悔。

再说袁盎到达吴军中后，根本没有见到刘濞，还险些被杀掉。面对着皇帝的诏书，刘濞冷笑着说：“我已做了东帝，还接什么诏书！”说罢，随即将诏书一把扯过，撕得粉碎，抛向空中。这样，刘濞就自己揭穿了“清君侧”的骗局。

晁错用鲜血唤醒了景帝。景帝迅速起用周亚夫为将军，率兵平叛，用了三个月的时间就将叛乱平定了。

晁错忠心耿耿，却招致了杀身之祸，原因就在于他善于谋国却不善于谋身，中了别人的借刀杀人之计。唐代诗人吴筠有《览古》诗一首，完整地概括了晁错的一生：

晁错抱远策，为君纳良规。
削彼诸侯权，永用得所宜。
奸臣负旧隙，乘衅谋相危。
世主竟不辨，身戮宗且夷。

3. 主父偃：短暂的春秋

临淄人左思，志高才雄，以《三都赋》和《咏史》名垂青史，跻身于文学大家之列。《咏史》之七云：

主父宦不达，骨肉还相薄。
买臣困采樵，伉俪不安宅。
陈平无产业，归来翳负郭。
长卿还成都，壁立何寥廓。
四贤岂不伟，遗烈光篇籍。
当其未遇时，忧在填沟壑。
英雄有屯邅，由来自古昔。
何世无奇才，遗之在草泽。

诗中歌咏的主父偃、朱买臣、陈平、司马相如是西汉的四位奇才，他们早年都怀才不遇，常遭困顿。

这位主父偃是左思的同乡。

怀才不遇，嘲讽、冷落、白眼，几乎要淹没了主父偃。不曾想，一道上书，竟然使他时来运转。

临淄即故齐国的都城，齐人以能言善辩著称，主父偃亦然。他家庭贫困，想通过学习纵横家言，走张仪、苏秦那条显贵之路。书读了不少，功名富贵却一直与他无缘。这时，距临淄不远的甾川人公孙弘以儒学显贵的消息从长安传来，主父偃怦然心动，于是他又改学儒家经书及百家之言，其中自然少不了公孙弘赖以发迹的那部《公羊春秋》。然而，还是不能出人头地，而且还遭到儒生的排斥。齐人重功利，亲情被“功利”二字腐蚀殆尽，主父偃落魄，父母兄弟也瞧不起他。家里穷得揭不开锅，也没人肯借钱给他。在齐地实在混不下去了，他只好去燕、赵、中山寻找出路，结果也是徒劳。最后，他辗转到了长安。此时，卫青正得宠，贵极人臣，主父偃走别人的门路，得以晋见卫青。卫青觉得他是个人才，就向武帝举荐了他。谁知，武帝却不以为意。无奈之下，主父偃孤注一掷，赶到北阙下，上书武帝自荐。他谈了九件事情，有八件事是关于律令的，另一件为谏伐匈奴。

当时上书自荐的还有徐乐和严安两人。

徐乐，无终（今河北蓟县）人，才华横溢。严安也是临淄人，以前做过丞相的属吏，怀才不遇。

为了广揽英俊，武帝鼓励吏民毛遂自荐，自荐的方式是上书言得失，武帝亲加审阅，从中发现人才。此途一开，上书自荐者以千数，但有真才实学者却不多。

主父偃、徐乐、严安三人的那几札竹简，很快就被呈给武帝，武帝披阅，赞叹不已，虽然夕阳已经落山，但武帝捱不到明天，连夜召见他们三人，一见面，武帝就嚷道：“你们以前都在哪儿？相见恨晚啊！”马上拜他们三人为郎中。

三人中，数主父偃见多识广，才气纵横，也最会见机行事，迎合武帝的心意。他把自己平生所见所闻、所思所得写在竹简上，一次次呈给武帝，希冀博得这位年方二十三岁的皇帝的欢心。他的希望没有落空，武帝格外赏识主父偃，一年之中，给他连升四级。主父偃做梦都没想到，他会在一年之中从郎中升为中大夫。中大夫是武帝的心腹侍臣，为武帝出谋划策，决断军国大事，虽然品秩不高，权势却极为显赫。武帝的知遇之恩，令主父偃感激涕零。

大汉皇朝，又多了一位智谋之士，又出现了一个权臣，由此引发了一系列变革，引出了一连串变故。

推恩令，徙豪强，置朔方，一年之中，主父偃提出了三大建议。

当武帝从父皇手中接过大汉江山时，裂土为王者已达到二十四个。他们有的是武帝的兄弟，有的与武帝的血缘关系已经很疏远。经过“吴楚七国之乱”以后，诸侯王老实了很多，想当年吴王刘濞的气焰是何等嚣张：“敝国虽小，地方三千里；人口虽少，精兵可达五十万。”然而，仅仅三个月，叛乱便告失败。事实证明，地方势力要推翻汉朝中央，是很难的。这前车之鉴，诸侯王不会忘记。不过，那些国大势强的诸侯王也不曾彻底泯灭问鼎的野心。有效地控制诸侯王的势力，是汉武帝急待解决的重大问题之一。

主父偃升任中大夫不久，就提出了一项解决诸侯王问题的措施：诸侯王的王位，由诸侯王的嫡长子继承；诸侯王的其他儿子，可以在王国内分封为列侯。汉制，无功不得封侯。武帝准许诸侯王的其他儿子可以封侯，是一种恩典；诸侯王的嫡长子继承王位，其他儿子因血脉相连，可以封侯，诸侯王把他的恩泽施及全部子孙。故此，主父偃给他这项措施取了一个温情脉脉的名称：“推恩令”。这只是表面文章，“推恩令”的实质是分化、削弱诸侯王的势力。因为诸侯王分封其他儿子为侯，封地必须从王国割出；一旦成为侯国，按惯例就要从诸侯王国分离出来，改隶于附近的郡。这样，一块块地盘分割出去，诸侯王的势力也就逐渐削弱了。这项措施出台以后，诸侯王们一共分封了王子侯国一百五十四个。诸侯王的势力被大大地削弱了。

提出“推恩令”以后，主父偃又接着提出第二个建议：徙豪强。

豪强是指那些田连阡陌的大地主，他们趁着汉初奉行无为而治，大肆兼并农民的土地。到汉武帝君临天下时，已是富者田连阡陌，贫者无立锥之地。失去土地的农民，或卖身为奴，或沦为地主的佃户。当时，奴隶和佃户都不向国家纳税、服役。大批农民破产，国家就失去了剥削、奴役的对象，赋役就没人承担。豪强地主的势力膨胀以后，横行乡里，为害一方，严重扰乱了地方秩序。

怎样才能有效地解决这个问题？主父偃建议把那些大地主迁徙到茂陵邑中去。茂陵是武帝的陵墓，在今陕西兴平县。这个关中地区古老的县城因埋有武帝一副枯骨，又加上杨贵妃命殒于此，而遐迩闻名。秦汉之制，帝陵附近要设一个陵邑，行政级别相当于县，陵邑中的人户负责看守陵墓等。茂陵邑的人户，主父偃建议由那些大地主来充当。武帝采纳了他的建议，把那些家产在三百万钱以上的大地主及商人，强行迁徙到茂陵邑中。这些人离开了他们势力盘根错节的故乡，到了人生地不熟的茂陵邑，在天子脚下，言行自然不能像以前那么放纵了。凡是迁入茂陵邑者，每户赐钱二十万，田两顷，他们原先的土地收归国有。他们失去的土地远远超过他们得到的土地钱财。

主父偃还提出了第三项建议：置朔方。

这项建议是针对匈奴人的。匈奴乃游牧部族，战国时期崛起于北方大漠，秦始皇始派大将蒙恬将兵三十万把匈奴逐出了“河南地”（今内蒙古河套南部伊盟一带），又修建了万里长城，扼制住了匈奴人的南下。秦末战乱，匈奴乘机夺回了“河南地”。“河南地”距西汉京城长安的直线距离仅七百公里，匈奴驻牧于此，长安城中的汉家皇帝如芒刺在背。然而，由于汉初经济残破，无力反击匈奴，只得采取羁縻政策，把一个个如花似玉的公主送给匈奴单于，还要奉上大量的金钱、布帛，美其名曰“和亲”。匈奴单于人、财、物照单全收，而寇略如故。

武帝决计攻取“河南地”，解除匈奴对长安的威胁。就在颁布“推恩令”和徙豪强这一年，大将卫青麾兵北上，一举攻占“河南地”。如何巩固这一胜利果实？主父偃建议在“河南地”筑城置郡，加强防守。武帝诏准，征集十万大军修筑朔方城，设置朔方郡；从内地招募了十万人充实这一地区。朔方郡的设置，对屏藩长安起了重大作用。

主父偃在一年之内，建言三策。这三条建议，意义重大，切实可行，实行以后，进一步强化了君主专制主义中央集权，巩固了汉家江山。当时，像他这般远见卓识的，凤毛麟角。他因此得到武帝的青睐，权倾朝野。

得意忘形，专横傲慢，主父偃得罪了不少人，在他们的鼓噪之下，武帝批斩主父偃。

主父偃受到武帝的信用，得意之情溢于言表，睥睨三公，傲视九卿。一些趋炎附势之徒纷纷献媚、讨好，不少人揣了黄金去贿赂这位当朝权贵，事后经查实，主父偃受贿金额高达一千斤黄金。正直之士愤恨主父偃的飞扬跋扈。有人当面指斥他骄横，主父偃说：“我结发游行四十多年，抑郁不得志，父母兄弟瞧不起我，朋友邻里也厌弃我。我受的压抑太久太多了。大丈夫活着不能享用五鼎，死也要用五鼎来烹！我的日子不多了，故倒行逆施！”五鼎是诸侯使用的礼器。

果如主父偃所说，他的末日很快就来临了。

武后的母后王娡，入宫前已嫁过人，生了一个女儿，后来武帝赐号“修成君”。修成君有个女儿，王娡打算把她许配给诸侯王，那样女儿和外孙女的前途就有保证了。宦官徐甲本是齐人，是个爱说大话的家伙，他告诉王娡，如果让他到齐国走一趟，齐王就会上书请求让太后的外孙女做他的王后。王娡大喜，就让徐甲去齐国游说。

主父偃不知通过什么途径得知这一消息，便找到徐甲，让徐甲把他的女儿介绍给齐王做个妃子。徐甲满口答应。

齐王名叫刘次昌，他已有了一个王后，这位王后本是他的表妹，母后纪太后做主，王后的凤冠戴到了她的头上。刘次昌不喜欢这个表妹，一直冷落她。这可急坏了纪太后，当初她为兄弟一家的富贵着想，强迫刘次昌接受了这桩婚姻，刘次昌疏远王后，兄弟一家人的富贵危如累卵。纪太后无奈，让大女儿进住王宫，监视其他嫔妃，不准她们接近刘次昌。谁知，刘次昌竟与大姐淫乱起来。

徐甲至齐，讽劝纪太后上书，纳王娡的外孙女和主父偃的女儿入宫。纪太后大怒，试想，如果二女再入宫，她替兄弟一家设计的美好前程就更无望实现了，气得她破口大骂：“主父偃算什么东西，他的女儿也配做王妃？”她不敢骂王娡，只好拿主父偃出气。

徐甲回到长安，把经过一说，惹怒了主父偃。他从徐甲嘴里知道了刘次昌的淫行，奏告武帝，武帝拜主父偃为齐相，查办此事。

衣锦还乡，主父偃一副趾高气扬的样子，他拿出五百斤黄金，散发给兄弟朋友，然后指着他们骂道：“当年我穷困潦倒，兄弟不肯借点钱物给我，朋友不让我进门。如今，我出任齐相，你们一个个找上门来，有的不远千里去迎接我。我与你们从此一刀两断，再也不许你们进我的家门！”

接着主父偃查办刘次昌淫乱一事，刘次昌惧祸自杀。

那些早就憎恨主父偃的公卿大臣纷纷上书，说主父偃胁迫刘次昌自杀；还说他收了诸侯王的金钱，替他们说话，致使他们的子弟大多分封为列侯。经查，主父偃的确收过诸侯王的金钱，但诸侯王子弟分封为侯一事，是“推恩令”的规定。刘次昌自杀一事，经查也非主父偃胁迫所致。

武帝特别赏识主父偃的才干，有心宽恕他。公卿大臣纷纷上书，要求杀了主父偃以谢天下。御史大夫公孙弘也力争，说齐王自杀无后，主父偃是罪魁祸首，不杀他，难平民愤。武帝迫于舆论压力，只得下令将主父偃家族满门抄斩。

主父偃显贵时，投靠在他门下的士人以千数，到他被满门抄斩时，众门客中没有一人来看他。后来，一个叫孔车的门客冒着被杀头的危险，收敛安葬了主父偃的尸体。武帝听说以后，赞叹孔车是位长者。

4. 张汤：蒙冤的酷吏

司马迁《史记》中有一篇《酷吏列传》，记载了十几个以残酷著称的官员，他们当中最有名的有两人，一个是张汤，另一个是杜周，两人号称“酷吏魁”，死在他们身上的人不计其数。杜周寿终正寝，而张汤却不得善终。不过，张汤之死，震动朝野，还有三位要员陪他同赴黄泉路。

这是一段曲折的历史。

一个叫冯商的人，博闻强记，写一手好文章，汉成帝时曾奉诏续写《史记》，据他讲，张汤与张良同祖。到班固写《汉书》时，这个谱系就搞不清了。不过，有一点是十分明确的，那就是张汤为人行事全然不同于张良。张良功成名就之后，急流勇退，视功名富贵如粪土，醉心于气功；而张汤汲汲于功名，戚戚于富贵，且为人处世，心狠手辣。

从小张汤就显示出其性格的这一面。

一场审判老鼠的游戏，让父亲发现了张汤的才干。步入仕途后，张汤又成了酷吏的属吏。

张汤的父亲做过长安县丞，在县里分管刑狱。张汤从小就喜欢判案决狱那一套，在这方面表现出很高的天赋。一次，父亲外出，让张汤留守家中，老鼠偷吃了肉，父亲把他揍了一顿。张汤掘开鼠洞，捉住了老鼠，还找到了一块剩肉。然后，他设下大堂，对老鼠审讯、判决、处死，俨然一名执法严明的老狱吏。父亲深以为奇，遂教他法令案狱。

父亲死后，张汤才出来做官，在长安县做了一名小吏，默默无闻，升迁似乎无望，张汤有些心灰意冷。

一个囚犯的到来，改变了张汤的一生。

这个囚犯姓田名胜，长陵人，他的母亲乃秦汉之际的风云人物臧荼的孙女，她嫁过两次人，起初嫁给槐里县的王仲，生一男两女。后来王仲病死，她又改嫁到长陵田家，生了田胜、田蚡两个儿子。田胜犯了罪，被送进长安县监狱，张汤觉得田胜是个人物，倾心结交，百般照顾田胜，两人肝胆相照，成为好友。田胜刑满出狱，两人仍时时过从。后来，臧荼的孙女与王仲生的女儿王娡成了汉景帝的皇妃，进而成为皇后，王娡的儿子刘彻被立为皇太子。景帝寿终正寝后，刘彻即位，是为武帝，封田蚡为武安侯，田胜为周阳侯。田胜富贵之后，没有忘记张汤的恩德，逢人就夸他，帮他结识了许多达官显贵。不久，张汤调任中尉宁成的属吏。宁成是当时有名的“酷吏”，以严刑峻法著称。张汤深受宁成的影响，他也凭着自己的品德和才干赢得了上司的信任和好感。后经宁成推荐，他出任茂陵尉，负责监修汉武帝陵墓。不久又改任侍御史，成为一名司法官。

审理陈皇后“巫蛊案”，株连达三百余人，从此受到武帝宠信。奉命修订国家法令，使法网空前严密。

张汤真正得到汉武帝的赏识和重用，是从审理陈皇后“巫蛊案”开始的。

武帝即位之初，立陈娇为皇后。陈娇为长公主刘嫖的女儿，而长公主刘嫖乃武帝姑妈，汉初开国功臣堂邑侯陈婴之孙陈午的妻子。最初，景帝立的太子是齐栗姬之子刘荣。刘嫖要把女儿许配给刘荣，栗姬一口拒绝，原因很简单，刘嫖常引荐一些美女给景帝，惹得栗姬妒火中烧，见刘嫖来求婚，就毫不客气地拒绝了，以解心头之恨。刘嫖转而与王娡联姻，把女儿许配给刘彻，然后就在景帝面前大揭栗姬的短处，栗姬的确也有许多不是。于是景帝废了刘荣，另立刘彻为太子。正因为这一原因，武帝即位后，立陈娇为皇后。陈娇擅宠骄贵，嫉妒成性。可惜这位出身高贵的皇后十多年来一直没有生育，而一个出身低微的卫子夫却受到武帝宠幸，自己被日渐冷落，由此心中不胜恼怒。陈娇为了获得武帝的重新宠爱，就找了一个叫楚服的女巫暗地里进行“巫蛊”活动。“巫蛊”是将所仇恨之人的名字写在木头人上，再将这木头人埋于地下，令女巫诅咒之，以为这样做会给被诅咒者带来灾难，因此，汉代法律对“巫蛊”进行重罚。楚服还打扮成男子模样，与陈娇同床共枕，宛如夫妻一样亲密无间。元光五年（前130），陈皇后的“巫蛊”活动被汉武帝发现，引起他勃然大怒，就命令张汤审理此案。

张汤受命后深入调查了事情的原委，丝毫没有留情，依法判处楚服死刑，接着又深入追查参与者及知情者，最后受株连被杀者达三百多人。陈娇也被判为“大逆无道”，被废掉后位，幽禁在长门宫。

“巫蛊案”表面上是一场宫闱斗争，实则不然，它是汉武帝欲扫除坚持黄老统治思想的窦太后余党，以独尊儒学的一场政治斗争。陈娇作为窦太后的外甥女自然首当其冲。张汤在审理此案时，深入追查余党的做法及表现出来的干练作风，深受武帝赏识。很快他被提升为太中大夫，掌管法令、政策的草拟。

不久，张汤奉命与中大夫赵禹共同修订法令。赵禹为官也一贯清廉，执法严格，不徇私情。他甚至有意与公卿贵族、亲朋好友断绝往来，以便秉公执法，杜绝因私枉法。张汤对赵禹也十分敬重，以兄礼事之。二人紧密合作，共同把过去的法律细致化、条文化，增补了许多内容。通过这次修订，律令增补到359条，砍头罪409条，1820事，并且拟用了13000多件案例来说明死罪，使法网空前严密。其中有两条专门用来约束在职官吏的新法最为著名：一叫“知见法”，是指官吏遇到有人犯罪而不告发就与犯人同罪；二叫“故纵法”，就是指官吏审案，如果错误地把罪犯从轻发落也要治罪。他这次制定的律令，特别是其酷刑的矛头，主要是指向政府贪赃枉法的官吏和地方豪强的。新律令很快得到了汉武帝批准，从此，张汤就凭借这些严酷的法令，以较为残暴的手段，对豪强权贵进行严厉打击，同时镇压人民的反抗斗争。

张汤专门摧折豪强权贵，不仅施以严刑酷法，还与他们争夺财源，引起了他们的极大不满。

张汤在审案时往往是打击豪强，扶助贫弱，遇到下户平民被告，他常常委婉地对汉武帝解释，帮助开脱，争取从轻处理；遇到贵族豪强仗势欺人，触犯法律时，往往不避权贵，从严处理，有时甚至把皇帝都打算赦免的罪犯杀掉。

汉武帝元朔三年（前126），张汤升任廷尉，成为九卿之一，掌握全国最高审判大权。他在廷尉任内处理的最大案件是淮南王和衡山王谋反的事件。

淮南王和衡山王都是地方割据的代表人物。文帝时，淮南王刘长就曾因谋反被废。他的儿子刘安即位后仍怀异心，就在封国内大肆招揽天下贤才、豪杰，达数千人，集体编成《淮南鸿烈》一书扩大影响。到武帝时，刘安更是暗地里修治武器，积攒钱粮，蓄谋造反。王后荼和太子迁也专擅国政，强抢民田，滥捕无辜，无视王法。衡山王刘赐听说淮南王有反叛的打算，也与门下宾客秘密计议做谋反准备。二人迅速勾结起来。正当他们紧锣密鼓地筹备谋反之时，其阴谋被人告发。汉武帝迅速派使者到淮南搜查王宫，刘安在毫无防备的情况下，被从宫中搜出了为谋反而准备的大量武器、私刻的皇帝玉玺和百官印绶等。鉴于谋反证据俱在，武帝当即派官员持节去逮捕淮南王刘安，使者尚未到达，刘安就畏罪自杀身亡。衡山王刘赐闻讯也自杀身亡。武帝欲趁此机会，彻底铲除二王势力，于是就把此事交给张汤处理。

张汤接手此案后，迅速深入调查，对那些横行一方、目无王法、妄图谋反的皇亲贵族及其门客毫不手软，将其一网打尽。他首先判处淮南王后荼和太子迁死刑，对于淮南幕僚，也全部处死，并悉数灭族，此案前后株连达数万人，其中仅受牵连的列侯、二千石及贵族就达数千人。淮南王门客伍被和严助都参加了刘安的谋反活动，可武帝爱惜他们的才华，又加上他们曾劝阻过淮南王谋反，打算赦免他们二人。张汤得知这一消息后，立即向武帝进言，讲明了姑息养奸后不可收拾的道理，最终获得武帝同意，仍将二人处死。这是自西汉建立以来中央政府对诸侯王势力最为沉重的打击之一，至此，诸侯王再也无力与中央对抗了。

张汤由于平叛有功，获得了武帝的进一步信任。元狩二年（前121），擢升为御史大夫。张汤在任七年，这期间的两任丞相李蔡和庄青翟皆平庸无能之辈，因而朝政大事皆由张汤裁决，张汤也达到了其政治生命中最辉煌的时期。

张汤开始执掌朝政的时候，西汉政府的财政经济已极度困难，国库空虚，入不敷出，连武帝也不得不节衣缩食。究其原因，一方面是连年战争，消耗太大，又适逢连年水旱灾害；另一方面是贵族豪强及富商大贾趁机利用铸钱、煮盐、冶铁等生意牟取暴利，使财富愈来愈集中到他们手中的缘故。为了扭转这种局面，西汉政府接受了著名理财家桑弘羊的建议，采取了统一货币、禁止私人铸钱、对盐、铁等由国家实行专卖、均输平准等一系列理财改革措施，与豪商地主争夺财源。改革收到了明显的效果，国家的财政状况由原来的入不敷出，一下子变成了各种费用以亿万计，财政问题基本得到了解决。

在上述理财措施的实施过程中，张汤始终坚定不移地支持桑弘羊的改革措施，还提拔了一批不畏豪强权贵的官吏如义纵、王温舒等人来贯彻这些措施。他们对阻碍改革的那些权贵富商进行了严厉镇压，仅在币制改革中就杀了违反法令、私自铸币者几十万人。在改革中，政府还规定全国一律按财产征税，对商人加倍征收。为了保证这一政策的实施，张汤制定了“告缗令”，如果有人隐匿财产数目，逃避征税，其他知情人可以告发，被告发者的财产就要被没收，一半交入国库，一半赏给告发者。全国顿时兴起了“告缗”之风，据史书记载，当时中等以上的商人大都倾家荡产。通过这个方法，西汉政府没收到了数以亿计的财物、数以千万计的奴婢和大量土地。

张汤在推行这些改革措施时还创立了“腹诽”法。首先因这一罪名而受到处罚的是当时的大司农颜异。大司农是掌管农事、货物及全国财政的官员。颜异心里对改革不满，但嘴上并没有说出来。当张汤审讯他时，虽未抓住直接把柄，但最终还是以“腹诽”的罪名将他处死。

张汤在御史大夫任内还做了一件令群臣震惊的事情。当时匈奴派使者前来要求和亲，群臣围绕这件事情在朝堂上展开了争论。博士狄山主张与匈奴和亲，他说：“用兵是国家的大事，不宜轻举妄动。当年高帝征发匈奴，被敌人包围在平城白登山，七天七夜才得以解围，后来被迫答应了和亲。孝惠皇帝和高后时，天下安乐，到文帝时又要对匈奴用兵，百姓皆以此为苦。景帝时吴楚七国之乱被平定后，就不再谈论用兵之事，天下又逐渐富实。现在从陛下出兵击匈奴以来，国库空虚，人民日渐贫困，从这一点来看，不如和亲。”武帝对狄山的建议很不以为然，转而问张汤，张汤回答说：“这真是腐儒之见，不可采纳。”狄山不肯相让，反唇相讥道：“我固然愚腐，尚不失为愚忠，而张汤却是诈忠。当初他审理淮南、衡山一案，大肆株连，离间皇室骨肉，使诸侯日夜惴惴不安，由此臣知道他是诈忠。”武帝听后对狄山很是不满，于是问狄山道：“假使朕让你出守一郡，你能防止匈奴入侵么？”狄山回答说：“不能。”武帝接着问：“那么出守一县呢？”狄山仍表示不能，武帝又问：“那么让你守卫一个要塞如何？”狄山心想，自己如果继续推托，就要沦为小吏了，只好回答说：“能。”武帝于是下诏，派狄山到边境上守卫一个要塞。不久，匈奴人大举进犯，狄山所守要塞被攻破，其首级也被敌人砍掉。群臣见狄山枉送了性命，对张汤都很害怕，不敢再与其争论。

诸侯王、朝中同僚、亲朋好友出于种种原因，共同织成了一张大网，使张汤难以摆脱，只好含恨自杀。

河东人李文，因以前与张汤有矛盾，但一直没有机会发泄私忿。后来他出任御史中丞，利用收受大臣奏章的职权之便，从中着意搜求不利于张汤的材料，伺机进行报复。张汤虽然知道这件事，却又无可奈何。他的心腹密友鲁谒居知道这件事后，就秘密派人告发了李文许多奸事。武帝仍将此案交给张汤审理，张汤便趁机杀了李文。张汤心中深知此案是鲁谒居一手制造的，但当武帝询问此事时，却假装吃惊地说：“这事恐怕是李文的故人，与他有矛盾，才出面告发的吧？”

赵国一向以冶铁为主要手工业，赵王刘彭祖通过经营冶铁业获利丰厚，在西汉政府推行盐铁官营以后，刘彭祖仍继续私自冶铁，常与铁官发生争执。张汤曾多次派人查办此事，迫使刘彭祖让与铁官，不得再私自冶炼。刘彭祖也多次贿赂张汤，求他网开一面，但均遭严词拒绝。刘彭祖因此对张汤一直怀恨在心，暗暗派人在京城刺探张汤的行踪，伺机报复。有一天，鲁谒居生病在家，张汤亲自过府探望，只见鲁谒居躺在床上不断呻吟，说是两脚奇痛，张汤打开被子一看，果然两脚红肿，于是亲自替他按摩。此事被刘彭祖的细作知道后，迅速报告了刘彭祖，于是刘彭祖便借题发挥，上奏章严词弹劾张汤，说张汤身为朝中重臣，却亲自为一小吏按摩腿脚，其中定有奸情。因事情牵涉张汤，武帝便将此事交廷尉处理。廷尉只好准备先逮捕鲁谒居，查问虚实，但鲁谒居这时已经病死，只好逮捕了他的弟弟。张汤得知后，心里十分着急，但又没有办法公开帮助他，只好托人暗中加以照顾。一天，张汤巡视牢房，见到了鲁谒居之弟，因自己身处案中，无法替他开脱，只好假装素不相识，昂首而过。鲁谒居之弟却误以为张汤忘恩负义，心中很是不满，当即使人上书，告发张汤曾与鲁谒居同谋，构陷李文。武帝正因李文一案没有头绪而烦恼，一见这封奏书，立刻转命素来执法严酷的御史中丞减宣查办此案。减宣也曾与张汤有过矛盾，接手此案后，乐得假公济私，竭尽全力搜罗证据，准备一举置张汤于死地。

祸不单行，减宣的复奏尚未呈上，又发生了一件对张汤来说是雪上加霜的事。汉文帝陵园内陪葬的钱币被人盗掘，武帝听说后勃然大怒。丞相庄青翟约张汤一起入朝谢罪，但到了武帝面前时，张汤考虑到巡视皇帝陵园是宰相的责任，这件事应由丞相负责，就站在朝班中，毫无举动。庄青翟连连向他递眼色，他佯为不知，庄青翟不得已自行谢罪。武帝便命张汤处理此案，张汤将责任完全归到庄青翟头上，以见故知纵罪对庄青翟进行了处罚。庄青翟受到处罚后，心中对张汤很是不满。

丞相府三长史（丞相的高级佐官）朱买臣、王朝、边通原来官位皆在张汤之上，后来因被罢官撤职反居张汤之下，见到张汤必须低头参拜，但心中对张汤很不服气，张汤对他们又不讲情面，经常使他们处于非常尴尬的境地，因此他们经常计议，寻机陷害报复张汤。他们见时机已到，便与丞相庄青翟商议计策。他们抓了一个叫田信的商人，说张汤每次上奏的事，无论是否属于国家机密，田信都预先得知，其囤积居奇获得的暴利也与张汤平分。这件事上奏给武帝后，武帝就质问张汤："朝廷每有举措，缘何有商人总是事先就知道，莫非有人泄露不成?"张汤当然称自己不知道此事。武帝听后，心中很是不快，这时御史中丞减宣已经将李文案调查清楚，上奏给汉武帝，武帝再次质问张汤，张汤仍然否认。武帝于是转命廷尉赵禹审理此案，赵禹曾与张汤共事多年，此时对张汤说："你也太不知轻重了，你自从审案以来，诛杀了多少人，你自己还不知道吗？现在这么多人都说你有罪，皇上不愿将你打入死牢，而是想让你自行了断，你还辩解什么呢？不如就此自决，还可保全家人!”张汤至此也知道难逃一死，于是向赵禹索取了一张纸，提笔写道：“臣张汤本没有什么功劳，以刀笔小吏起家，幸蒙陛下宠信，位列三公，无以塞责。然而设计谋害我的，是相府三长史也!”写罢，将纸递给赵禹，自己取剑在手，拼命一挥，当即毙命。

张汤死后，家中老母及兄弟子侄，皆伏尸痛哭，他们计议着要厚葬张汤，张汤老母道：“他身为朝廷重臣，如今被人陷害而死，还用什么厚葬呢?”张汤死后也没有留下多少财产，即使留下的少量财产也都是武帝历次赏赐的。于是其兄弟子侄将其草草收殓，仅用牛车载着棺材出葬，棺外无椁，十分简略。武帝接到赵禹的回报后，看了张汤的遗书，心中也有些懊悔，接着又听说了张汤的丧事十分简朴，才明白张汤确实是蒙冤而死，但为时已晚，只好杀掉了三长史。不久，丞相庄青翟也自杀身亡。武帝又起用了张汤之子张安世，后来任至光禄勋、大司马，封富平侯，成为朝廷重臣。

5. 杨炎：享非常之福，罹非常之祸

杨炎（727—781 年），字公南，凤翔天兴（今陕西省凤翔县）人，生于唐玄宗十五年。曾祖杨大宝于高祖武德初年曾做过龙门县令，刘武周攻打县城时，英勇不屈，与城共亡，高祖李渊嘉其忠心，赠全节侯，小小县令封侯，尽管是个虚名，倒也是难得的荣誉。祖父杨哲，以孝行闻名乡里，受到朝廷的表扬。杨炎的父亲杨播，更是一副名士派头，他考中了进士，却隐居不仕；玄宗即位，励精图治，广罗天下人才，曾诚恳地召拜他为谏议大夫，可是他也仅仅只是给玄宗一个面子，干了几天就弃官回家了。

“炎”意味着权势，而且过火，从他的名字中似乎能看出某种玄机。

青年时代的杨炎长得眉清目秀，气宇轩昂，而且写得一手好文章，在

家乡一带和京城颇有名气，号称“小杨山人”。和祖上一样，杨炎极富个性，豪爽仗义，好意气用事。

尽管文章写得很好，可是豪放不羁的杨炎对常人趋之若鹜的科举考试却不屑一顾，他不愿走这种程式化的老套路，渴望一飞冲天，一鸣惊人。唐代选官实行科举制，但节度使也有自选幕僚的权力，这就给不愿参加科举的杨炎提供了走上仕途的可能性。大约是在玄宗后期，杨炎二十岁左右的时候，由一介布衣征辟为河西节度使掌书记。河西节度使治所在凉州，领凉、洮、西、鄯、河、临六州，是唐代重镇之一。在此期间，杨炎受命为节度使杜鸿渐的父亲杜鹏举撰写《安州刺史杜公神道碑》，充分显示出他的出众才华。也许是恃才傲物，也许是豪侠任气，有一次县令李大简喝醉了酒，与杨炎争吵，大约是骂了几句不好听的话，本来醉语当不得真，没想到却惹恼了杨炎，令左右按住李大简，亲自打了他二百余棒，差点打死了他。尽管如此，河西节度使的继任者吕崇贲因为爱才依然留用了他。为了一点芝麻大的小事，因为意气不合就差点置人于死地，杨炎的豪侠任气却用在霸道上，这恰恰是他的致命弱点！

天宝十四年（775 年），“安史之乱”爆发，兵锋所指，焦土一片。不久潼关失守，唐玄宗仓皇逃往成都。叛军占领长安后，凤翔就成为唐朝夺回京城的前哨阵地。此时的杨炎不知何故回到了家乡。远在成都的玄宗不能视事，年轻的肃宗一则为了夺取皇位，二则为了稳定军心、民心，使唐军有一个统一的指挥中心，便在甘肃灵武匆匆宣布即位。为了拉拢地方势力，延揽人才，肃宗封杨炎的父亲为“散骑常侍”，号“玄靖先生”，而行军副元帅、大将李光弼则征召杨炎为判官，可是他仍不应征。不久，肃宗亲自拜杨炎为起居舍人，杨炎以在家为父亲守孝为由，再次拒绝。在当时叛军势力强盛，最终结果尚未分晓的情况下，杨炎对唐廷能否剿灭叛军持怀疑态度，因此在家隔岸观火。

后来叛军内部出现矛盾，战斗力大大减弱，在唐朝大将郭子仪、李光弼等人的指挥下，唐军终于收复了长安，叛乱基本平息，肃宗又回到长安。此时杨炎的守孝期也满了，于是来到长安，期望求得一官半职，但受到肃宗的冷遇，不仅政治上不受信任，甚至连生活基本保障都没有，过着“朝叩富儿门，暮随肥马尘”的屈辱生活。倒是一个姓卢的官吏很同情他，令人暗中接济他，为了不伤杨炎的自尊心，就假装向杨炎求画，因为杨炎不仅会写一手好文章，而且山水画也很是了得。后来经多方努力，杨炎好不容易才得到一个司勋员外郎的小官。若干年后，心胸狭窄的杨炎仍对这段屈辱的日子耿耿于怀。

投奔元党，受牵连而被贬，给官运亨通的杨炎泼了一盆凉水。

杨炎首鼠两端、隔岸观火的态度令本想重用他的肃宗很失望，最后虽然给了他一官半职，但却不予重用。宝应元年（1762 年），肃宗李亨死，李豫即位，是为唐代宗。受到肃宗压抑的杨炎似乎熬出头了。

杨炎的升迁，得力于他的同乡元载。元载为人狡诈，以翻云覆雨、玩弄权术闻名于朝野。代宗即位，他用重金买通代宗的贴身太监董秀，将皇帝的一言一行探听得一清二楚，然后曲意迎合，从而得到代宗的信任。而对代宗宠幸的另一个大宦官鱼朝恩，元载百般奉承，完全丧失了作为一个士大夫应有的人格和气节。有一次，鱼朝恩借讲《易经》的机会，指桑骂槐，斥责当朝宰相，把他们骂了个狗血喷头。同为宰相，王缙听了大怒，立即反击。元载心里也是十分愤怒，恨得牙痒痒的，可是他表面上微微一笑，装作很大度，不与小人计较的样子。但是，当他嗅到鱼朝恩有失宠于代宗的迹象时，就竭力在代宗面前说鱼朝恩的坏话，并替代宗设谋，杀死了鱼朝恩，因而更受代宗的宠幸，一时权倾朝野。

为了进一步巩固相权，元载在朝野内外广泛活动，拉帮结派，成为代宗朝势力最大的一个政治集团。人们纷纷给他进贡巴结，唯恐不及，一时往元府行贿的人络绎不绝，元府往往人满为患。

元载深知自己迟早要退位，为了保住荣华富贵，他想找一个人代替自己做相。开始选择了礼部侍郎刘单，不巧的是刘单不久就死去。后来又看中了吏部侍郎薛邕，但薛邕又因吃官司被贬。元载心里很着急，找来找去，相中了杨炎。于是，杨炎从小小的司勋员外郎，改兵部转礼部郎中知制诰，迁中书舍人，代宗大历九年（774 年）十二月又迁为吏部侍郎（副尚书）。员外郎为从六品散官，郎中从五品，中书舍人为正五品上阶，吏部侍郎为正四品。短短十年之内，杨炎就连升三级，成为朝廷命官。为相时间日久，元载益发肆无忌惮，贪赃枉法，巧取豪夺，聚敛无度，广占良田，大修宫室，仅大庄园就有十几处。但唐朝毕竟是李家的，这些都被代宗视为不安全因素，因此便想法除掉元载。

大历十二年三月，代宗借故召宰相议事，事先在议事堂布下天罗地网，元载一入室，几十个禁兵一拥而上，干脆利落地拿下了他。而另一路人马，奉代宗之命，直扑元载府上，查抄家产，搜出的金银珠宝无数，仅胡椒就有几百斛。接着代宗命吏部尚书刘晏审查此案。所谓审查，只不过是走一个过场而已，此时的代宗已经下决心要除掉元载。同日，元载被处死。按照代宗的意思，元党也将被一网打尽，其中黑名单上的头号人物就是刘晏的副手，时任吏部侍郎的杨炎。这时，左金吾大将军吴凑爱惜杨炎的文才，多方奔走，终于使杨炎免于一死，但仍被贬为道州司马。道州位于湖南、广东交界地，在唐代算是边远地区了。唐代一向重京官、轻外官，而且是从堂堂的正四品贬到一个连七品县令都不如的小司马，杨炎心里自然是十分难受。因为元载一案的主审者刘晏是杨炎的顶头上司，两人素有嫌隙，杨炎便认为这是刘晏在借代宗之手报复自己。从此，杨炎便对刘晏忌恨在心，伺机报复。

杨炎推行“两税法”，颇有成就。但他心胸狭隘，构陷并杀害了理财专家刘晏，使舆论大哗。

大历十四年五月，代宗死，德宗李适即位。一朝天子一朝臣，德宗开始培植自己的亲信。代宗生前并不喜欢李适，但是元载竭力反对废掉李适另立太子，所以李适登上皇位，元载功不可没。代宗一死，德宗就伺机为元载翻案，但元载罪大恶极，公开为之昭雪，德宗也怕引起众怒，所以只能提拔那些因元载案而被贬的人，这其中就有杨炎。

其实，德宗在东宫做太子时，就久仰杨炎的大名，一次偶然的机会得到杨炎在河西节度使任掌书记时所写的《李楷洛碑》，爱不释手，每日把玩观摩。此时朝中的宰相是崔祐甫，这个人政绩平平，但是喜欢奖掖后进，一年内，曾推荐八百余名官员。由于杨炎的文才和在吏部工作时所表现出来的“器业”，很受崔祐甫的赏识。所以崔祐甫向德宗举荐杨炎，正合圣意。这年八月，德宗一纸诏令，杨炎遂由岭南谪吏一跃而为宰相，可谓时来运转，平步青云。

杨炎贬地道州，在唐代虽属边远地区，但当时的经济重心已经逐步南移。在道州两年多的时间内，杨炎开始接触经济工作，并且做得很好，在岭南地区有口皆碑。他的前任刘晏是个著名的理财家，但他的一切措施都是依托于建立在均田制基础上的租庸调赋税制度，不能从根本上解决唐王朝的财政危机。于是杨炎在拜相的第二年，即德宗建中元年（782 年），提出以两税法代替租庸调旧赋税制，得到德宗的批准。所谓“两税”，就是分夏秋两季征收赋税，改变了租庸调以丁男为标准的征收方法，而以每家每户拥有的资产为标准，这样就更合理更易于为老百姓所接受。两税法的颁布和执行，有重大的历史进步意义。

两税法实施的初期，减轻了人民的负担，杨炎的声望日高。随着经济改革的成功，杨炎的政治野心和私欲开始膨胀。崔祐甫提拔杨炎后，因为疾病，不能视事，另一个宰相乔琳又遭杨炎排挤，此时的杨炎大权独揽，朝中无人能比。

随着政治地位的巩固，杨炎骄横日甚，他没有忘记昔日的屈辱，开始找刘晏的岔子，伺机打击报复刘晏。其实，杨炎知道，刘晏在二十余年的理财工作中，对维持唐王朝的统治起了重大作用，因而为代宗所倚重。德宗与代宗之间有怨隙，自然“恨屋及乌”，这就为杨炎陷害刘晏提供了契机。

杨炎深知德宗与代宗之间的怨隙，所以就从继承皇位这件事上做文章。代宗大历年间，德宗还是以太子身份居东宫，德宗的母亲沈氏，只是一个普普通通的宫女，既无高贵的血统，也没有沉鱼落雁的美貌，所以代宗并不喜欢她。而她所生的儿子李适，仅仅因为他是代宗的长子，加上在平定安史之乱中辅佐代宗，功勋卓著，很受朝中大臣的拥戴，迫于舆论压力，代宗才立他为太子。相反，独孤贵妃因为家势显赫，年轻美貌，很受代宗宠爱，她生了一个儿子叫李回，因为他的母亲原因而受代宗的宠爱。京兆尹黎干和宦官刘清潭想搞政治投机，投合代宗，于是密谋废掉李适而另立李回。幸亏元载和另一个宰相王缙竭力反对，李适才保住了太子的宝座。所以德宗对黎干这伙人是十分的忌恨。于是杨炎拜相不久，就在德宗面前哭泣：“幸亏祖宗保佑，先帝没有听奸臣离间，不然，刘晏、黎干这些人阴谋得逞，罢了您的太子地位，社会动乱，那后果可真是不堪设想。现在黎干已经追究了责任被杀，可是另一个元凶刘晏还在，而我作为宰相，不能拿他正法，罪该万死，请陛下原谅！”德宗心胸狭隘，竟然不辩是非，准备拿刘晏开刀。这时另一宰相崔祐甫站出来唱反调：“这些都是无稽之谈。而且陛下已经大赦天下，不应听信这些流言蜚语来治刘晏的罪。”同时，朝中其他大臣也争相为刘晏辩解，特别是朱批和崔宁。德宗开始动摇，但是由于杨炎的坚持，德宗还是解除了刘晏的转运、租庸、青苗、盐铁等使。

杨炎必欲置刘晏于死地而后快，一计未成又生一计。刚刚过一个月，即到了建中元年二月，刘晏办理权力移交手续时，杨炎又借口所结帐目不实，贬刘晏为忠州刺史。忠州在今天四川，是当时一个既偏僻又贫穷的小县。

而此时的杨炎正要着手进行赋税改革，即废除实行近二百年的租庸调制而以“两税法”代之。而刘晏的理财完全是在租庸调制的前提下进行的，并且取得了巨大成就，赢得了极高声誉，他自然会反对改革，再加上个人恩怨，杨炎除掉刘晏的决心更不可动摇。这时，他物色到一个好帮手——庾準。

庾準是个不学无术的投机分子。因为善于阿谀奉承，被宰相王缙看中，于是骤然提拔为中书舍人，当时舆论哗然，但不满归不满，因为王缙是元党头目，权倾朝野，所以也无可奈何。不久，庾準进一步爬到了尚书右丞的位子上。在代宗打击元党时，庾準也遭殃，被贬为汝州刺史，后来又回京当上了司农卿。杨炎复出后，自然对身为元党旧部的庾準提携有加，因此庾準对杨炎感激涕零，成为依附于杨炎的亲信。而刘晏在二十几年的理财工作中，素与庾準不和，于是杨炎决定派庾準担任刘晏的顶头上司——荆南节度使。庾準自然对杨炎的用意心领神会，上任不久，就诬告刘晏与藩镇勾结，而且编得似乎很有道理，说刘晏因自己被德宗贬而心怀不满，希望投奔藩镇，以自己的才干辅佐藩将，以图大业。德宗开始并不相信，但正在这当口上，杨炎略施小计，才使德宗确信无疑，而此时崔祐甫已死，朝中再也没人为刘晏主持公道。德宗一怒之下，就派宦官前往忠县杀了刘晏。刘晏被害的消息是十九天后才公布的，这引起了满朝文武的极大不满，认为这是开国以来第一大冤案。但是，杨炎仍不罢休，又派人抄了刘晏的家，把他的妻子儿女充军岭南；同时，刘晏一手提拔起来的许多理财专家都被贬或被杀，其中元琇被贬为雷州司户参军，后赐死。

刘晏（716—780年），曹州南华人，他自小天资聪颖，被人称为“神童”。安史之乱爆发后，永王李璘借机想夺皇位，在江南起事，并邀请刘晏加入其幕府，但刘晏审时度势，北上投入肃宗门下。后来在抗击永王过程中，小有功勋，因此深受肃宗信任。肃宗正式登基后，即召刘晏为京兆尹，开始全面接触全国的经济工作。代宗即位，亦委以重任，让他继续主持财政。在二十余年的理财工作中，刘晏为唐王朝的延续做了卓越贡献：在他的努力下，朝廷的年收入由四百万缗增加到一千二百多万缗，户口由二百九十三万多户增加到三百八十多万户。而且这些经济收入的增长并不是依靠加重人民的负担剥削来的，因此很得民心。他把江淮大米运到长安时，长安军民欢呼雀跃，视刘晏为神明。连代宗也亲自率领乐队到东渭桥去迎接他，称他为楚汉战争中使刘邦军队始终丰衣足食的萧何。

就是这样一个贤良大臣，生活却十分朴素。清晨骑马上朝，在路上买几个烧饼，边吃边思考财政问题，而且不置奴婢。建中元年不幸蒙冤后，朝廷派人抄家，才发现这位朝廷财政大员家中只有杂书两车，杂粮几斛。如此清廉的朝臣，自然深孚众望，所以当他被杀的消息传出后，舆论哗然。淄青节度使李正己上表指责杀刘晏太残暴。杨炎作贼心虚，忙派自己的心腹四处游说：裴冀出使东都、河阳、魏博，孙成出使泽潞、磁邢、幽州，卢东美出使河南、淄青，李舟出使山南、湖南，王定出使涯西等地，为自己辩解。说杀刘晏是德宗的主意，因为刘晏曾和奸臣勾结阴谋立独孤妃为皇后，得罪了德宗，所以才杀他，而并不是什么别的原因。德宗听到这个消息后大为恼火，这实在坏了他的名声，虽然他表面上没有发怒，但心中已产生了除掉杨炎的想法。

德宗的心事，很快被大臣卢杞看出来了。

以其人之道，还治其人之身，卢杞用杨炎构陷刘晏的办法，杀害了杨炎。

在朝中，真正讨德宗欢心的人是曾任御史中丞、门下侍郎的卢杞。卢杞这个人嫉能妒贤，喜欢背后捣鬼，对于那些不附从他的人必置之于死地。而德宗恰恰是一个猜忌刻薄成性的人，他不能容人，又处处自作聪明，“物以类聚，人以群分”，卢杞自然成为德宗的心腹。

但是，杨炎却自恃有才，又风神俊朗，因而很瞧不起相貌丑陋、素无文学修养的卢杞，甚至假装有病而拒绝和卢杞在一起吃饭。但此时的卢杞，好歹也是一个宰相，自然咽不下这口气。

按照旧制度，中书舍人分别在尚书六曹工作，开元初，废除了这项制度。卢杞上表请求恢复旧制，但杨炎坚持反对，卢杞于是更加恼火。后来卢杞又密奏杨炎的主书的过错，准备撵走那个主书。杨炎傲慢地对卢杞说："主书，是我这个部门的官吏，如有过错我自会处理，要你在此指手画脚干什么？"一席话，让卢杞大丢面子，好不难堪！

杨、卢二人的积怨越来越深，二人都开始培植党羽，以求巩固自己的地位。在人事的任用上，德宗对杨炎不再言听计从。事情的起因是这样的：大历十四年八月，杨炎由道州司马入朝拜相。在由道州还朝的路上，途经襄汉，顺便劝梁崇义入朝，后来又派心腹李舟去游说，梁崇义却不领情。后来，梁崇义反叛，当时朝野内外议论纷纷，认为是杨炎的劝说激化了矛盾，成为梁崇义反叛的导火索。德宗本身也不是一个十分明智的皇帝，受舆论影响，就把这个过错算在杨炎头上，从此就开始怀疑他的忠诚之心。后来加上谋杀刘晏一事，德宗心里对他更加不满。梁崇义反叛后，德宗准备以淮西节度使李希烈统率诸军进讨，杨炎却不识趣地反对："李希烈原与李忠臣拜为父子，后来却驱逐了李忠臣，自己取而代之，这样的人是不能担当此任的！"又说："李希烈并无任何功勋，更为可恶的是，此人傲慢无比，性格桀骜不驯，不守法度，假若让他统率军队去讨伐叛军，那么陛下你又用什么办法来牵制他呢？"本来，杨炎的这席话是十分符合实际情况的，但德宗是一个自作聪明、处处喜欢自以为是的人，而且加上不信任杨炎，所以，他尽管不能以理说服杨炎，却摆出皇帝的架子："我已经答应了他，'一言既出，驷马难追'，是不能食言的。"胳膊拧不过大腿，李希烈自然被擢用了。

不久，德宗又让群臣推荐人才，卢杞推荐张镒、严郢，而杨炎推荐崔昭、赵惠伯。德宗认为杨炎议论疏阔不切实际，于是罢为尚书左仆射。可是杨炎仍不肯低下他那高傲的头，卢杞心里更加忌恨他。

另一个大臣严郢做京兆尹时，因为不阿附杨炎，杨炎心怀不满，于是就指使御史张著弹劾，罢了他兼任的御史中丞一职。源休与严郢不合，于是杨炎提拔源休做京兆少尹，令他监督严郢，以便抓严的小辫子，但是源休对严郢颇有好感，主动与严郢和好。杨炎知道后，十分震怒，恨源休比恨严郢更甚。恰巧这时张光晟设计谋杀了回纥酋长，于是杨炎使借刀杀人计，派源休在此时出使回纥。后来，杨炎借口严郢度田不实，进一步贬为大理卿。

由于树敌过多，加上失去了德宗的信任，杨炎已经站在火山口上，地位岌岌可危，可是他还浑然不觉，依然我行我素，瞧不起卢杞，又低估了他的能量，放松了对他的警惕。可是卢杞此时却伺机报复，由于杨炎并非贪财之人，在他本人身上是很难找到缺口的。于是卢杞把眼光落在杨炎家人身上。杨炎的儿子杨弘业自恃父荫，不学无术，依靠权势，多有受贿。于是卢杞首先将屡遭杨炎打击报复的严郢提拔起来，成为自己的亲信。实际上，严郢原本属元党，曾被元载推荐过，后又被李栖筠推荐。他曾与术士斗争，得罪了肃宗。后来代宗重新起用他，为御史中丞。大历末，拜为京兆尹。后来，杨炎欲开丰州陵阳渠，严郢熟悉边情，认为这样干弊大于利，于是上表反对，杨炎怀恨在心，后来贬他为大理卿。卢杞用这样一个与杨炎有深仇大恨的人来对付杨炎，自然是再适合不过的了。

严郢升为御史大夫后，自然对卢杞的用意心领神会，马上就逮捕了杨弘业，严刑审问，查到了杨炎的两条罪证：一条是杨炎的亲信赵惠伯任河南尹时，曾买了杨炎在洛阳的一座私第辟为官府，杨炎要价过高，而赵惠伯则假公济私。卢杞认为应按贪赃罪处置，但主审官大理正田晋认为即便是事实，依法最多给个“夺官”的处分。另一条罪证更恶毒，把杨炎推到德宗对立面上去了。情况是这样的：开元时，宰相萧嵩曾想在曲江立一座家庙，后来考虑到这是天子临幸处，不妥，于是放弃了。杨炎拜相后，在这块地上立了一座庙。于是，卢杞等人造谣：“此地有王气，炎故取之，必有异图。”本来，长安城天子临幸的地方多得很，如果在皇帝去过的地方立庙就有异图，那恐怕长安就没有多少建筑了。可是，此时卢杞又逮了河中观察使赵惠伯，严刑拷打，迫使他合作，诬陷杨炎。德宗一听杨炎的亲信招供了，于是确信杨炎有异谋，大怒，不问青红皂白，下令贬杨炎为崖州司马。那里远在天涯海角，瘴气蛇虫猖獗，但卢杞还不死心，又派宦官于中途杀了杨炎。而此时，距杨炎派宦官杀害刘晏仅仅一年零三个月！没想到卢杞以同样的方式送他踏上了不归路。历史往往有惊人的相似之处！

“机关算尽太聪明，反误了卿卿性命!”其实两年前的八月，杨炎自道州司马回朝任宰相时，他好像已经意识到这个下场。当他的家人得知他赴京的消息后，准备将那些不值钱的家什丢掉，他却说：“我只不过是一介逐臣，自小小的司马而一跃为将军是不正常的！有非常之福，一定有非常之祸!”没想到竟然一语成谶！

6. 高拱：一着不慎，满盘皆输

高拱，字肃卿，新郑人，为明嘉靖二十年（1541 年）进士，最初选为庶吉士，一年后授编修。穆宗为裕王时，高拱为之侍讲。其时世宗曾在嘉靖十八年二月同时封三位皇子为裕王、庄敬太子、景恭王。不久庄敬太子去世，世宗哀痛之余，又想起当年道士陶仲文所云二龙不可见面，否则必死其一的预言，就不再立太子。但因裕王年龄较长且贤明，就有日后让他继位的想法。景恭王也有夺位之心，引起了许多猜疑。高拱为使裕王能顺利接掌帝位，不断教诲他行孝谨之事。但当时的首辅严嵩倾向于景恭王，对裕王极为冷淡。裕王应得的岁赐，三年都未发。裕王不敢向世宗提起，只好派人贿赂严嵩之子严世蕃，才得以补发。但严嵩仍不放心裕王，多次刁难裕王，幸亏高拱从中斡旋，方才巩固了裕王的地位。后来景恭王离京到自己的封地后病死，裕王才顺利登基。裕王因此极看重高拱，手书“怀贤忠贞”四字赐给他。

严嵩、徐阶先后执掌朝政，因为高拱为裕邸讲读的身份，认为他日后必然为皇上看重，便向明世宗举荐，拜太常卿、掌国子监祭酒。嘉靖四十一年擢升为礼部左侍郎，不久改吏部侍郎兼学士，再迁为礼部尚书，嘉靖四十五年拜文渊阁大学士，与郭朴同入内阁。这一时期，高拱受徐阶的赏识，仕途可谓青云直上。

第一次政治斗争的失败，使高拱意识到要控制舆论，掌握监察大权。

明朝在嘉靖末年已经开始走向衰落，严嵩、严世蕃掌权时结党营私、贪污纳贿，朝政极为腐败。严嵩倒台后，朝政混乱的状况依然十分严重，高拱走近权力中心的同时，也一步步陷入政治斗争的漩涡。

吏部给事中胡应嘉的姻亲李登云因为与高拱有仇隙，被高拱弹劾去职。胡应嘉因此以为高拱必然找机会陷害自己，于是想先下手为强。正好高拱性高才傲，又因仕途春风得意，开始违忤徐阶的旨意。胡应嘉看在眼里，更坚定了先下手为强的决心。世宗住在西苑，内阁大臣直庐也在苑中，以便随时承应皇帝的召唤。高拱在直庐内任职，他还没有儿子，就把家搬到直庐附近，经常偷偷回家。一天世宗略感不适，谣言就传说皇帝得了重病，高拱急忙准备搬家。这件事让胡应嘉知道了，就上疏给皇帝说："高拱刚开始辅政，就厌恶直庐的生活，把家搬到直庐附近的西安门外，每到夜里就偷偷回家。陛下近日身体稍稍违和，高拱就私自搬运直庐器物。我不知道高拱是什么居心。"高拱听到这个消息，十分害怕，赶快上疏辩解。正好世宗驾崩，事情不了了之。高拱以为胡应嘉受徐阶指使，从此深恨胡应嘉与徐阶。

隆庆元年（1567年），穆宗即位，进高拱为少保兼太子太保，徐阶为首辅。高拱认为自己是穆宗跟前旧臣，有恃无恐，多次与徐发生冲突。武英殿大学士郭朴虽为徐阶所荐，但一则与高拱相睦，二则徐阶草拟世宗遗诏时不与郭朴周知，两人渐生嫌隙，郭朴开始倒向高拱一边，徐阶很是生气。

不久，吏部尚书杨博主持京察。京察是明代官员考察制度，京官五品以下，吏部会同都察院及各堂上掌印官共同考察，每六年举行一次，除都御史可随时过问外，由吏部尚书全权主持。这次京察降黜大臣多人，包括御史胡维新、给事中郑钦等。但杨博的山西同乡没有一人被黜。这引起了御史和给事中的公愤。胡应嘉又第一个站出来弹劾杨博。胡应嘉劾杨博挟私愤、庇乡里，本是直言，但他忘记了自己的职责。吏部办理京察时，给事中应当协理，在事前没有提出异议，事后却要弹劾。穆宗认为胡应嘉前后看牴牾，派内阁商量处罚。高拱认为报复机会到了，郭朴首先站出来批评说：胡应嘉疏于职守，全非人臣事君的道理，应当革职为民。高拱自然极为赞成。徐阶有心庇护胡应嘉，但看到高、郭二人咄咄逼人的气势，不想激化与二人的紧张关系，只得同意了。

明朝言官多成群结党，尤其是都察院中御史职和六科中的给事中职。

这次先是杨博贬黜言官，接着高拱、郭朴又贬胡应嘉。言官们认为自己地位太让人瞧不起，便纠合起来，共谋反击，高拱首当其冲。兵部给事中欧阳一敬首先发难，诋高拱“奸横险恶，无异蔡京”；给事中辛自修、御史陈联芳上疏弹劾高拱，御史耿杰则说高拱“无宰辅器”。一时言论纷纷，直指内阁。

作为内阁首辅，徐阶采取了息事宁人的态度，拟旨调胡应嘉为建宁推官。处分减轻了，但言官仍不满意，欧阳一敬再次上书，说高拱“威制朝绅，专权擅国，应该罢去”。徐阶便拟旨安慰高拱，想言官们发泄过怒气了，安慰安慰高拱就行了，就没有斥责言官们。

徐阶没有斥责言官，自然是不想在朝中树敌，更有假手言官打击高拱以巩固自己地位的想法。这却激怒了高拱，高拱指派御史齐康弹劾徐阶。这又犯了众怒，诸给事中、御史知道齐康受高拱指使，群集殿上，厉声唾骂。欧阳一敬指责齐康为高党，齐康则劾一敬为徐党。齐康势单力薄，最后被谪。言官们乘胜追击，攻讦高拱，整日不停。高拱束手无策，只得请求归养，隆庆元年五月，以少傅兼太子太傅、尚书、大学士称病隐退。不久，郭朴亦致仕归家。这一次政治斗争以高拱失败而结束。

失败后的高拱，静心闲居的时候，明白了一个事实，想要在朝中站稳脚跟，一方面，须取得皇帝信任掌握行政大权；另一方面，还要控制舆论导向，即监察大权，才能高枕无忧。

政坛风云多变，机遇再次垂青了高拱。在朝廷权力中枢的角逐中，李春芳最终排挤了首辅徐阶，掌握了内阁。徐阶的学生张居正一方面顾念师生之谊，另一方面也不甘于居李春芳之下，于是和司礼监李芳联合，由李芳举荐高拱入阁，兼掌吏部。

隆庆三年十二月，高拱复入内阁。

在力所能及的范围内，高拱为百孔千疮的明王朝做了许多好事，是张居正改革的前奏。

据说，高拱为国子监祭酒时，与任国子监司业的张居正交好，居正以周公比之高拱。两人曾共同相约：若为首辅，则为大明稳定与繁荣竭尽心力。二人那时已对严嵩执政时国家的弊病多有了解。高拱得张居正之助，先是入阁，后抵制阁中赵贞吉势力的发展，大学士陈以勤称病归去，接着首辅李春芳致仕还家。高拱兼掌吏部尚书，成为内阁首辅。应该说，高拱掌内阁后，确实为国家做了许多好事。在高拱以前，由于明世宗好方术，不理政务，导致奸相严嵩专权，朝中大臣互相倾轧，结党营私，国库空虚，农民起义不断。统治阶级内部有识之士认识到改革势在必行，高拱就是其中一员。除了对赋役制度的改革，高拱最为关注的便是吏治和边防事务。

在选拔官吏的问题上，他注重人才的培养和储备。为了遍识人才，他要求诸司长官建立人才档案，标明姓氏爵里，一月一察，一年一集，这样急用时，就可以使能干之才得任其事。明嘉靖至隆庆年间边防多事，请增置兵部侍郎，以备总督人选。由侍郎而任总督，又由总督调回兵部任职，前线与兵部诸司轮番更换，自然将才充裕。高拱认为领兵打仗是专门的学问，非长年磨练不能负责攻战事宜。每有长于智谋、晓畅军事的人才，应使之久任，不要改迁别的部门，他日烽火起时，可备督抚之选。同时选取边防地区生长的将官充实到诸司中，管理本地事务，并严明赏罚制度，以资鼓励。对于在边疆地区任职的官吏，他也非常重视，认为他们职责极重，不宜轻易调动岗位或升迁贬谪。以上主张，都得到皇帝的认可，将之整理成法令。另外，高拱反对过分强调资格，奏请科贡与进士并用；考察官吏，不单凭文书，而要多方面参考，也不拘限人数多寡，一切从实际出发；罢黜者，一定要讲明缘由，使人心服口服。古田瑶民起义爆发，高拱派殷正茂总督两广地区，有人说此人贪财。高拱说：“他是贪，但完全可以处理此事。”贵州抚臣上奏当地少数民族土司安国亨将要叛乱，高拱派阮文中代为巡抚，临走前对他说：“安国亨不会轻易叛乱，你去后，小心不要激变他，要以安抚为主。”以上两事均被高拱言中。广东各部属吏多贪赎，高拱特地奏请皇上旌表清廉能干的知府侯必登，以激励清廉风气。其他种种，不一而足。这些措施使国家机器效能得到高度发展，史家也赞他“素习政体，负经济才”。

随着明朝改革的进展，在边境地区蒙古强明弱的形势渐渐改观，形成双方力量相当的局势，蒙古不断骚扰明朝边民牧耕，明朝虽屡次将其驱逐，但也无力征服蒙古。明朝有识之士认为双方应该讲和，对彼此都有利。就在这时，出现了“把汉那吉事件”。

把汉那吉是俺答（蒙古鞑靼部右翼土默特万户首领）的孙子，自幼丧父，由俺答妻将其抚养成人。长大后娶大成比吉为妻，两人感情不合。把汉自己又娶吾儿都司的女儿，号“三娘子”，即俺答的外孙女。俺答因为三娘子长的美，就夺为己宠。把汉恚恨之下，于隆庆四年十月率妻子十余人降明。大同巡抚方逢时接受投降，并报告总督王崇古。王崇古认为可借此牵制俺答，并趁机除去赵全。赵全原为山西人，嘉靖年间叛明降俺答，此人能量很大，又将张彦文等人招去，聚众数万人，并且常常诱俺答进攻明朝。于是王崇古便想将把汉那吉留为人质，用以交换赵全等人。

王崇古盛情款待把汉那吉，然后与方逢时共同上疏报告朝廷说：

> 俺答横行塞外五十年，威加诸部，侵扰边塞。现在神厌天怒，骨肉离叛，千里来降。应给宅舍，授官职，丰廪服用，以悦其心。如果俺答来索取把汉，就提出交换赵全等人。交还被掠夺的人口，然后以礼遣归把汉，是为上策。如果俺答欲起兵相夺，不可理喻，就假装要杀把汉来吓唬他。他希望自己孙子生还，一定害怕我置其孙于死命。他志夺气沮之时，便不敢轻举妄动，然后我们再慢慢处置，这是中策。如果俺答舍弃把汉，那就厚加资养，以示厚恩。把汉部下有投降的，就令把汉统领，像汉时置属国于乌桓一样，他日俺答死，其子辛爱继位统领他的属下。这时我们打起把汉的名号，让他收集余众，自为一部，辛爱必然忿怒，与把汉相争。他们两族相争，就不会有余暇进攻明境，这又是一策。如果我们按旧例安排把汉住在海滨，必使俺答日夜侵扰；假如配给诸将，让把汉随营立功，把汉骄贵惯了，不受驱策，驾驭方法不当，必生怨望，乃至反噬。这两种情况都是下策。

奏至，朝议纷纷。御史饶仁侃、武尚贤、叶梦熊皆言敌情叵测。兵部尚书郭乾则提不出明确意见。高拱和张居正则大力支持王崇古的意见。诏下，授把汉指挥使一职，赐绯衣一袭。叶梦熊强谏，被高拱贬黜，这才止息纷争。

其时俺答正掠夺西番，闻变急归，调其子辛爱分兵入犯，急索把汉。而俺答妻因为思念孙子，朝夕哭泣。正在俺答烦燥之际，方逢时派百户鲍崇德来到。俺答盛怒说：“我一旦发兵，你们的将士将血流成河！”鲍崇德说：“我们的将士和你的孙子谁更重要？现在朝廷待你孙子甚厚，你发兵是要害死你孙子啊！”俺答本以为把汉死了，听到此说，将信将疑，便派人跟鲍崇德至明境。王崇古让把汉绯袍金带见俺答使者。俺答闻讯大喜，鲍崇德又劝他说："你只要杀了赵全等人，把汉马上就回来。"俺答于是说："我并不想作乱，乱实在由赵全而起。现在我孙子降汉，是天老爷的旨意。天子如果封我为王，永远管理北方，那各个部落谁敢骚扰大明呢？即使我死了，我孙子袭封，他受朝廷厚恩，怎敢辜负朝廷呢？"于是遣使来朝，为其子辛爱求官，并请开放边境市场。其他蒙古部落一方面势力小，受俺答控制；一方面贪图明朝财物，于是赵全等人被押回至明朝，边境大安。这就是历史上著名的"俺答封贡"。俺答封贡后，从明建国以来屡受蒙古骚扰的状况改变了。北方边境的安定和明朝大批军费的节省，对明万历时社会经济发展有重大作用。这不能不说是缘于高拱决策正确，措施得力。

高拱通过大力整顿吏治和边防，使明王朝朝政有所好转。但他心胸狭窄，魄力不足，无法驾驭全局，朝政的进一步改革还有待于其后的张居正。然而，高拱的所作所为无疑是张居正改革的先声。

当高拱大权在握、踌躇满志时，他没有提防瞬间降临的毁灭性打击。

高拱在隆庆三年得到张居正的帮助回到内阁后，以大学士掌吏部事。张居正开始很高兴，说："喜阁老起用，向来我们同心，世事可为啊！"但高拱牢记徐阶给自己的经验教训，自执政始就尽反徐阶时的政策。这一半是记恨徐阶，一半是通过贬谪和升迁树立自己的势力。他将徐阶草世宗遗诏时进用的人员一概废除，将曾反对过自己的人加以贬谪。

如果高拱复出后反对徐阶，以此显示自己的正确，这情有可原，历朝历代均有此例，不足为奇。但高拱挟嫌报复，连带徐阶的三个儿子也遭株连，被发配三千里，这未免太过分了。张居正是徐阶的学生，徐阶对他有知遇和庇佑之恩，他早就不满高拱的"绝情"行为，这次见他这么过分，便为徐阶之子求情。正好高拱得到手下人告密说徐阶的儿子送了三万两银子给张居正。于是在大学士朝房里，高拱便将张居正半真半假地讥刺了一顿。张居正脸色大变，指天誓日否认此事。经过这番剖白后，高拱承认误会，事情勉强结束，然而张居正却记下了这笔帐。

高拱的势力日益扩张，开始排斥异己。大学士陈以勤看出了苗头，便致仕还乡。隆庆三年十月，高拱提议考察科道。科是六科给事中，道是十三道监察御史，高拱上次败在言官手中去职，现在便要考察言官以树己党。按例这次京察由吏部和都察院会同举行，可兼管吏部的高拱和兼管都察院的赵贞吉发生了冲突。赵贞吉明白高拱的用心，上疏反对，但穆宗念高拱为裕邸旧臣，倾向高拱。考察时两人正面交火了：凡高拱左右，赵贞吉一律斥逐；凡赵贞吉的人，高拱尽数贬谪。于是两人谈判，互相妥协，双方人员，一概保留。但高拱的政敌，只要与赵贞吉无关，还是被贬斥。先后有二十七人，如御史王圻、大理少卿魏时亮等人。高拱手下则有了诸言官：韩楫、宋之韩、程文、涂孟桂等人。

过后，高拱再对付赵贞吉。给事中韩楫弹劾赵贞吉考察有私。赵贞吉虽上疏反驳，但最终不敌高拱，只好致仕回籍了。

赶走了赵贞吉，高拱更加得意，派韩楫等人把持言路，打击异己。尚宝卿刘奋庸、给事中曹大野先后因弹劾高拱不成而外任。高拱初时还持清操，后来门生、亲戚多以受贿闻名。但穆宗始终眷顾不衰。

隆庆五年冬，礼部尚书、武英殿大学士殷士儋与高拱爆发了一次正面冲突。高拱想提拔张四维，偏偏御史郜永春弹劾张四维，高拱察知幕后指使者是殷士儋，于是派御史赵应龙弹劾殷士儋由太监陈洪进用，不可参与国政。殷士儋上疏辩解，给事中韩楫耐不住了，有威胁之言。于是殷士儋找了个机会大闹了一次。

按规定，每月初一、十五，给事中都到内阁和大学士见面，大家相互作揖，称为“会揖”。此次会揖后，殷士儋话里有话地对韩楫说：“听说你对我很有意见，有意见没关系，可犯不着被别人利用。”韩楫没想到殷士儋居然会在内阁说这样的话，一时楞住了。高拱看不下去了，忿忿地说：“这成何体统！”一句话点着了火药桶。殷士儋撩起袖子，手指高拱大骂：“你先后驱逐诸位阁老，如今为了提拔张四维，又要驱逐我！你想永远把持内阁，休想！”就在内阁大堂上，殷士儋想要痛打高拱。张居正试图劝解，也被殷士儋臭骂一顿。于是堂堂内阁上演了一场骂架兼动拳脚的好戏。

此后，御史侯居良再次弹劾殷士儋，殷士儋厌倦了，上疏请求致仕，于十一月回归山东祖籍。殷士儋一去，内阁便成为高拱、张居正二人的天下。因张居正一直对高拱谦退有礼，高拱实际上成为一人之下、万人之上的权臣，势焰冲天。然而，他却没有想到自己的辉煌也快到头了。

高拱认为自己被徐阶排挤的原因在于没有舆论支持。再度入阁后，他大力树立言路权势，但却没有注意宫廷内部皇室的力量。冯保在世宗朝时已是司礼秉笔太监，穆宗登基时冯保屡次想升任掌印太监，但高拱没有注意到他，先是举荐陈洪，后是孟冲。冯保屡次失败，遂积恨于高拱。这事让张居正知道了，开始暗中着意结纳冯保。穆宗病重，冯保要张居正预草遗诏。结果被高拱察觉，高拱责备张居正说："我当国，你怎能撇开我独自办理这种大事呢?"张居正面红耳赤，急忙谢罪，高拱知道这是冯保的主意，更加痛恨冯保，着手策划驱逐冯保。

隆庆六年五月，穆宗突然中风，于病榻前托孤，命高拱、张居正、高仪三人为顾命大臣。冯保矫遗诏，得与三位顾命大臣共事。于是年仅十岁的神宗登基时，冯保站立在神宗御座旁不下去，与小皇帝同受百官朝拜，顿时举朝大骇。冯保此时掌司礼监，又监督东厂（特务机关）兼总内外，势力极大。

但高拱不以为意，自认作为三朝老臣、内阁首辅、顾命大臣，经历了政治上多少次明争暗斗，怎能斗不过一个小小的太监呢？他先命六科给事中程文、十三道御史刘良弼等人上奏章列数冯保奸猾之事，后命给事中雒遵、陆树德等人特疏弹劾，说皇上幼冲，为防宦官专权，请将司礼监的权力归还内阁。按老规矩，这些奏折应发至内阁，由辅臣斟酌，再告知皇上执行。高拱单等疏下之后拟旨驱逐冯保了。

但这次高拱过于自信了，他轻视冯保的力量也忽略自己的身边隐藏着另一个大敌。穆宗托孤时，高拱作为裕邸旧臣，哀痛之下，说："十岁太子，如何治理天下啊!"本意是感到自己肩负治国的重任，但冯保却借机大做文章。他早就着意奉承皇后、皇贵妃，取得了她们的信任。他撺掇皇后说："高拱斥太子为十岁孩子，怎么做人主呢?"后妃们闻之大惊，这是什么意思?！太子听了也不由得脸色大变，难道高拱想行废立之事吗？这时，冯保又得到张居正密告关于高拱驱逐他的计划。冯保将这一切又都哭诉给皇后皇贵妃们。后妃们更认定高拱欲图谋不轨：第一步先驱逐皇帝身边亲近的人，第二步岂不就要……

此时的张居正又做何打算呢？他知道高拱的能量，但他比高拱更清楚宦官的狠毒和他们盘根错节的势力。这一次，只需坐山观虎斗就可以了。两败俱伤之下，在内阁中，只有他的资历和声望最高，也只有他，能在神宗刚即位的情况下，迅速稳定政局。

六月十六日黎明，神宗突然召集群臣到会极门，宣两宫及帝诏。高拱心花怒放，以为这肯定是驱逐冯保的事成功了，急急忙忙赶来，可诏书宣示，不啻一声炸雷：

大学士高拱揽权擅政，威福自专，朝廷诸事不许皇帝主管，我母子日夜惊惧。便令回原籍居住，不许停留。

高拱惊呆了，伏在地上竟然爬不起来。这一个打击实在太重了，他万万没想到自己闯过这么多大风大浪，竟败在一个太监手里。张居正虽然高兴，但与高拱毕竟是昔日好友，不忍见他如此狼狈，遂将他扶起，出了宣武门。冯保犹恨意未消，又构王大臣狱，指使王大臣袖藏尖刀，意欲行刺皇上，想要嫁祸高拱，但终究没有成功。

高拱被迫立即离开京城。按规定，没有国家的驿站马车相送，最后只雇了骡车上路，后面还有押行的兵卒一路驱赶。回家没几年，连气带惊，就死了。

张居正如愿以偿，登上辅佐神宗的内阁首辅宝座，一个比高拱更善于行使权力的铁腕人物又走上了前台。

7. 鳌拜：专横跋扈难久持

鳌拜，姓瓜尔佳氏，属满洲镶黄旗人。其伯父费英东是清太祖努尔哈赤的佐命元勋。由于费英东的卓著武功，爪尔佳氏在清建国时被列为满州八大姓之一。出身将门之家的鳌拜，从小就效仿先辈立下疆场报国之志。青年时，鳌拜以巴牙喇壮达（清太宗时亲军小头目，后为护军校）身份投到清太宗皇太极麾下。

作为著名的勇士和军事将领，鳌拜以其赫赫战功赢得清太宗赏识，却因参与皇帝家事而埋下了祸根。

天聪五年（1631年），皇太极为夺取关外宁锦八城，发动了大凌河战役。清军长于野战，但面对以重炮防守的明军坚固的城池却屡遭败绩。皇太极采用挖壕筑墙、长期围困的办法，使大凌河城与外界断绝联系。明王朝抽调关内马步军四万解围。鳌拜率主力军迎战，身先士卒，大败明军。最终，大凌河城陷落。鳌拜因屡建军功，被授予牛录章京世职（子孙可世袭的禄位，后为骑都尉）。

崇德二年（1637年），因朝鲜与明军互相支援，成为清军后方的隐患，皇太极攻入朝鲜，在朝鲜的明军被迫撤入海岛。阿济格受命率兵攻皮岛，鳌拜与阿济格相约，不攻占此岛，誓不退兵。他与甲喇额准塔为前锋，渡海作战，明军在海边修建堡垒，顽强抵抗，打退清军次次进攻。鳌拜冒着箭雨大呼强攻，准塔在后紧随，一举击败明军，攻占皮岛。鳌拜以军功进三等梅勒章京，赐"巴图鲁"（勇士）称号。

如果说攻克皮岛是鳌拜锋芒初露的话，那么俘虏明总督洪承畴和攻克锦州可以说是鳌拜军旅生涯最为辉煌的一页。崇德六年三月，济尔哈朗率清军环围锦州，筑高垒，挖深沟，断绝明军出入之路。城中蒙古军队与清军约定献城东关为内应，被发觉。明军祖大寿率军搏战，清军则从城外接应，当时多尔衮、豪格、阿巴泰等将领离锦州较远，又经常听凭士兵擅自离队回家送所掠财物，因此锦州未克。只有鳌拜追随济尔哈朗苦战，克锦州外城，以此受清太宗晋爵的奖励。

八月，明总督洪承畴率兵十三万驰援锦州，屯兵松山，列步军七营，骑兵环松山城东西北三面，布下坚固防线。太宗闻报，亲率清军主力在乌欣河、南山至大海布阵，横截大路，切断明军后勤供应。又调兵遣将，分路设伏，待明军粮绝混乱出逃时伏击。时间一长，明军粮绝，吴三桂等六总兵趁夜潜师突围，沿海岸逃走，鳌拜正率兵伏于海滨，一阵掩杀，明兵溃不成军，互相践踏，死者不计其数，鳌拜深知一鼓作气乘胜追击的重要性，就在没有得到命令的情况下，率军进攻松山。他一马当先冲锋陷阵，五战皆捷。洪承畴不得不回守松山城内，在重重包围中等待援军。崇德七年二月，清军攻克松山，洪承畴被俘。三月，清军攻克锦州，守将祖大寿投降。鳌拜在锦州松山战役中立下了大功，被提拔为巴牙喇纛章京（太宗亲军最高指挥官，后为护军统领）。

以后对明朝的征战生涯中，鳌拜无往不胜。他的爵位也由一等梅勒章京（后为一等男）升为三等昂邦章京（后为三等子）。

正当清军在战场上攻城略地节节胜利时，传来太宗皇太极突然病逝的消息。由于太宗仓促离世，甚至没有来得及立太子。于是在清领导核心中爆发了一场争夺皇位的斗争。

当时有资格继承皇位的人有郑亲王济尔哈朗、礼亲王代善、肃亲王豪格、睿亲王多尔衮、豫亲王多铎、太宗嫡子福临。在他们中间以豪格和多尔衮呼声最高。豪格为皇太极长子，争取到两黄旗大臣图尔格、索尼、图赖、鳌拜等人拥护，他们以盟誓结成集团，试图对抗掌握两白旗的多尔衮，以维护两黄旗的利益。多尔衮为皇太极之弟，早年努尔哈赤死前，曾想立多尔衮为汗。但因其年幼，被年富力强、手握大权的皇太极抢得皇位。如今多尔衮不仅是能征惯战、屡立战功的名将，且为和硕睿亲王、八旗军左翼王，年方三十二岁，正是经验和智慧达到巅峰的时期。他回想当年皇太极夺自己帝位的旧怨，更欲夺回当年失去的皇位。在皇太极死后的五天内，两大集团争执不休，决定继承大统的会议未能及时召开。这时，“崇德五宫”的孝庄文皇后势力也想立太宗嫡子福临为帝。崇德五宫为太宗在崇德元年所立，是当初太宗征战时为笼络蒙古各大部落而娶的五位蒙古公主和福晋，为他入主中原立下大功，在领导层中极有威信。其中永福宫庄妃博尔济吉特氏因为貌美，在皇太极在世时就与睿亲王多尔衮结下不解之缘。她一方面要求多尔衮立其嫡子福临，另一方面又通过自己的势力对索尼、鳌拜施加影响。就多尔衮来说，他明白若想登位大宝，就须说服索尼等两黄旗大臣。然而索尼早就忌多尔衮权力太盛，他说：“除了先皇皇太极之子外，我们不会奉立任何人。”

崇德八年（1643 年）八月十四日，皇太极死后第六天，讨论皇位继承的会议在盛京崇政殿召开。索尼和鳌拜等两黄旗大臣于黎明时盟于大清门，派两黄旗巴牙喇兵张弓挟矢环围宫殿，并带兵诣崇政殿。会上，索尼和鳌拜首先提出应立皇太极之子。睿亲王多尔衮让他们先退下，待王公大臣商议后再做决定。礼亲王代善提出由太宗长子豪格继位。但由于庄妃的活动，索尼、鳌拜等人的态度发生变化，豪格失去两黄旗支持，又面对多尔衮及博尔济吉特氏的势力，不得不当场辞让。英郡王阿济格和豫亲王多铎劝多尔衮即帝位，多尔衮犹豫不决，多铎生气地说：“你如果不答应，就立我。太祖遗诏上有我的名字。”多尔衮说：“也有肃亲王的名字，不单单是你。”多铎又说：“不立我，论长幼之序，应当立礼亲王代善。”代善老于世故，说：“睿亲王若答应登帝位，那是大清国的福气，否则就应当立皇子。我老了，怎能胜任此位?”这时，两黄旗诸将在鳌拜等人带领下，冲上大殿，持剑表示要拥立皇子。多尔衮身在两黄旗武力威胁下，看到若自己登基，必然遭到诸王大臣的抵制和非议。无奈中，想到庄妃所提其子福临。福临不过是六岁的娃娃，完全可控于股掌之中。于是，他提出立福临为帝，而由自己和济尔哈朗辅政的意见。作为一种平衡力量的折衷之见，不到六岁的福临在其母庄妃活动下得承大统，是为顺治皇帝，为清王朝入主中原的第一代皇帝。

福临之所以登基，索尼、鳌拜等两黄旗大臣所控军队无疑在关键时刻做出极大贡献。其后，鳌拜、济尔哈朗率军护卫小皇帝福临入北京，因护驾有功，得到了孝庄文皇后和皇帝的信任，被破格擢升为一等昂邦章京（后为一等子）。正因如此，多尔衮深深忌恨鳌拜等人，使之陷入了效命疆场屡立战功却又屡遭冤狱的困境。

鳌拜因参与争夺皇权的派系斗争屡屡被多尔衮捕捉下狱，又仰仗军事才能摆脱困境，最终获得顺治帝的信任，成为辅政四大臣之一。

顺治二年（1645 年）二月，清军派阿济格跟踪追击李自成农民起义军，鳌拜在阿济格麾下效力。他和代善第四子瓦克达为前锋，在涢水登岸，大败李自成的水军，夺取船只接渡清军大队人马。上岸后，鳌拜又与正黄旗希尔根等督兵进击，最终克安陆城，缴获战舰八十艘，立下大功。然而，由于阿济格追击李自成时率军在内蒙、绥德地区逗留时间太长，摄政王多尔衮十分不满，派遣大臣谴责阿济格奏报军事不实和藐视顺治皇帝，要他认真带兵作战，并命在军中的谭泰、鳌拜等人将阿济格藐视君上的罪过向众将传达。由于阿济格为行军主帅，鳌拜等认为行军时不宜轻易损伤主帅威严，便未传达。结果谭泰被降职使用，鳌拜被罚银一百两，且对追击李自成所立战功也不准给以奖励。从此后，多尔衮开始整治那些在争帝位时反对自己的两黄旗将领。

顺治三年正月，靖远大将军肃亲王豪格率大军征四川，以鳌拜等为先锋，由栈道向汉中进发，在鸡头关击败农民军贺珍的部队。十一月，豪格挺进四川，张献忠农民义军在西充列营。豪格令护军统领鳌拜领八旗护军为先锋，星夜兼程，偷袭成功，在凌晨突破张献忠大营。危急中张献忠被惊醒，急忙上马冲出大营，被强弩射死。鳌拜等人乘胜追击，攻破百余营寨，斩杀数万农民军。接着，鳌拜克遵义、夔州、茂州等地。大军凯旋，鳌拜本以为能加官晋爵，没想到一场大祸正等着他。

索尼为正黄旗大臣，在立皇子时与多尔衮针锋相对，多尔衮由此记恨在心，时刻想找机会打击索尼。顺治五年，值清明节，索尼奉命前往昭陵祭奠。贝子屯齐诬告索尼和图赖等人谋立肃亲王豪格。多尔衮联想到前事，就抓住这个机会，将豪格下狱，给索尼定上“擅自筹谋皇位继承大事”的罪名，同时牵连鳌拜，定成死罪。后减刑，将索尼革去所有职务，交出赎身钱，安置在昭陵。多尔衮考虑到鳌拜作为一名武将的英勇，仅罚银了事。

顺治五年，鳌拜驻防大同。第二年，姜瓖起兵反清，鳌拜挥兵奋击，剿灭了姜瓖。但是，多尔衮为了控制鳌拜，再次找了个借口，将他抓了起来。这种被多尔衮整治的日子最终因多尔衮在顺治七年十二月病死而结束。从此，鳌拜在顺治亲政的时期，青云直上，做到议政大臣，擢领侍卫内大臣，参与军国重事，在顺治治下过了十年有职有权、养尊处优的生活。

顺治十八年正月，清世祖福临因患天花去世，遗诏指定八岁的皇三子爱新觉罗·玄烨为帝（康熙帝），并从上三旗中选任四名亲信大臣索尼、苏克萨哈、遏必隆、鳌拜为辅臣，辅助幼帝，佐理政务。至此，鳌拜以排列第四的位次正式跨入清朝领导核心层。

四大臣中索尼为正黄旗，苏克萨哈为正白旗，遏必隆和鳌拜为镶黄旗，四人文可安邦，武能定国，先后历太宗、世祖两朝，威望极高。他们接受了辅政的使命，祭告皇天后土，在顺治帝灵前誓词说：

> 索尼等，誓协忠诚，共生死，辅佐政务，不私亲戚，不计怨仇，不听旁人教唆之言，不求无义富贵，不私往来诸王贝勒等府受其馈遗，不结党羽，不受贿赂，惟与忠心仰报先皇大恩……

四大臣的出任，标志着“辅政时期”的到来。

应该说，四大臣辅政初期是对清王朝极为有利的。首先，玄烨幼年登基，主要与其祖母孝庄文皇后有关。孤儿寡母执政，从正白旗和两黄旗中选拔勋旧大臣联合辅政，标志着上三旗的联合。上三旗人数多，装备好，实力强，下五旗根本无力抗衡。四大臣共同商议国事，再奏请太后决策，年幼的康熙与辅臣共同听政逐步到亲临政务，极有利于国家政权的稳定和政权的逐步交接。

其次，在经济和军事上四大臣极有建树。终顺治时期，全国始终不稳定。东南有郑成功、张煌言部，西南有李定国、李来亨部的抗清斗争。鳌拜等人一面减轻百姓的赋税，发展生产，奖励垦荒，以恢复经济，增加国库收入；一面采取政治上的招降手段，先后平定东南郑氏集团和张煌言部、李定国部，对李来亨部则主要采取军事打击。鳌拜派遣其弟靖西将军穆里玛、定西将军图海等人在康熙三年（1664 年）将李来亨部扑灭。这样，辅政时期基本完成了前朝所未完成的统一大业，为康熙最后平定吴三桂等藩王的叛乱、削平葛尔丹部打下了基础。

另外，四大臣还先后总结前朝典章制度，完备清朝法典，巩固王朝统治。行政上撤销内阁、翰林院，恢复内三院，恢复太宗皇太极时的旧制，对加速以满官为主的统治机器效能极为有利。最值得一提的是取消了宦官十三衙门，恢复了内务府。有清一代宦官对朝政的影响极小，没有出现前朝的宦官乱政现象，这一点是影响深远的。

登上权力高峰的鳌拜也许是因为深受派系斗争之苦，便以此反加给他人，不断排除异己，以至觊觎帝位，最终陷入万劫不复之地。

鳌拜早期就与内大臣费扬古有仇隙。费扬古之子倭赫为御前侍卫，与其他侍卫对四辅甚不礼敬。于是鳌拜抓住倭赫等人擅自骑乘御马，又使用御弓射鹿的僭礼之罪，将之弃市。费扬古说了几句抱怨的话，于是连坐，并将其子尼侃、萨哈连一起杀死，抄没家产给鳌拜之弟穆里玛。执政初期的鳌拜已染上了多尔衮的“顺我者昌，逆我者亡”的恶习。

居辅政四大臣之首的索尼为四朝元老，深受孝庄皇太后的信任与赏识，鳌拜自知无论功劳和声望均为不及。遏必隆与鳌拜同属一旗，又与之交好，遇事同进同退。唯有苏克萨哈，以一等男加一云骑尉之低爵，班次竟居第二，一旦索尼归天，有可能依次递补，代替索尼总揽大权。另外，黄旗与白旗间宿怨极深，两人遇事常争吵不休。鳌拜利用黄白旗旧有矛盾，发动了圈地事件，以打击苏克萨哈。

黄白两旗间的宿怨，最早可追至太宗皇太极之时。在清朝前期，八旗的排列按左右翼各有一定次序。太宗即位后，将自己掌握的两白旗改为两黄旗，分别为左右翼之首，同时，将努尔哈赤留给阿济格、多铎、多尔衮三幼子的两黄旗改为两白旗，居左翼之中。从此两旗即生仇隙。多尔衮入关摄政时，开始压制两黄旗，在圈占地亩时，让自己所领正白旗圈占了本应属镶黄旗的土地，给镶黄旗的土地较之他旗又极为贫瘠，两旗间矛盾进一步加深。但随着时间的流逝，两旗旗人在各自土地上安居乐业，也无意再调换了。事隔二十多年，身为镶黄旗的鳌拜又旧事重提，借机扩大本旗地盘并向外圈地以换取两黄旗人的支持，同时打击属正白旗的苏克萨哈。由于上述黄白旗的宿怨，四辅臣中索尼、遏必隆均支持鳌拜。鳌拜又鼓动各旗上书，以土地不堪使用为名请求更换。

但是旗地圈换过程中，旗兵因新地不一定比旧地好，圈占空地使许多百姓无家可归，因此怨声载道。户部尚书苏纳海、直隶河南山东总督朱昌祚、巡抚王登联先后上书，要求停止拨换土地。接到奏折，康熙召开四大臣会议。鳌拜力主将苏纳海逮捕，以藐视圣旨、阻碍国事的罪名判处死刑。索尼与遏必隆由于事关切身利益，一致赞同。唯有苏克萨哈不发一言。尽管康熙不同意鳌拜等人的主张，但鳌拜欺皇上年幼，遂以辅臣中三对一的优势，假传圣旨，将苏纳海、朱昌祚、王登联三人处绞刑，同时连坐苏纳海家人，抄没家产。其他反对圈地的文武官员或贬或捕，无一幸免。鳌拜以铁血政策推行圈换土地，一时旗人及汉民深受其害，失业者数十万人。

圈地事件的胜利，使鳌拜野心急剧膨胀，他开始广植党羽，打击异己，疯狂地攫取权力。康熙六年六月，索尼去世，鳌拜从辅政四臣中一跃为首位。七月，康熙亲政，升鳌拜一等公。鳌拜更加专横恣肆，手下人占军政要职不下二十余人。

上帝若要他毁灭，必先让他疯狂。正白旗辅臣苏克萨哈本与鳌拜有隙，在圈地事件杀苏纳海时又得罪鳌拜，见鳌拜势力日盛，便奏请为先帝守陵，一则可避鳌拜锋芒，以全余生；二则试图以自己退隐的行动迫使鳌拜、遏必隆相应辞职交权。但皇帝毕竟年轻，不理解苏克萨哈的困境和苦心，见他突然申请守陵，便派人询问原因。鳌拜趁机假传圣旨指责苏克萨哈，并操纵议政王大臣会议，颠倒黑白，给他编造“不欲归政”等二十四条大罪，拟将苏克萨哈及其长子内大臣查克旦处以磔刑，余子六人，孙子一人，兄弟之子二人，同旗旗人统领白尔赫图、侍卫额尔得等一律处斩。康熙这才知道鳌拜等人与苏的仇怨，坚持不允所请。鳌拜原本武人出身，性格暴烈，又欺康熙年幼，疾言厉色，挥臂向前，连日强辩。康熙到底是个孩子，被吓得胆战心惊，被迫同意了鳌拜的要求，只将苏克萨哈的磔刑改为绞刑，其余均按原议行刑。至此，鳌拜专权已至颠峰，康熙渐感无法容忍。

害死苏克萨哈后，鳌拜更加肆无忌惮，为所欲为，班行章奏，自列首位。康熙虽已亲政，但鳌拜党羽遍布朝廷各个部门，六大部几乎全是他的人，实权全在鳌拜手中，每有大小事，如任免官员、实施政策等，都先到鳌拜家中议定，再通知康熙实行。每次上朝议事，动辄高声呵斥廷臣，而且主意一定，非得让康熙屈从己意。如其党羽马迩赛死，康熙明令不准赐谥，鳌拜竟不遵行，仍然赐谥。

一次，鳌拜称病不朝，康熙亲自到他家中问候，鳌拜装病高卧寝室。康熙到时，发现炕席上放了一把短刀，吓得心里发颤。按清室规定，臣下面见皇帝，身边严禁带任何凶器，否则以图谋不轨论处。康熙毕竟为一代英主，虽知鳌拜有谋反之意，仍然笑着给鳌拜和自己找了个台阶说：“刀不离身，不过是满洲旧俗，不必大惊小怪。”慰劳几句后便回宫去了。

鳌拜集团的存在，成为对皇权的严重威胁，也引起了一些正直的满汉大臣的忧虑。康熙七年九月，内秘书院侍读熊赐履上疏说：“朝廷积习未除，国计隐忧可虑。”并引用宋儒程颐“天下治乱系宰相”一语，点明鳌拜对国家的危害。康熙为麻痹鳌拜，便假意下旨斥责，并说要给予处分，暗地里却开始布下捉拿鳌拜的罗网。

鳌拜手握兵权，并掌朝政大权，若处理不当会引起他的反抗和废立之举。于是康熙召索额图进宫。索额图为首辅索尼之子，在上三旗侍卫中威望极高，以忠诚赢得康熙信任。他以陪伴康熙娱乐为名，在八旗子弟中选身强力壮的十余岁孩童进宫，为扑击之戏，组成一支亲信卫队——善扑营，后成为公开正式建制。这些孩子天天练习并表演角斗、摔跤。鳌拜进宫奏事，康熙也不让他们回避，故意让他看见孩子们摔跤玩耍，有时康熙也混在中间，作兴高采烈之状，甚至因鳌拜有满洲“巴图鲁”之名，在鳌拜奏事时让他指导摔跤。鳌拜以为康熙毕竟是孩子，贪图玩乐，胸无大志，不务政事。而康熙则对他更加优礼，使他坦然相信自己地位益加巩固。

康熙捉拿鳌拜的部署日益加快，他先后将鳌拜的党羽以各种名义派出京城，一切安排就绪。康熙八年五月十六日，在向善扑营动员之后，单独召见鳌拜。鳌拜一跨进宫门，脚步尚未站稳，即从门后跳出一群孩童，把鳌拜按住，鳌拜尚以为是小皇帝与他嬉戏，等明白过来，已束手就擒。另一辅政大臣遏必隆和一等侍卫阿南达同时被捕。

康亲王杰书等议政诸王负责审讯鳌拜。与此同时，捉拿和审讯鳌拜同党的行动也展开了。经审讯，列出鳌拜欺君擅权、结党乱政、残害生民等三十大罪，议将鳌拜革职立斩，其亲子、兄弟亦斩，妻并孙为奴，家产籍没。一应党羽或斩或绞。当初鳌拜专权对消灭政敌的种种刑罚均还报己身。但值得鳌拜庆幸的是，康熙宽厚大度，念其过去多立战功，战场救驾的功勋，赦免死刑，改判无期徒刑。后鳌拜病死狱中。鳌拜党羽仅斩罪大恶极者九人，其他多从宽发落，没有大面积株连。同时恢复被鳌拜所陷害的大臣的名誉、地位和家产，昭雪冤狱。

古来辅政大臣就没有多少好下场的。纵然鳌拜是手挥大刀的“螳螂”，但他身后的“黄雀”是既有皇权又有才略的康熙大帝，他的锢死狱中也就是难免的了。